D1726604

JAHRBUCH
DES RHEIN-SIEG-KREISES
2003

:rhein-sieg-kreis

LANDSCHAFT UND NATUR

GESCHICHTE UND GESCHICHTEN

LEBEN UND KULTUR

WIRTSCHAFT UND INDUSTRIE

CHRONIK 2001 / 2002

JAHRBUCH
DES RHEIN-SIEG-KREISES

:rhein-sieg-kreis

2003

LANDSCHAFT UND NATUR

GESCHICHTE UND GESCHICHTEN

LEBEN UND KULTUR

WIRTSCHAFT UND INDUSTRIE

CHRONIK 2001 / 2002

HERAUSGEGEBEN VOM RHEIN-SIEG-KREIS, 2002
BEARBEITUNG UND REDAKTION
RAINER LAND, SUSANNE WERNER UND REINHARD ZADO
ERSCHIENEN IM RHEINLANDIA VERLAG, KLAUS WALTERSCHEID, SIEGBURG

Die Herausgabe dieses Buches
wurde dankenswerterweise
von der
Kreissparkasse in Siegburg
unterstützt

ISBN: 3-935005-52-0

Herausgeber: Rhein-Sieg-Kreis, Der Landrat, Siegburg

Erschienen im Rheinlandia Verlag, Klaus Walterscheid, Siegburg

Redaktionsausschuss: Rudolf Finke, Peter-Ralf Müller, Michael Solf, Astrid Thiel
Redaktion: Rainer Land (federführend), Reinhard Zado, Susanne Werner
Titelbild: Reinhard Zado
Gestaltung, Satz, Layout, Herstellung: Reinhard Zado

Das Jahrbuch erscheint in einer Auflage von 8000 Exemplaren

UNSERE AUTOREN

Rita Bellinghausen................... Mitarbeiterin des Sozialamtes des Rhein-Sieg-Kreises, JOBKOMM, Fachstelle für soziale Beschäftigungsförderung

Frieder Berres........................... Autor regionalhistorischer und heimatkundlicher Veröffentlichungen, Beamter a.D.

Peter Böhm.............................. Architekt

Dr. Horst Bursch..................... Autor regionalhistorischer und heimatkundlicher Veröffentlichungen, Lehrer

Hans Clasen............................. Leiter der Abteilung Schulaufsicht des Rhein-Sieg-Kreises

Dr. Olaf Denz.. .... Diplom-Biologe

Kerstin Dieler........................... Fotografin

Dr. Heinz Doepgen................. Leiter des Kreisarchivs des Rhein-Sieg-Kreises i.R.

Elisabeth Einecke-Klövekorn.... Vorsitzende der Theatergemeinde Bonn

Dr. Ruth Fabritius................... Leiterin des Glasmuseums Rheinbach

Friedrich Falk........................... Autor montangeschichtlicher Veröffentlichungen, Beamter a.D.

Prof. Dr. Helmut Fischer.......... Hochschullehrer (em.)

Dr. Christiane Florin............... Kulturredakteurin beim Rheinischen Merkur

Volker Fuchs........................... Archivar beim Rhein-Sieg-Kreis

Hans-Joachim Grulke.............. Architekt

Dr. Bernd Habel...................... Autor montangeschichtlicher Veröffentlichungen, Beamter

Anita Halft.............................. Projektleiterin Regionalstelle Frau und Beruf, Büro Rhein-Sieg

Willy Hänscheid...................... Autor

Josef Hastrich.......................... Vorsitzender des Vorstandes der Kreissparkasse in Siegburg

Dr. Barbara Hausmanns........... Journalistin

Christoph Hellmann................ Direktor Unternehmenskommunikation der Kreissparkasse in Siegburg

Norbert Hilgermann............... Leiter des Staatlichen Berufskollegs Rheinbach

Hans-Peter Hohn..................... Vorsitzender des TV 1888 Ruppichteroth, stellvertretender Leiter des Referats Wirtschaftsförderung beim Rhein-Sieg-Kreis

Sonja Jakobshagen................... Arzthelferin, Fotografin

Peter Kern............................... Pressesprecher des Kreisfeuerwehrverbandes des Rhein-Sieg-Kreises

Ursula Keusen-Nickel.............. Vorsitzende der Region Rhein-Sieg-Kreis von „Jugend musiziert", Leiterin der Musikschule Sankt Augustin a.D.

Dr. Andrea Korte-Böger........... Archivarin der Stadt Siegburg

Peter Krause............................ Mitarbeiter der Statistikabteilung des Rhein-Sieg-Kreises

Rainer Land............................. Leiter der Kulturabteilung des Rhein-Sieg-Kreises

Walter von Lom....................... Architekt

Karin Ludwig.......................... Mitarbeiterin des Büros des Landrates des Rhein-Sieg-Kreises

Klaus Müller........................... Architekt

Dr. Claudia Maria Neesen....... Leiterin des Kreisarchivs des Rhein-Sieg-Kreises

Maja Pistelok.......................... Architektin

Heike Pohlscheid.................... Kommunikationsfachfrau

Peter Quay.............................. Studioleiter Bonn, Deutschlandradio

Prof. Dr. Kurt Roessler............. Sprecher des Rheinischen Freundeskreises Guillaume Apollinaire, Hochschullehrer

Birgit Rohn............................. Diplom-Übersetzerin

Irmgard Schillo...................... Stellvertretende Gleichstellungsbeauftragte des Rhein-Sieg-Kreises

Helmut Schmelmer.................. Verlagsbuchhändler, Autor

Susanne Schmetkamp, M.A..... Journalistin

Bernhard Schmitz.................... Wissenschaftlicher Mitarbeiter des Bilderbuchmuseums Troisdorf

Dietmar Schott....................... ARD-Hörfunk-Sportchef, Mitglied des Fachbeirats „Sport" der Sparkassenstiftung für den Rhein-Sieg-Kreis

Nikolaus Simon...................... Architekt, bis September 2002 Sprecher des Vorstandes der Bezirksgruppe Bonn Rhein-Sieg im Bund Deutscher Architekten

Kunibert Söntgerath................ Fotograf

Prof. Dr. Raimund Stecker....... Direktor des Arp Museums Bahnhof Rolandseck in Remagen

Beate Strobach........................ Architektin

Dr. Christian Ubber................. Leiter der Musikwerkstatt Engelbert Humperdinck Siegburg

Thomas Wagner....................... Pressereferent des Rhein-Sieg-Kreises

Dr. Joseph Walterscheid (†)...... Amtsgerichtsrat a.D.

Susanne Werner....................... Mitarbeiterin der Kulturabteilung des Rhein-Sieg-Kreises

Walter Wiehlpütz.................... Leiter der Statistikabteilung des Rhein-Sieg-Kreises

Reinhard Zado........................ Maler und Grafiker

INHALTSVERZEICHNIS

INHALTSVERZEICHNIS

Wirtschaft & Industrie

Chronik

und auch das ist wichtig

Wenige Wochen vor dem Jahreswechsel erscheint das Jahrbuch 2003 des Rhein-Sieg-Kreises. In der Reihe der seit 1986 aufgelegten Bücher ist dies die 18. Ausgabe – zum dritten Mal legen wir Ihnen nun einen Band vor, der in Layout und Ausstattung Zeichen setzt und sich mit einem Schwerpunktthema befasst.

Galt der Blick 2001 und 2002 dem Siebengebirge und dem Wasser, zwei eher auf Landschaft und Natur bezogenen Themen, so wenden wir uns jetzt der Arbeit zu.

Arbeit prägt unser Leben, sie hinterlässt Spuren in der Landschaft, in Dörfern und Städten, sie beeinflusst Sprache und Gewohnheiten, sie gehört zu den bestimmenden gesellschaftlichen Faktoren.
Das, was wir tun – ob im Hauptberuf oder im Ehrenamt, als Broterwerb oder als Hobby, produzierend, gestaltend, als Dienstleistung, abhängig oder frei schaffend – wirkt sich auf jeden selbst wie auf unser Zusammenleben aus.
Durch unserer Hände Arbeit gestalten wir unsere Heimat.

Einigen dieser Formen und Auswirkungen wollen wir in diesem Jahrbuch nachgehen. Dass dies keine umfassende Spurensuche sein kann, dass auf einige Aspekte ein helleres Licht fällt, während andere Gesichtspunkte im Dunkeln bleiben, liegt in der Natur der Sache. Den Anspruch, alles abzudecken, allem gerecht zu werden, kann ein solches Buch nicht erfüllen.

Ich hoffe aber, liebe Leserinnen und Leser, dass sich Ihnen bei der Lektüre des Buches die einzelnen Steine zu einem bunten, interessanten Mosaik zusammenfügen.

Wie immer bietet das Jahrbuch neben dem Schwerpunktthema genügend Raum auch für andere interessante Informationen aus unserem großen, lebenswerten Rhein-Sieg-Kreis.

Verbunden mit dem Dank an alle Autorinnen und Autoren sowie an das Team von Redaktion, Layout, Produktion und Verlag, wünsche ich diesem Jahrbuch viel Erfolg und seiner Leserschaft viel Freude.

Landrat des Rhein-Sieg-Kreises

Arbeit
in
Landschaft
und Natur

Arbeit und Heimat

VON
CHRISTIANE FLORIN

In deutschen Seifenopern verabschiedet sich eine gut gebaute Blondine vom Lebensabschnittsgefährten gern mit dem Satz: „Du, ich geh jetzt in die Agentur". Während sie im Hinausgehen noch schnell am Spiegel eine Strähne in Form zieht, ruft er ihr nach: „Dann sehen wir uns ja schon heute Nachmittag bei der Präsentation wieder".

Glücklich der Strukturpolitiker, der solche Paare reichlich in seiner Statistik hat. Die Region, die sie für sich gewinnt, hat den Strukturwandel geschafft. Hier kommt der Werktätige nicht im Blaumann und nicht im spießigen Karo-Blazer daher, sondern proper in Designeranzug und Kostüm. Hier riecht Arbeit nicht nach Schweiß, sondern nach „Cool Water".
Hier ist sie nicht nur Lohnerwerb, sondern gut bezahlte Selbstfindung und Selbsterfindung. Das Traumpaar ist schon in der Dienstleistungsgesellschaft angekommen, wobei in seinem Fall die Betonung eher auf Leistung als auf demütigem Dienen liegt.

Zugegeben, Seifenopern-Menschen leben in der Großstadt, aber sie könnten ihre Werbeagenturen, Unternehmensberatungen und Webdesign-Büros genauso gut in Wachtberg-Pech, Windeck-Ötters-hagen oder Alfter-Impekoven aufschlagen. Die Romeos und Julias des globalen Dorfs stöp-seln ihre Notebooks überall ein, eben auch auf dem Dorfe. Gerade weil die Helden des Kommunikationsgewerbes ortlos sind, sind sie als Standortfaktor so begehrt.

Wie viele Paare sich im Rhein-Sieg-Kreis derart fernsehreif voneinander verabschieden, entzieht sich dem Blick von Außen.
Der Strukturwandel, für den die beiden Schönen täglich in der schicken RTL-Pappkulisse ihr Gesicht hinhalten, ist gleichwohl auch im Rhein-Sieg-Alltag unübersehbar.
Die Korbmacher etwa mit ihren von den Weiden aufgerissenen Händen verschwanden schon vor Jahrzehnten aus dem Ortsbild, zukunftslos geworden durch die Segnungen maschineller Fertigung und den Siegeszug der Plastikware.
Doch auch die Industrie währt nicht ewig: Die Busse Richtung Troisdorf, in denen sich müde Arbeiter auf dem Weg zur Frühschicht noch ein bisschen Schlaf holten, wurden leerer. Die sichere Bank namens „Fabrik" krachte, die Bänke am Rhein füllten sich mit Frührentnern. Keine Dorfkneipe bittet mehr am Monatsersten zum Lohntütenball. Die Industrie stirbt jedoch nicht aus: Das Brot, das der jung-dynamische Systemadministrator ebenso wie die Rentnergattin in der Vorkassenzone des Supermarktes ersteht, lief mit großer Wahrscheinlichkeit bei einem Großbäcker vom Band, auch wenn vielerorts der Ofen in Familienbetrieben noch brennt.

Strukturwandel bedeutet im Zeitraffer: Zuerst verschwanden die regionaltypischen, naturnahen Handwerke, dann schrumpfte die regionaltypische Industrie, schließlich machte sich mit dem Regierungsumzug auch noch ein beachtlicher Teil der regionaltypischen Bürokratie aus dem Aktenstaub.

Die aus Niederkassel-Mondorf stammende Autorin ist Kulturredakteurin beim Rheinischen Merkur; sie hat 2001 den Förderpreis für junge Autoren des Robert-Curtius-Preises erhalten, der renommiertesten deutschen Auszeichnung für Essayisten.

„Dienstleistung" heißt das Zauberwort, das über die zahlreichen Abschiede hinwegtrösten soll. Die ökonomischen Verluste können durch eine geschickte Standortpolitik aufgefangen oder wenigstens gemildert werden, die kulturellen Abschiede sind endgültig.
Die Einheit von Arbeit und Heimatgefühl, von Handwerk und Natur wird zwar in nostalgisch angehauchten Dorffesten als Freizeitattraktion noch einmal reanimiert, nüchtern betrachtet steckt sie längst in der Schublade „Sanft entschlummert" der Regionalhistoriker.

Der amerikanische Soziologe Daniel Bell, einer der Propheten der Dienstleistungsgesellschaft, hatte es schon in den Sechzigern des vergangenen Jahrhunderts kommen sehen:
Wer in der modernen, der post-industriellen Arbeitswelt mithalten will, muss mobil bleiben, er darf sein Wissen und Können nicht an eine Region binden. Dienstleistungen, ob Softwareentwicklung, Pizza-Service oder Altenpflege, müssen sich dorthin bewegen, wo sie gebraucht beziehungsweise wohin sie mit günstigen Arbeitsbedingungen gelockt werden. Dienstleistungen schlagen keine Wurzeln, sie brauchen Flügel.

Entfremdung - an dieser Stelle ein stiller Gruß an Karl Marx - bekommt einen neuen Sinn:
Der Dienstleister entfremdet sich nicht wie der Industriearbeiter von seinem Produkt, im Gegenteil, er bleibt dichter dran als das menschliche Rädchen im Fabrikgetriebe; er entfremdet sich von seinem Ort. „Lust an Mobilität empfindet nur derjenige, der einen Heimatpunkt hat", behauptet der trendige Kommunikationstheoretiker Norbert Bolz.

Wirklich heimisch werden dürfen die Protagonisten der Dienstleistungsgesellschaft jedoch nicht mehr. Heimat ist dort, wo die Homepage abrufbar, die Markenturnschuhe lieferbar und das Fitnessstudio schnell erreichbar ist. Erfolgreiche Strukturpolitik ist die, die laut ruft: „Ich biete dir alles, was die anderen auch bieten, aber zu günstigeren Konditionen als die Konkurrenz." Austauschbarkeit, nicht regionale Besonderheit, verkauft sich im Standortwettbewerb.

„Der Mensch ist zur Arbeit geboren wie der Vogel zum Fliegen" wusste Martin Luther.
Die moderne Variante müsste wohl lauten: Je flüchtiger das begehrte Gut Arbeit, desto unerträglicher die Situation für denjenigen, der fliegt. Gewiss knüpft sich an das Wort „Dienstleistungsgesellschaft" einerseits nach wie vor die Hoffnung auf eine schöne neue Arbeitswelt, in der Computer die monotonen, der Mensch die kreativen Tätigkeiten übernimmt. Andererseits zeichnet sich ebenso deutlich ab, dass - im Unterschied zum Seifenopern-Drehbuch - nicht jeder der Gekündigten einen Ersatz für das Verlorene finden wird.

Gerade weil sich der Optimismus des kollektiven Ärmelhochkrempelns verflüchtig hat, weil der Elternsatz „Mein Kind wird es einmal besser haben" nicht mehr ohne Erröten ausgesprochen werden kann, kurzum, gerade weil bezahlte Arbeit knapp ist, bedeutet sie mehr als Maloche, mehr als Broterwerb, mehr als eine „Stelle" mit Rentenanspruch und 14. Monatsgehalt.
Sie ist Prestigeobjekt, Statussymbol, Ersatzreligion. „Wer den Fetisch Arbeit verloren hat, ist quasi exkommuniziert" stellt Friedhelm Moser in seiner „Kleinen Philosophie für Nichtphilosophen" gnadenlos fest.

Um die Kirche im Dorf und in der Stadt zu lassen: Im Rhein-Sieg-Kreis gibt es immer noch mehr Gotteshäuser als Werbeagenturen, mindestens so viele Traditionsvereine wie Fitnessstudios und reichlich Menschen, die genau hier und eben nicht an einem x-beliebigen Modemanschluss ihren Lebensmittelpunkt haben wollen. Kann sogar sein, dass unser Seifenopern-Traumpaar mal einen Fischerball besucht.
Aber verlassen kann sich niemand mehr darauf.

BERÜHRUNGEN

TEXTE VON
HELMUT SCHMELMER

FOTOS VON
KUNIBERT SÖNTGERATH

14

Hier vom Fabrikstaub
aschgrau,
bleicht taglang die Sonne
dein Blond
dort an südlicher See.

Dort streichelt
der Strandwind sanft
deine Haut,
hier am Band
reibt die
durchschwitzte Kluft.

Ein paar Tage Ewigkeit
im Muschelorkan,
gräbst dich in warmen Sand,
der rasch
deinen Fingern entrinnt.

RUSH-HOUR

Sie
tragen kein Gesicht
sie
auf dem Heimweg
schwitzend
laut

Ich der
Andere von gegenüber
werde sie los an
den Haustüren
und Omnibuspfeilern
jeden
in seine Richtung

Nichts wie weg
unter die Dusche und
das Telefon umschalten
auf Band

LOS DER ARBEIT

Die ihr beklagt
euer Arbeitslos

verlost eure Arbeit
an Arbeitslose

RUHESTAND

Am Ufer hat die Stadt
Bänke reserviert
für späte Erzählungen,
unbeschallt
vom Tagespalaver,
das in Fransen
die Gassen durchweht.

Abseits der Rollbahn,
abseits genug, ungesehen
das Gnadenbrot einzuneh-
men,
zäh wie die Geschichten
aus der Zeitgruft.
Zähe Stunden.
Stunden im Ruhestand
voller Steine und Flaschen,
Fahrtenreste am Strand.

Die noch in der Spur sind
meiden die Uferbänke.
Man hört dort
soviel Erledigtes,
Lückenloses.
Schrecklich viel Zeit
an diesen Plätzen –
nichts mehr zu machen.
Wir wollen uns
die Pausen nicht verderben lassen.

Das Bröltal um 1900

EINE POSTKARTENANSICHT

von Hans-Peter Hohn

Ruppichteroth vor 1900
(Poststempel: Ruppichteroth 13.10.1901;
Post-Ankunftsstempel: Kaiserau 14.10.1901)

DIE HISTORIE DER ANSICHTSPOSTKARTE

Alte Ansichtskarten, vor etwa 100 Jahren geschrieben, also in der „guten alten Zeit", sind weit mehr als nur einfache Kartengrüße. Sie sind historische Dokumente einer Zeit, in der es weder Fernsehen noch Radio gab, in der Videokamera oder E-Mail noch fern jeglicher Vorstellungskraft der Menschen lagen, in der auch der Fotoapparat noch nicht sehr weit verbreitet war. Das Medium „Ansichtskarte" stellte in dieser Zeit oftmals die einzige Möglichkeit dar, seinen Familienangehörigen oder Freunden den eigenen Aufenthaltsort bzw. das erreichte Reiseziel bildhaft zu dokumentieren. Sicherlich war ein solcher Kartengruß oft auch die einzige Chance, ein „Lebenszeichen" von sich zu geben, so wie es heute Telefon oder Handy völlig selbstverständlich und problemlos zulassen.

Alte Ansichtskarten sind aber auch wirtschaftsgeschichtliche sowie kultur- und kunstgeschichtliche Zeugnisse einer vergangenen Epoche, wie die vorliegende *Sammlung Hohn* eindrucksvoll belegt. Der Schwerpunkt der hier gezeigten Ansichtspostkarten umfasst Motive aus der heutigen Gemeinde Ruppichteroth (Rhein-Sieg-Kreis), im Bröltal gelegen, sowie Motive aus dem übrigen Bröltal aus der Zeit der Jahrhundertwende ab 1890 bis etwa 1930.

Dabei ist davon auszugehen, dass die einzelnen Ansichtskarten und damit auch die auf ihnen dargestellten Motive in der Regel wesentlich älter sein dürften, als der durch das Datum des aufgedruckten Poststempels jeweils dokumentierte Zeitpunkt ihrer Verwendung. Bis etwa 1905 wurde nicht nur der Name des Ortes der Aufgabe der Ansichtkarte zur Post jeweils mit Datum als Stempel aufgedruckt, sondern auch der Name des Ankunftsortes mit Datum. Anhand dieser Daten lässt sich heute noch feststellen, welch erstaunlich schnellen Postweg die meisten Ansichtskarten damals genommen haben. Da die Post zweimal am Tage ausgetragen wurde, erreichten sie oftmals bereits am Abend ihr Ziel, spätestens aber am nächsten Tag.

Hotel Linke in Felderhoferbrücke um 1890 (Poststempel: Siegburg 24.3.1893;
Post-Ankunftsstempel: Barmen 25.3.1893)

Schönenberg vor 1900 mit dem Restaurant Prinz (Poststempel: Schönenberg 29.8.1904;
Post-Ankunftsstempel: Ruhrort 29.8.1904)

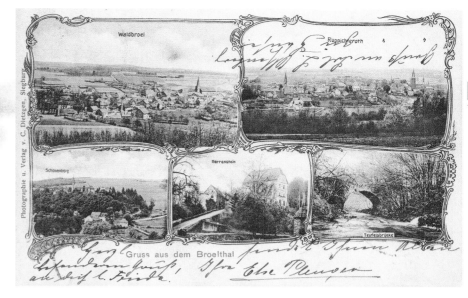

Gruss aus dem Broelthal

Die Geschichte der (Ansichts-)Postkarte begann in Deutschland am 1. Juli 1870, als der wenig später von Reichskanzler Otto von Bismarck (1815-1898) zum Generalpostmeister des am 18. Januar 1871 gegründeten Deutschen (Kaiser-)Reichs ernannte Heinrich von Stephan (1831-1897) revolutionäre Neuerungen bei der Deutschen Reichspost einführte und sowohl eine *Correspondenz-Karte* zuließ, in welcher die Briefmarke bereits eingedruckt war, als auch eine *Feldpostkarte* erlaubte, die erstmals von den Soldaten des Deutsch-Französischen Krieges (1870/71) von den Schlachtfeldern in Frankreich in großer Zahl in die Heimat geschickt wurde.

Die neuen Postkarten durften allerdings nur einseitig beschrieben werden. Die Anschriftenseite mit der Briefmarke musste frei von jeglichen Mitteilungen an den Empfänger bleiben.

Man hatte also nur auf der Vorderseite der Postkarte Platz, um eine entsprechende Nachricht und Grüße an den Empfänger unterzubringen. So kommt es, dass oftmals in die Abbildungen der Ansichtskarten hineingeschrieben wurde.

Heinrich von Stephan setzte sich damit gegen die allgemeinen Bedenkenträger seiner Zeit durch, die es als schlichtweg anstößig und entsetzlich empfanden, dass jedermann die Mitteilungen an den jeweiligen Empfänger der Postkarte offen mitlesen konnte.

Winter im Bröltal (Burg Herrnstein)

Wenige Jahre später kamen dann die ersten weitgehend noch von Hand gezeichneten bzw. handkolorierten (Ansichts-)Postkarten auf sowie (Farb-) Lithografien (= Steindrucke), da die Farbfotografie vor der Jahrhundertwende noch nicht entwickelt war. Nach 1900 wurden sie durch Drucke nach Fotografien verdrängt; dadurch konnte man größere Auflagen erreichen.

oben: Waldbröl, Ruppichteroth, Schönenberg, Burg Herrnstein und die Teufelsbrücke bei Herrnstein um 1900
(Poststempel:
Ruppichteroth 1.11.1904;
Post-Ankunftsstempel:
Evingsen 2.11.1904)
Mitte: Burg Herrnstein um 1920
(Ursprung: 13./14. Jahrhundert)

Winterscheid um 1920 (Poststempel: Winterscheid 15.9.1929)

Winterscheidermühle um 1910

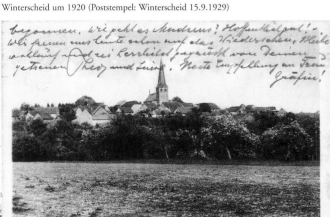

Winterscheid (Siegkreis)

Gruß aus der Winterscheidermühle b. Winterscheid.

Gastwirtschaft von J. P. Schumacher.

Fast zeitgleich kam eine weitere (kleinere) Gruppe von Ansichtskarten auf, nämlich nach Gemälden gedruckte Ansichtskarten. Als besonders guter Maler ist Heinrich Hoffmann aus Heidelberg bekannt geworden, von dem es beispielsweise rund ein Dutzend gemalte Ansichtskarten mit Bonner Motiven gibt. Auch englische Künstler (Maler, Dichter und Bildhauer) - und mit ihnen englische Touristen - unternahmen bereits zu Anfang des 19. Jahrhunderts vielfach Rheinreisen, um die herrliche Landschaft des malerischen und romantischen Rheintales in Gedichten und vor allem in gemalten Bildern festzuhalten, der damaligen „Rheinromantik" entsprechend. Auch diese Bilder fanden sich auf Ansichtskarten wieder.

Die ersten Ansichtskarten im heutigen Rhein-Sieg-Kreis tauchten nach 1880 im damals bereits touristisch geprägten Königswinter am Rhein auf.

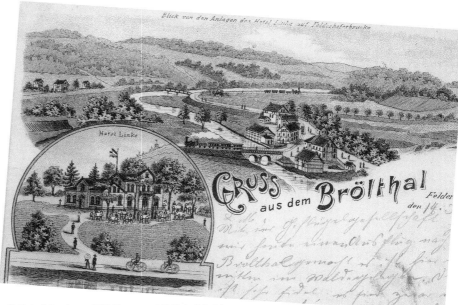

Felderhoferbrücke vor 1900 (Poststempel: Felderhoferbrücke 14.6.1898; Post-Ankunftsstempel: Lehrte bei Hannover 15.6.1898)

DIE ANFÄNGE DES FREMDENVERKEHRS IM BRÖLTAL

Ob die englischen Künstler und Touristen bei ihren Rheinreisen zur damaligen Zeit bis ins Bröltal vorgedrungen sind, ist nicht überliefert. Alte Gemälde von Burg Herrnstein (z.B. des flämischen Malers Renier Roidkin aus dem Jahre 1725) belegen aber, dass ausländische Wandermaler bereits vor fast 300 Jahren bis ins Bröltal gelangt sind. Denn malerisch und bisweilen romantisch präsentierte sich dem Betrachter schon damals das Bröltal.

Wenn auch das Bröltal im Vergleich zum vielbesungenen, oft zitierten und vom Tourismus bereits früh eroberten Rheintal sehr viel unbedeutender war, so gibt es doch auch über diese reizvolle Landschaft gerade aus der Zeit vor 1900 sowie nach 1900 eine Vielzahl herrlicher Postkartenansichten.

Die Ursachen für die auch im Bröltal aufkommenden Ansichtspostkarten liegen in erster Linie darin, dass etwa ab 1880 bereits ein zaghafter Fremdenverkehr ins Bröltal eingesetzt hatte. Vor allem die Städter begannen, die Schönheiten dieses unberührten Tales zu entdecken und seine Abgeschiedenheit und Ruhe zu genießen. Die Bürgermeisterei Ruppichteroth wurde in zunehmendem Maße als Ausflugsziel, zur Naherholung sowie zur Sommerfrische genutzt. In dem ersten bekannten *Führer durch das Bröthal* aus dem Jahre 1885 des

Reisebuchautors Gustav Delpy heißt es dazu unter anderem:

Das Gastgewerbe ist vor allem in Felderhoferbrücke, dem wohl schönsten Punkt des Brölthales, und in Schönenberg, einem schmucken Kirchdörfchen, recht ansehlich... Auch Ruppichteroth bietet gastliche Einkehr und angenehmen Aufenthalt... und ist auf die Aufnahme und sorgsame Verpflegung von Sommergästen vortrefflich eingerichtet...
Hinter Ruppichteroth verflacht sich aber allmählich die Gegend.

Gleichsam ein Glücksfall für Ruppichteroth war die Tatsache, dass sich am 17. Januar 1887 der praktische Arzt, Wundarzt, Geburtshelfer und spätere Sanitätsrat Dr. med. Moritz Herzfeld (1860-1931) dort niederließ. So richtete dieser 1890 neben seiner Praxis im Ruppichterother Oberdorf nicht nur ein

Schönenberg nach 1905 (Poststempel: Schönenberg 20.8.1912)

Ruppichteroth vor 1900 (Poststempel: Ruppichteroth 2.6.1898; Ankunft: Wesel 2.6.1898)

Sanatorium ein, welches Ruppichteroth überregional bekannt machte, sondern sah er im Fremdenverkehr auch die große Chance eines wirtschaftlichen Aufschwungs für den kleinen Ort. Diesen Gedanken hatte er bereits im Jahre 1888 konsequent aufgegriffen mit der Gründung sowohl des *Turnvereins 1888 Ruppichteroth* als auch des *Ruppichterother Verschönerungsvereins* (ab 1900: *Gemeinnütziger Verein Ruppichteroth*, heute: *Bürgerverein Ruppichteroth*).

In einem Rechenschaftsbericht von 1907 des *Gemeinnützigen Vereins Ruppichteroth* wird ein sehr gewagter Vergleich angestellt, wenn es dort heißt:

Ruppichteroth wird durch das einmütige, opferwillige Eintreten seiner Bewohner immer mehr zum Schmuckkästchen, so daß bei seiner entzückenden und wunderbar geschützten Lage es immer mehr den Titel zu tragen berechtigt ist, den ihm begeisterte Besucher schon früher zugelegt haben: Das Bergische Nizza.

Weniger gewagt, aber in die gleiche Richtung zielt der Begriff, mit dem in späteren Jahren der „Luftkurort" Ruppichteroth um seine Gäste warb, nämlich als: „Die Perle des Bröltales".

Fakt ist jedenfalls, dass bereits ab etwa 1890 vor allem die Inhaber der in Ruppichteroth und im übrigen Bröltal zahlreich vorhandenen Gasthäuser und Gastwirtschaften, Restaurationen, Pensionen und auch Hotels Postkarten mit der Ansicht ihrer jeweiligen Lokalität herstellen ließen, um sie für Zwecke des Fremdenverkehrs zu verwenden.

Sanitätsrat Dr. Herzfeld und Frau Herzfeld um 1920 vor ihrem von 1890-1928 betriebenen Sanatorium in Ruppichteroth

Ruppichteroth um 1930

Hambuchen um 1900 mit der Restauration und Handlung von Joseph Hücker
(Poststempel: Ruppichteroth 13.10.1904)

Ruppichteroth um 1920; oben: St. Gertrudisstift (erbaut 1914-1916) und „Villa Daheim" der Familie Willach (erbaut 1896),
unten: Sanatorium Dr. Herzfeld und Bahnhof (Poststempel: Ruppichteroth 6.9.1921)

Die Bröltalbahn
(Dampf-Lok Nr. 17, Baujahr: 1899)
nach 1920
am Bahnhof
in Felderhoferbrücke
(Poststempel: Ruppichteroth 27.1.1936)

Die Bröltalbahn
(Dampf-Lok Nr. 7, Baujahr: 1891)
um 1930 in Schönenberg

DIE BRÖLTALSTRASSE
UND
DIE BRÖLTALBAHN

Seine verkehrsmäßige Erschließung wie auch seine wachsende Bedeutung für den Fremdenverkehr verdankte das Bröltal zur damaligen Zeit neben dem Bau einer ersten befestigten *Bröltalstraße* etwa ab 1845, die schließlich 1860 als „Bezirksstraße" fertiggestellt wurde, vor allem und ganz überwiegend der *Bröltalbahn*, der ältesten Schmalspurbahn Deutschlands (Spurweite 2 1/2 Fuß = 78,5 cm), die im Volksmund liebevoll „Brölbähnchen" genannt wurde. Die Bedeutung der Bröltalbahn spiegelt sich auch in vielen alten Ansichtskarten wider, auf denen sie oftmals im Mittelpunkt der Betrachtung steht.

Unmittelbar nach der Fertigstellung der ersten Bröltalstraße war am 2. Juli 1860 die *Actien-Commandit-Gesellschaft Friedlieb Gustorff & Co. zu Friedrich-Wilhelms-Hütte* gegründet worden, die vor dem Hintergrund des dortigen Eisenhüttenwerkes den Bau und (vom 27. Mai 1862 bis 25. April 1863) den Betrieb einer 22,6 km langen, von Pferden gezogen Güter-Eisenbahn (Pferdebahn) durch das Bröltal von Hennef-Warth bis nach Ruppichteroth realisierte, mit einer 2,42 km langen Abzweigung von Schönenberg aus ins Saurenbacher Tal zu den dort vorhandenen Eisenerzgruben.

Der 25. April 1863 war dann die eigentliche Geburtsstunde der Bröltalbahn, als nämlich an diesem Tage erstmals ein von einer Dampflokomotive angetriebener Zug von Hennef-Warth durch das Bröltal bis nach Ruppichteroth fuhr. Sechs Jahre später, am 12. April 1869, genehmigte König Wilhelm I. von Preußen den „Weiterbau der schmalspurigen Locomotivbahn von Hennef nach Ruppichteroth über letzteren Ort hinaus nach Waldbröl sowie die Umwandlung der Gesellschaft in die *Brölthaler Eisenbahn-Actien-Gesellschaft*. Am 6. September 1870, vier Tage nach dem deutschen Sieg über die Franzosen bei Sedan, wurde die 10,79 km lange Erweiterungsstrecke Ruppichteroth - Waldbröl nach knapp eineinhalbjähriger Bauzeit ihrer Bestimmung übergeben. Auf einer Gesamtlänge von 33,39 km „fauchte" nunmehr gegen zunächst heftigste Widerstände der Anrainer der Bahnlinie die von der Bevölkerung auch als „Feuriger Elias" bezeichnete Dampfeisenbahn durchs Bröltal.

Kaiserliches Postamt und Firma Gebr. Willach
(gegründet 1889) am Bahnhof in Ruppichteroth vor 1900
(Poststempel: Ruppichteroth 8.9.1901; Post-Ankunftsstempel: Wermelskirchen 8.9.1901)

Ruppichteroth mit Bahnhof und Firma Gebr. Willach um 1900

DER BERGBAU BEI RUPPICHTEROTH UND DIE BRÖLTALBAHN

Die Bröltalbahn diente zunächst ausschließlich dem rentableren Abtransport des im Ruppichterother Eisenerzbergbau sowie in den Schönenberger Kalksteinbrüchen und Kalkwerken etwa ab 1825 in wirtschaftlich bedeutsamen Maße gewonnenen Eisenerzes (Toneisenstein und Brauneisenstein) bzw. Kalksteins. Das Leben zur damaligen Zeit bzw. das relativ gute Auskommen, das der aufblühende Bergbau zusammen mit der nebenher betriebenen Landwirtschaft der Bevölkerung sicherte, schildert der ab 1838 in der katholischen Schule in Ruppichteroth tätige Lehrer Hagen sehr plastisch:

Die hiesigen Bewohner werden, wie es bei dergleichen Anlagen zu geschehen pflegt, von der Ackerarbeit abgezogen, laufen auf das Bergwerk, leben hauptsächlich von den dort verdienten Silbergroschen, die ihnen monatlich ausgezahlt werden, wenn die Weiber nicht schon im voraus den Monat hindurch aus dem von der Bergbaugesellschaft errichteten Konsum für den ganzen Lohn Ware geholt haben. Das ist ein lustiger Verbrauch. Je mehr die Leute verdienen, desto mehr wird verzehrt. An den Sonntagen und sogar in den Abenden der Wochentage kann man der Leute Mut hier im Dorf bis spät in die Nacht hinein in den Wirtshäusern hören. Es geht fast so, als hätten wir alle Tage Kirmes.

Ruppichteroth vor 1900 (Poststempel: Ruppichteroth 9.7.1900; Post-Ankunftsstempel: Cöln 9.7.1900)

Großer Sperber (ehemalige Eisenerzgrube Sperber) bei Ruppichteroth um 1920

Die Ruppichterother Eisenerzgruben, insbesondere die der *Phönix Actiengesellschaft für Bergbau und Hüttenbetrieb zu Laar bei Duisburg-Ruhrort* gehörenden bedeutendsten Gruben im Saurenbacher Tal (Gruben *Sperber, Juliane, Preußischer Adler, Wildermann, Willachsgrube* und *Hölpersgrube*), bei Oeleroth (*Grube Eisenkaule*) sowie bei Köttingen (*Frühlingsgrube* und *Zuckergrube* mit einem 500 m langen Förderstollen - *Juliusstollen* -) förderten in den folgenden Jahrzehnten jedoch immer weniger Eisenerz und stellten schließlich in den Jahren zwischen 1874 bis 1882 ihren Betrieb ein. Die Streckenabzweigung der Bröltalbahn zu den Gruben im Saurenbacher Tal wurde bereits 1877 abgebaut. Es nahm aber der Transport anderer Güter wie insbesondere Holz und landwirtschaftlicher Erzeugnisse stetig zu.

Ruppichteroth nach 1910 mit Handlung und Gasthof von Hugo Kaufmann

Rose bei Schönenberg um 1925 mit der Restauration *Zur Rose* von Franz Hambüchen

Ingersau um 1900 (Poststempel: Neunkirchen 11.12.1903)

Gasthaus und Pension Westfälischer Hof von Franz Hölscher (mit offener Kegelbahn) in Büchel um 1930

Felderhoferbrücke um 1910 mit Gasthof und Pension von Johann Büscher
(Bahnpost-Stempel: Zug 8, Hennef/Sieg–Waldbröl, 23.5.1910)

Oeleroth mit der Gastwirtschaft Probach nach 1900
(Poststempel: Ruppichteroth 5.4.1907)

Schönenberg vor 1900 mit der Restauration und Bäckerei von Josef Kelz
(Poststempel: Schönenberg 5.9.1900; Post-Ankunftsstempel: Godesberg 5.9.1900)

Ahe nach 1900 mit der Gastwirtschaft von Johann Löbach
(Poststempel: Hennef/Sieg 12.4.1909)

links: Ruppichteroth vor 1900 mit Gasthof und Handlung der Gebr. Schorn
(Poststempel: Ruppichteroth 27.8.1901; Post-Ankunftsstempel: Rheinbach 27.8.1901)
unten: Ahe nach 1900 mit der Gastwirtschaft von Johann Löbach (Ausschnitt)
(Poststempel: Schönenberg 21.4.1911)

Der Personenverkehr der Bröltalbahn wurde auf der Strecke Hennef - Ruppichteroth - Waldbröl offiziell am 1. Juli 1871 aufgenommen; doch schon ab 1870 waren Personen zunächst zum Nulltarif mitbefördert worden. Der reine Personenzug benötigte zu dieser Zeit für die insgesamt 33,39 km lange Strecke bergauf zwei Stunden und 20 Minuten bis Waldbröl; talwärts erreichte er Hennef zehn Minuten schneller.

Eine zusätzliche Einnahmequelle stellte für die Bahn die Beförderung von Postsendungen dar. Im Amtsblatt des Reichspostministeriums in Berlin vom 18. Juli 1878 wurde die *Benutzung der Brölthaler Eisenbahn zur Beförderung von Postsendungen* wie folgt zugelassen: „Auf der Brölthaler Eisenbahn Hennef-Waldbröl werden seit dem 1. Juli 1878 zwischen Hennef und Ruppichteroth Postsendungen jeder Art, zwischen Ruppichteroth und Waldbröl hingegen nur Briefpostsendungen befördert... Außer dem bereits zu den Eisenbahn-Postanstalten gehörigen Postamte in Hennef liegt an der Brölthaler Eisenbahn das Postamt in Ruppichteroth, welches ebenfalls in die Reihe der Eisenbahn-Postanstalten tritt, sowie das Postamt in Waldbröl..."

Die von der Bröltalbahn beförderten Postsendungen wurden jeweils bereits im Zug selbst mit einem besonderen Bahn-post-Stempel abgefertigt, der sich daher auch auf zahlreichen alten Ansichtskarten wiederfindet. Die Reisenden konnten im Zug sogar *Officielle Ansichtskarten der Brölthaler-Eisenbahn* käuflich erwerben.

Die mit dem Betrieb der Bröltalbahn verbundenen Erwartungen, die vor allem die Wirtschaftsentwicklung und den Fremdenverkehr betrafen, erfüllten sich insgesamt gesehen in vollem Umfange. Vor allem die Orte entlang der Bröltalbahn mit entsprechenden Bahnhöfen bzw. Haltepunkten sowie die dort entstandenen Lokalitäten wie Gasthäuser und Gastwirtschaften, Restaurationen, Pensionen und sogar Hotels profitierten von den zahlreichen Besuchern und Erholungssuchenden und machten das Bröltal auf dem Gebiet des Fremdenverkehrs weit über seine Grenzen hinaus bekannt.

Ansichtskarte von 1950 (Dampf-Lok Nr. 17 nach 1920 am Bahnhof in Felderhoferbrücke; Diesel-Triebwagenzug um 1935 bei der Einfahrt ins Bröltal in Allner; Linienbus um 1950)

Ruppichteroth um 1900
(Poststempel: Ruppichteroth 12.3.1906; Post-Ankunftsstempel: Neunkirchen bei Arnsberg 12.3.1906)

Ruppichteroth im Oberdorf um 1920 (Poststempel: Schönenberg 20.7.1928)

Luftkurort Ruppichteroth, Bez. Köln (Bröltal)

FOLGENDE ORTE IM BRÖLTAL VERFÜGTEN ÜBER EINEN EIGENEN BAHNHOF (BF) BZW. HALTEPUNKT (HP):

Hennef (Bf), Allner (Hp), Bröl (Bf), Ingersau (Bf), Herrnstein (Hp), Büchel (Hp), Felderhoferbrücke (Bf), Schönenberg (Bf), Ruppichteroth (Bf), Benroth (Bf), Berkenroth (Bf), Ziegenhardt (Hp), Rossenbach (Hp) und Waldbröl (Bf).

Ab dem Jahre 1923 verlief zusätzlich von Felderhoferbrücke aus ein fünf Kilometer langer privater Gleisanschluss der Bröltalbahn bis zur *Papierfabrik Geldmacher* in Hoffnungstal im Homburger Bröltal.

Nach dem zweiten Weltkrieg kam leider das Aus auch für die Bröltalbahn aufgrund des zunehmenden Wettbewerbes zwischen Schiene und Straße sowie des unaufhaltsamen Vormarsches von LKW und Omnibus. Sowohl der Schienen-Güterverkehr als auch der Schienen-Personenverkehr wurde zwischen Hennef und Ruppichteroth bzw. Waldbröl schrittweise in den Jahren 1953 und 1954 mangels Wirtschaftlichkeit eingestellt. Die Eisenbahnschienen wurden im gesamten Bröltal vollständig abgebaut.

GASTHOF „ZUR ERHOLUNG"
von Wilhelm Schorn
SCHÖNENBERG i. BRÖLTAL
Telefon 53 Amt Ruppichteroth
Tankstelle

Geschw. Vogel

Gruß aus SCHÖNENBERG (Bröhltal)

Erholungsheim

Bürgermeisteramt

oben:
Schönenberg um 1925
mit dem Gasthof
Zur Erholung von
Wilhelm Schorn
(Poststempel:
Schönenberg 26.10.1925)

Mitte:
Schönenberg um 1920
mit Bürgermeisteramt
und Waldkapelle in
Kuchem
(Chorteil von 1254)

links:
Schönenberg um 1910
mit der Handlung der
Geschwister Vogel und
dem 1904/1905 erbauten
St. Vinzenzhaus
(Poststempel:
Schönenberg 1.6.1915)

rechts:
Waldrestaurant und
Pension
Zum Wingenbacherhof
bei Schönenberg von
Hans Heinrich Schmidt
um 1910

ZWEI BRÖLTÄLER

Erwähnenswert ist, dass es zwei Quell-
bäche der Bröl gibt, deren Ursprungsorte
beide mitten im Bergischen Land gar
nicht weit voneinander entfernt in der
Nähe des oberbergischen Waldbröl liegen, und dass es daher auch ein weiteres
Bröltal gibt, nämlich das der *Homburger
Bröl*. Die Homburger Bröl entfernt sich
zunächst in weitem Bogen von der

Felderhoferbrücke vor 1900 (Bahnpost-Stempel:
Zug 6, Hennef/Sieg–Waldbröl, 3.7.1898;
Post-Ankunftsstempel: Cöln-Ehrenfeld 4.7.1898)

Hotel & Pension Linke in Felderhoferbrücke vor 1900 (Poststempel:
Felderhoferbrücke 26.6.1897; Post-Ankunftsstempel: Hannover 27.6.1897)

Felderhoferbrücke um 1910 mit Gasthof Lindenhof und der
1907 gegründeten Bröltal-Kornbrennerei und Likörfabrik

Felderhoferbrücke um 1910 mit der Villa Bröleck des Generaldirektors
Eich der Mannesmann-Röhrenwerke Düsseldorf

Waldbröler Bröl, windet sich auf Nüm-
brechter Gebiet durch das Homburger
Land, bis sie sich in Felderhoferbrücke,
dem heutigen Bröleck, wieder mit ihr
vereint. Die Lauflänge von Waldbröler
Bröl und Homburger Bröl beträgt bis zu
ihrer Mündung in die Sieg zusammen
rund 45 km.

Felderhoferbrücke lautete der ursprüngliche Name des heutigen Ortes Bröleck,
an dem sich die beiden kleinen Flüsse
wiedertreffen, der um 1920 auch ein beliebter Aufenthaltsort zahlreicher Künstler, so beispielsweise des Malers Franz M.
Jansen, war. Im Ort Felderhoferbrücke
verlief in der Zeit nach dem ersten Weltkrieg von 1918 bis 1924 auch die inner-
deutsche Zoll-Grenze zwischen Deutschland und dem durch die Franzosen
besetzten Rheinland. 1956 erfolgte auf
Antrag der Einwohner durch Beschluss
des Rates des damaligen Amtes Ruppichteroth die Umbenennung von Felderhoferbrücke in Bröleck.

Anmerkungen zu diesem Artikel finden Sie auf Seite 220

Alter Bergbau
im Siegtal bei Merten und Eitorf
VON BERND HABEL

Nur wenige Kilometer von der Einmündung der Sieg in den Rhein entfernt liegt ein reizvolles Wander- und Erholungsgebiet. Bekannt und weithin sichtbar sind die alten Befestigungsanlagen der Stadt Blankenberg und die Klosterkirche von Merten. Nur bei genauer Ortskenntnis kann man feststellen, dass hier im 18. und 19. Jahrhundert Bergbau betrieben wurde. Im Gegensatz zu den erzreichen Gebieten des Siegerlandes, die zum wirtschaftlichen Aufschwung Deutschlands erheblich beitrugen, blieb dieser Bereich jedoch im Schatten der ökonomischen Entwicklung. Markante Montandenkmäler - wie Fördertürme und Verarbeitungsanlagen - wird man hier vergeblich suchen. Nur wenige Jahrzehnte wurde intensiv nach Kupfer, Blei, Zink, Silber und Eisen geschürft. Bergbau war ein Nebenerwerb, da die Landwirtschaft wenig abwarf und Industrieansiedlungen erst im Aufbau waren. Bis zur Mitte des 19. Jahrhunderts fehlte zudem jegliche Verkehrsinfrastruktur.

An den ehemaligen Bergbau in dieser Gegend erinnern jetzt noch - auch für den Laien leicht erkennbar - die unbewachsenen Halden in der Nähe des Bahnhaltepunktes Merten und im Gewerbegebiet von Eitorf. In den steilen Waldhängen an der Sieg liegen versteckte Pingenzüge und Stollenmundlöcher, die zum Teil schon zugewachsen sind.

BERGBAU IM UNTEREN SIEGGEBIET

Mein Untersuchungsgebiet umfasste im 19. Jahrhundert etwa 100 bis 200 Quadratkilometer. Die Grenzen lassen sich folgendermaßen beschreiben:

Westen: Winterscheid - Oberhalberg - Blankenberg - Uckerath,
Süden: Uckerath - Verlauf der Bundesstraße 8 - Rettersen,
Osten: Rieferath - Herchen - Stromberg,
Norden: Winterscheid - Plackenhohn - Wilkomsfeld.

Der Siegverlauf teilt dieses Gebiet in eine nördliche und eine südliche Hälfte, wobei im nördlichen Teil die Gruben ergiebiger waren.

Nördlich der Sieg baute in größerem Umfang die *Stolberger Zink AG* ab. Flächenmäßig hatte die Gewerkschaft *Pascha* den größten Anteil am Grubenbesitz. Er reichte von Oberauel/Bülgenauel bis Baleroth/Wilberzhohn.

Südlich der Sieg besaß die Gewerkschaft *Pascha* ebenfalls einen größeren Besitz (von Bach bei Merten bis Eitorf). In dieser Gegend betätigte sich auch die Gewerkschaft *Wilhelm/Antweiler*. Der Schwerpunkt lag östlich und nördlich von Eitorf.

Die bekannte belgische Gesellschaft *Vieille Montagne* besaß Abbaurechte an der Grube *Silberseifen* (östlich von Eitorf). Außerhalb meines Untersuchungsgebietes liegen die alten Gruben *Altglück/Neuglück* bei Bennerscheid/Oberpleis.

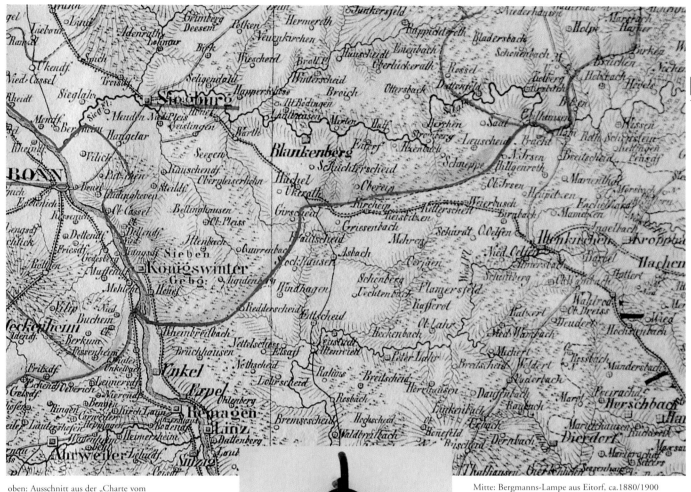

oben: Ausschnitt aus der „Charte vom
Königlich Preußischen Regierungsbezirk Köln", 1831

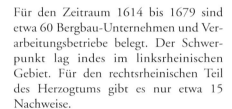

Mitte: Bergmanns-Lampe aus Eitorf, ca.1880/1900

Infolge der Kriegsverluste beim ehemaligen Oberbergamt Bonn ist die Akten- und Urkundenlage sehr dürftig. Technische Betriebsunterlagen, die Auskunft geben könnten über Besitzwechsel und Betriebsergebnisse, sind kaum vorhanden. Die meisten Informationen mussten durch Recherchen in zahlreichen Archiven ermittelt werden.

Für den mittelalterlichen und frühneuzeitlichen Erzbergbau im Bergischen Land insgesamt sind zahlreiche Zeugnisse vorhanden. Einige Beispiele möchte ich nennen: Unter Herzog Adolf V. von Berg (1259-1296) bestand Eisenbergbau im Windeckgebiet und an der Agger. 1311 gab es ein Kupferbergwerk bei Möcklingen/Morsbach (Sieg). Ein Kupferbergwerk bei Wipperfürth bestand im 15. Jahrhundert. Ab 1518 findet Erzabbau auf dem Lüderich (Bensberg) statt. Der traditionsreiche Bergbau wird erst 1987 eingestellt. 1648 wurde ein Eisenhammer bei Eitorf betrieben. Nachweise finden sich bis 1696.

Für den Zeitraum 1614 bis 1679 sind etwa 60 Bergbau-Unternehmen und Verarbeitungsbetriebe belegt. Der Schwerpunkt lag indes im linksrheinischen Gebiet. Für den rechtsrheinischen Teil des Herzogtums gibt es nur etwa 15 Nachweise.

Erst ab Mitte des 18. Jahrhunderts unter der Regierungszeit des Herzogs Carl Theodor nehmen dann die Bergbauaktivitäten wieder zu. Im Auftrag des preußischen Königs beschrieb der Domänenrat Müntz 1740 den Zustand allerdings eher skeptisch: „... man findet fast überall Eisen, an vielen Örtern Blei und Kupfer und im Windeckschen Silber. ... Es wird aber wenig in den Bergen, ausgenommen in den Kohlen- und Eisengruben gearbeitet."

Kehren wir zurück zum unteren Sieggebiet, dem südlichsten Teil des Herzogtums Berg. Im Jahre 1747 stellten Freiherr von Spieß zu Allner und Konsorten den Antrag auf Belehnung mit

oben: „Cosmographie" von Sebastian Münster, Straßburg 1560. Spätmittelalterliche Darstellung der Bergbauarbeiten.

unten: Verleihungsurkunde für das
Bergwerk Carl Joseph, bei Plackenhohn, vom 6.2.1883

dem Silber-, Kupfer- und Bleibergwerk bei Merten. Die Belehnung erfolgte 1749. Nachdem ein angefangener Stollen nicht zu dem erwarteten Erfolg führte, wurde die Arbeit 1753 wieder eingestellt.

Mit einer weiteren - zwischen Eitorf und Herchen (Sieg) gelegenen - Grube wurde 1749 eine Gewerkschaft belehnt. Sie trug den Namen *Silberseifen* (auch *Silbersiefen*). Nachdem sie einen alten, verfallenen Stollen weitergetrieben hatte, ließ sie „das Werk wieder verfallen". Es besteht hier wohl ein sachlicher und historischer Zusammenhang mit der *Bertramsgrube*. Mit dieser wurde 1753 Joan Bertram Irlenborn belehnt. Wenige Monate später ging das Bergwerk in den Besitz des Freiherrn Mathias Gerhard von Hoesch über. Mit hohem Kostenaufwand hielt dieser den Betrieb bis 1765 aufrecht.

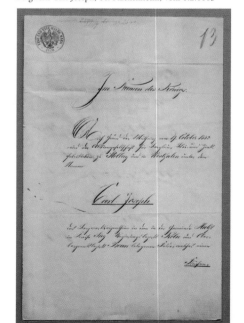

Zu Beginn des 19. Jahrhunderts wurden in der Eitorfer Umgebung zwei Bergwerke betrieben, die fast 50 Jahre später wieder eine gewisse Bedeutung erlangten: Grube *Harmonie* und Grube *Erzengel*. Mit der Grube *Harmonie* wurden 1801 Johann Heinrich Schlösser, Pastor Engels und Konsorten beliehen. 1804 musste man dann vom Mitgewerken Johann Wilhelm Metzger (Eitorf) 6.000 Reichsthaler leihen, um den Betrieb aufrecht erhalten zu können. 1808 wurde der Forstamtmann Schlösser mit dem Bergwerk *Erzengel* (Merten/Sieg) belehnt. Ab 1811 konnte er seinen Verpflichtungen nicht mehr nachkommen. Die Grube verfiel ins Freie. Der bereits genannte Johann Wilhelm Metzger kam 1812 um neue Belehnung nach. Bedingung war, dass er die rückständigen Quatembergelder ab Januar 1811 nachzahlte.

Ein Schlaglicht auf die wirtschaftliche Situation um 1825 wirft der Bericht von Dr. Lohmann (Kreisphysikus des Siegkreises): „Im gesamten Kreis gab es keine Fabriken und außer den Steinbrüchen in der Gemeinde Königswinter ... war der Bergbau ohne jede Bedeutung. Zwar wurde in den einzelnen Gemeinden geschürft - in Eitorf nach Blei und Kupfererz, in Oberpleis nach Braunkohle und Much nach Eisen - aber nur mit sehr geringem Erfolg."

Zu nennen ist noch die Grube *Clara*. Sie gehört mit zu den ältesten Abbaugebieten in dieser Gegend. Ab 1812 finden sich hier keine Nachrichten mehr (der Abbau lag im Bereich der so genannten Mertener Höhe nördlich der Sieg). Dieser Abbaubereich ging später in den Besitz der Gewerkschaft *Pascha* über. Zwischen 1854 und 1859 wurde auf einem etwa 60 Meter langen Gangstück abgebaut. Hierbei wurden etwa 4.000 t Haufwerk gewonnen. Beiderseits der Sieg wurde im 19. Jahrhundert auch in zahlreichen Kleingruben nach Eisenerz abgebaut. Betrieb mit einiger Bedeutung existierte nur auf den Grubenfeldern *Grauwackenkönig* und *Siegfeld* zwischen Sieg und Bröltal (bis Kircheip). Der hier gewonnene Brauneisenstein (Eisenhydroxid) konnte mit dem hochwertigen Eisenerz (Spateisen) aus dem Siegerland nicht konkurrieren, so dass der Eisenerzabbau im unteren Sieggebiet bald zum Erliegen kam.

Ich möchte nachfolgend die Geschichte einiger Gruben der Gewerkschaft Pascha etwas detaillierter darstellen. Einerseits existieren hier relativ viele Unterlagen, andererseits lässt sich m. E. gut erkennen, in welch schwierigen Situationen sich diese kleinen Bergbaubetriebe von Anfang an befanden - und warum sie letztendlich auch scheitern mussten.

Als Ende des 19. Jahrhunderts der Abbau zu Ende ging, besaß die Gewerkschaft *Pascha* im unteren Sieggebiet 19 Grubenfelder (11 davon im Bereich Eitorf/Merten, der Rest in der Gegend um Morsbach, Denklingen und Rosbach/Sieg). Der Bergwerksbetrieb umfasste immerhin etwa 25 Quadratkilometer. Es lassen sich zwei Kernbereiche erkennen:

Nördlich des Siegbogens bei Merten sind dies die Gruben *Waldmeister*, *Heinrich-Joseph* und *Pascha*, nördlich und südlich der Sieg im Bereich der Ortschaften Harmonie, Bourauel, Hombach und Kelters lagen die Gruben *Hatzfeld*, *Ar(r)enberg* und *Harmonie*.

Die übrigen Gruben (*Ehrenkreuz*, *Treue Hand*, *Doris*, *Hellmuth*, *Charles I* und *Emilie I*) blieben stets ohne Bedeutung. Bedingt durch die ungünstigen Lagerstättenverhältnisse wechselten die Besitzverhältnisse der Gewerkschaft Pascha in der kurzen Abbauperiode relativ häufig. Aus der Akten- und Urkundenlage lässt sich ablesen, dass sich die Jahre des Abbaubetriebs abwechseln mit Perioden des Stillstandes der unternehmerischen Aktivitäten.

Blick auf Merten. Westlich, hier links der ehemaligen Klosterkirche, lagen zahlreiche Bergwerke der Grubengewerkschaft Pascha.

GRUBE PASCHA

1853 legte Dionys Wiepen aus Merten bei Eitorf Mutung ein für den Abbau von Blei-, Kupfer- und Zinkerzen. Er handelte dabei im Auftrag seiner Mitgewerken Lazarus Strauß (Brilon), Gustav Lambinon und Jules Gernaert (beide Lüttich/Belgien). Gleichzeitig richtete er ein Schreiben an den Hatzfeldschen Domänendirektor (das Abbaugebiet befand sich auf gräflichem Grund). Graf Hatzfeld stimmte mit der Auflage zu, „jede Operation vor dem Angriff bekannt zu machen und den dadurch entstandenen Schaden zu ersetzen". 1857 werden dann die Verleihungsurkunden für die Grubenfelder *Pascha*, *Baumstark* und *Ehrenpreis* zugestellt.

Ein erfolgreicher Abbau kommt indes nicht zustande. Ende 1857 muss Wiepen

bereits beim Bergamt den Antrag auf Betriebsfristung stellen. Als Grund gab er an: „Mangel an Bergarbeitern während der Dauer des Baus der Cöln-Gießener Eisenbahn" und den Konkurs seines Mitgewerken Lazarus Strauß. Ein Jahr darauf muss der Antrag erneuert werden. Als Grund wird nun genannt: „... ist das gewonnene Erz, Blei und Blende ohne Aufbereitungsanstalten und eine künstliche Aufbereitung nicht verkäuflich".

1865 wurden die alten Längenfelder in Geviertfelder nach dem neuen preußischen Bergrecht umgewandelt. 1868 benannte sich die Gewerkschaft um. Sie trug nun den Namen *Eitorfer Gruben-Gesellschaft*. 1870 ging das Eigentum über an den Ingenieur Jean Eyquem (Paris). Nur für kurze Zeit wurde die Grube *Pascha* wieder in Betrieb genommen. Bereits am 11. Februar 1871 wur-

den die Arbeiten wieder eingestellt. 1875/76 findet ein erneuter Wechsel statt. Besitzer ist nunmehr die *Societé anonyme des Mines du Rhin* mit Sitz in Paris. 1877 kam es nur für wenige Monate zu einem Versuchsbetrieb. Die Funde an Blei-, Zink-, Kupfer- und Schwefelkieserzen werden als „arm", d. h. nicht abbauwürdig, bezeichnet.

1883 ging der Besitz an den Maschinenbaufabrikanten Gilles und den Kaufmann Doutrelepont (beide Köln). Die genannte *Societé anonyme des Mines du Rhin* ist wohl in der Zeit zwischen 1878 und 1879 liquidiert worden. Bereits 1884 musste auch Doutrelepont seinen Besitz aufgeben. 1886 waren dann Louis Roux und seine Ehefrau Julie Camoin de Vence Alleinbesitzer der Grube (Roux war wohl Gläubiger von Doutrelepont).

Etwa 500 m vom Bahnhaltepunkt Merten entfernt liegt die große Halde des ehemaligen Berwerks Pascha.

Aktie der Stolberger Zink AG, die auch in der Gegend um Eitorf Abbaurechte besaß.

1890 erwirbt dann die Gewerkschaft *Pascha* (mit Sitz in Düsseldorf) den Besitz von dem Pariser Kaufmannspaar.

Für die Jahre 1897 bis 1901 liegen detaillierte Betriebsberichte vor:

■ 1897: Belegschaft 15 Personen; Vortriebsarbeiten im Bereich des alten *Baumstarkganges*,
■ 1898: Belegschaft 18 Personen; Arbeiten im *Baumstark-* und *Ehrenpreisgang*,
■ 1899: Belegschaft 23 Personen; aufbereitet werden 7 t Bleierz und 10 t Zinkblende,
■ 1900: Belegschaft 16 Personen; produziert werden ca. 134 t Zinkerz und 50 t Bleierz. Die Gesamteinnahmen betrugen 27.000 RM.
■ 1901: Belegschaft 8 Personen; Förderung etwa 7 t Bleierz, 122 t Zinkerz und 2 t Kupfererz (Gesamtwert ca. 13.000 RM).

Aufgrund der niedrigen Erzpreise wird der Betrieb eingestellt, um bessere Zeiten abzuwarten. Der letzte Grubenverwalter Julius Jung (Eitorf) verfasst 1903 einen handschriftlichen Abschlussbericht über den Grubenbetrieb und setzt sich vehement für eine Weiterführung ein, da durchaus lohnende Lagerstättenvorräte vorlägen. Seit dieser Zeit fand auf der Grube *Pascha* kein Abbaubetrieb mehr statt.

Der Grubenbesitz der Gewerkschaft *Pascha* gelangte in der Zeit nach dem Ersten Weltkrieg in das Eigentum der *Ernst Giebeler oHG*, Siegen/Westfalen. Diese Firma befasste sich weniger mit Abbauarbeiten als vielmehr mit dem Erwerb und Handel von Grubeneigentum und Abbaurechten. 1932 erteilte die Gewerkschaft *Pascha* dem Albert Gieseler Handlungsvollmacht über den Verkauf

von Grundstücken der Gewerkschaft. Ernst Giebeler verfasste 1940 ein Exposé betr. Kupfer-, Blei- und Zinkerzvorkommen im Besitz der Grube *Pascha*. Zu irgendwelchen Versuchs- oder Abbauarbeiten kam es allerdings während der Kriegsjahre nicht mehr. In den letzten Kriegstagen des Jahres 1945 dienten die Stollen als Zufluchtsort für die Einwohner aus der Umgebung von Merten.

„Situationsriß" der Grube Pascha vom August 1866

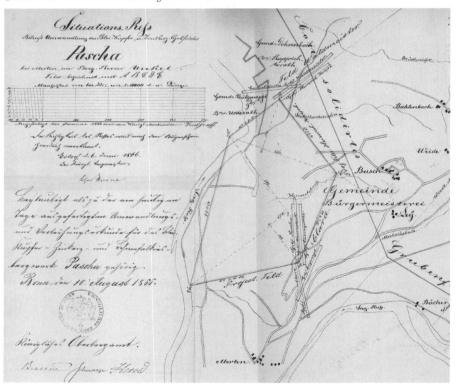

Spätestens 1944 war der Kaufmann Boltendahl (Eltville/Rhein) Besitzer des Grubeneigentums geworden. Im November 1945 verfasste der Grubenverwalter Gudelius in seinem Auftrag einen Bericht über die Arbeiten während der letzten Betriebsperiode. 1947 erteilte der Wirtschaftsminister des Landes Nordrhein-Westfalen eine vorläufige Betriebserlaubnis für Blei- und Kupferproduktion. Die Höchstzahl der Beschäftigten durfte 10 Personen betragen. Strom- und Gasnutzung waren nicht gestattet. Nach dem Tod von Franz Boltendahl ging der gesamte Besitz an eine Erbengemeinschaft über. In deren Auftrag führte Prof. A. Pilger vom Geologischen Landesamt Nordrhein-Westfalen eine Befahrung im Jahre 1955 durch. Sein Votum ist negativ: „Der bisherige Befund spricht jedenfalls eindeutig gegen eine Bauwürdigkeit. Einer bergmännischen Aufschließung ... müsste eine genaue lagerstättenkundliche, tektonische Untersuchung mit Aufschürfungen vorangehen." Seit dieser Zeit sind keinerlei Bergbauaktivitäten auf der Grube *Pascha* nachweisbar. Das Bergbaueigentum ist gem. § 144 des Bundesberggesetzes erloschen.

rechts: Der verschlossene Stollenzugang der Grube „Clara" am Hang der „Mertener Höhe"

unten: Ausschnitt aus einem Riss mit Eintragung der „Eisensteingrube Grauwackenkönig", ca. 1865/66

Das Fachwerkhaus in Hatzfeld ist vermutlich das ehemalige Steigerhaus der gleichnamigen Grube.

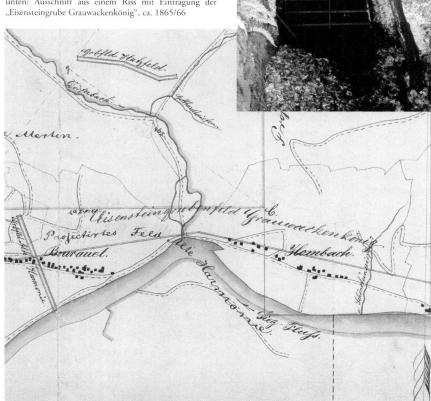

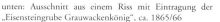

GRUBE HATZFELD

Nördlich der heutigen Ortschaft Hatzfeld liegt die so genannte *Silberhardt*. Aus dieser Flurbezeichnung geht hervor, dass es sich hier um ein altes Bergbaugebiet handelt. Mit hoher Sicherheit ist anzunehmen, dass bereits mittelalterlicher Abbau stattfand. Inwieweit das Kloster Siegburg hier tätig war, kann mit letzter Sicherheit nicht beurteilt werden.

Erneute Bergbautätigkeiten sind gegen Ende des 18. Jahrhunderts wieder belegbar. Der bereits genannte Herr Metzger betrieb bei Hatzfeld eine Grube und erbaute im Schmelzbachtal eine Kupferhütte. Über die Betriebsverhältnisse ist allerdings nichts bekannt.

In den Jahren 1846 bis 1852 wurden mehrere Belehnungsanträge für die Grube *Amalie Fritz* an der *Silberhardt* gestellt, ohne dass es zu einer Verleihung kam. 1852 legte dann Dionys Wiepen im Auftrag seines Mitgewerken Lazarus Strauß (Brilon) erneut Mutung ein auf das „an der sogenannten Silberhardt auf gräflich Hatzfeld'scher Waldparzelle" befindliche Kupfererzvorkommen. Bis 1856 sind allerdings keine Erze gefördert worden. Dies geschah dann in der Zeit bis 1860. Im gleichen Jahr musste der Antrag auf Betriebsfristung gestellt werden. Das Bergamt Siegen verweigerte dies zunächst, weil seit Eröffnung der Eisenbahn von Deutz bis Siegen die Lage dieser Grube in Bezug auf den Absatz der Erze sehr günstig gewesen ist und es an Absatz für die silberreichen Fahlerze „dieser in guten Aufschlüssen stehenden Grube nicht fehlen kann." Ab November 1865 wurde wieder mit zwei Mann gearbeitet. Es fand aber wohl nur geringer Abbau statt (Kupferkies, Malachit, Fahlerz). Bis 1870 ruhte der Betrieb wieder. 1872 bis 1876 wurden Vortriebsarbeiten betrieben. Man fand eine Gangmächtigkeit von 40 bis 50 cm vor, welche mit Kupferfahlerzen eingesprengt war. 1877 wurden die Arbeiten wieder unterbrochen. 1886 übernahm Louis Roux (Paris) die Grube. 1888 wurde die Genehmigung einer Erzaufbereitungsanlage und eines Wasserrades beantragt. Die Genehmigung erfolgte dann im Februar 1889. In diesem Jahre wurden etwa 45 t Roherze gefördert. Dann wurde der Abbau wieder eingestellt.

Der Grubenverwalter Julius Jung beschrieb den Zustand um 1909: „Der Stollen der Grube *Hatzfeld* ist mit Schienengeleise bis vor Ort versehen, derselbe zur Zeit noch befahrbar und es kann der frühere Abbau, das dortige Erzvorkommen stets besichtigt und auf Bauwürdigkeit überprüft werden."

Weitere Hinweise auf die Grube *Hatzfeld* finden sich dann allerdings erst wieder für die Zeit des Zweiten Weltkriegs. Nach einer Mitteilung des Eitorfer Bürgermeisters an das Oberbergamt in Bonn waren seit Oktober 1940 wieder vier Mann auf dem Grubengelände beschäftigt. In einer Notiz des Oberbergamtes vom 17. März 1941 findet sich der Hinweis, dass man mit drei Personen mit der Aufwältigung des alten Stollens der Grube *Hatzfeld* begonnen habe.

Für 1947 wurde ein Betriebsbericht und für 1948 ein Betriebsplan vorgelegt. Demnach war der *Hatzfeldstollen* wieder auf einer Länge von 165 m befahrbar, der tiefe Stollen war gesümpft. Im Bericht wird festgestellt: „Versuche beim Begehen der Grubenfelder haben immer wieder gezeigt, dass noch bis jetzt unbekannte Erzgänge zu erschließen sind."

Im Auftrag der neuen Grubenbesitzer (Erbengemeinschaft Boltendahl) führte Prof. Pilger (Geologisches Landesamt NRW) 1955 eine Untersuchung durch. Er fand allerdings nur einen verfallenen, nicht mehr begehbaren Stollen vor. Seit dieser Zeit sind keine weiteren Belege für Bergbaubetrieb mehr vorhanden. Festzustellen ist indes, dass bei Zeitzeugen noch zahlreiche Erinnerungen an den alten Bergbau auf der Grube *Hatzfeld* vorhanden sind.

Pingenzüge auf der Silberhardt; hier baute die ehemalige Grube „Hatzfeld".

„Cosmographie" von Sebastian Münster, Straßburg 1560. Spätmittelalterliche Darstellung der Bergbauarbeiten.

„Grund- und Steigerriß" der Grube Silberseifen bei Eitorf, im Januar 1906 erstellt von Julius Jung, dem ehemaligen Verwalter der Grubengewerkschaft Pascha.
Dargestellt sind die alten Stollen und Schächte seit etwa 1820. (Bestand: Deutsches Bergbaumuseum Bochum)

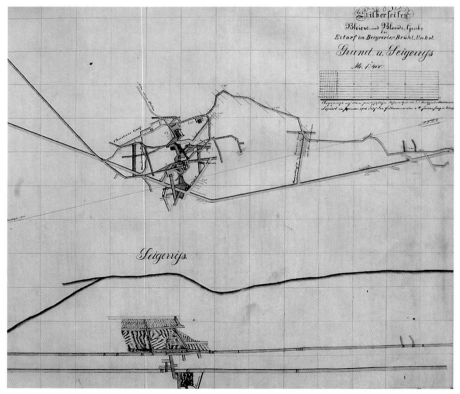

GRUBE HARMONIE

Diese Grube gehört ebenfalls zu den alten Abbaubetrieben im unteren Siegtal. Noch heute erinnern mehrere Hinweise daran:

- der Ortsteil *Harmonie* bei Eitorf,
- die Straßenbezeichnung *Zum Bergwerk* in Harmonie,
- die Kirche in Harmonie selbst wurde auf dem alten Haldenbereich der Grube errichtet.

Der hauptsächlich Kupfererz führende Gang lag nördlich und südlich der Sieg. Im nördlichen Teil wurde zunächst im Grubenfeld *Tanz*, im südlichen Teil auf der Grube *Harmonie* abgebaut. Im Jahre 1800 wurde die *Harmonie* von Johann Heinrich Schlösser, Pastor Engels und Konsorten (Eitorf) gemutet. Die Belehnung erfolgte am 24. Dezember 1801. Aus Rissen des Jahres 1809 ist erkennbar, dass in den so genannten *Conrad-* und *Ignaz-*Strecken ein Kupfererzgang mit einer Mächtigkeit von etwa 60 bis 65 cm vorgefunden wurde. Erhebliche Schwierigkeiten gab es aber mit den Gruben-

wässern, da die Stollen zum Teil unter der Sieg lagen. Ab 1812 ruhte dann der Betrieb. Der Grund hierfür lag sicherlich in Wirren der damaligen Kriegszeiten und den Streitigkeiten innerhalb der Grubengewerkschaft.

Die Grubenanlagen blieben aber offensichtlich bestehen. Sie verfielen indes, so dass es in der Zeit zwischen 1844 und 1858 zu zahlreichen Beschwerden kam. Der Bürgermeister von Eitorf schrieb am 17. März 1858 an den damaligen Grubeneigentümer (Pastor Pascal): „Als Folge des eingetretenen Thauwetters ist ein sehr gefährlicher Zustand eingetreten, indem der Schacht ganz offen und dergestalt unverwahrt ist, dass daraus Gefahr für andere entstehen kann, weil die Grube unmittelbar an der Siegstraße und in der Nähe einer Wirthschaft, wo viele Menschen zu verkehren pflegen, gelegen ist."

Neue Mutungen gab es ab den 40er Jahren des 19. Jahrhunderts, ohne dass es zu formalen Verleihungen kam. Erst 1861 kam es dazu: Die beiden alten Grubenfelder *Tanz* und *Harmonie* wurden konsolidiert, d. h. zusammengelegt,

und erhielten den Namen *Alte Harmonie*. Für die nächsten Jahre gibt es keine Hinweise. Erst ab 1866 wurden wieder Arbeiten durchgeführt. Hierbei handelte es sich vornehmlich um Reparaturen und Prospektionsarbeiten. Ab 1871 existieren wieder Hinweise. Diese reichen dann bis 1888:

- 1872 sind 85 Personen beschäftigt; der Maschinenschacht wird auf 70 m abgeteuft; etwa 50 t Kupfererz wurden verkauft, weitere 65 t wurden zum Verkauf aufbereitet;
- 1873 waren 40 Mann in Arbeit; gefördert wurden etwa 100 t Kupfererz. Der starke Wasserandrang führte dann aber zu einer Betriebsunterbrechung;
- 1874 fand keine Förderung statt; beschäftigt waren 12 Mann;
- 1875: Betrieb bestand nur für einige Monate. Es gab den Plan, die chemische Aufbereitung der Erze zu verbessern und dann den Betrieb wieder aufzunehmen; Ende des Jahres geht der Besitz über an die *Societé anonyme des mines du Rhin* (Paris).
- 1876 waren durchschnittlich 55 Personen beschäftigt;
- 1877 war die Grube wegen Wassereinbruchs bis Juni außer Betrieb; Kupfererz im Wert von 16.000 RM wurde gefördert; etwa 86 Personen waren beschäftigt.

Ab 1878 wurden die Probleme der Wasserführung immer schwieriger, da teilweise bis zu 2 Kubikmeter Wasser pro Minute eindrangen. 1888 musste dann der Betrieb endgültig eingestellt werden.

Die bereits erwähnte Firma *Giebeler* erarbeitete 1940 noch ein Exposé, um den Bergbau wieder aufzunehmen. Dieser sollte bei der Grube *Harmonie* beginnen: „Dem Vernehmen nach ist der 90 m tiefe Schacht mit kräftigem Eichenholz gut ausgebaut. ... Die erforderlichen Aufwendungen für die Grube *Alte Harmonie* bis zur Erzielung einer regelmäßigen Förderung werden auf RM 100.000,00 geschätzt." Zu einer Wiederaufnahme des Betriebs kam es allerdings in der Kriegs- und Nachkriegszeit nicht mehr.

Der Eitorfer Ortsteil „Harmonie" erhielt seinen Namen durch das gleichnamige Kupferbergwerk.
Die Kirche steht auf altem Bergwerksgelände.
Der Straßenname „Zum Bergwerk" erinnert ebenfalls an den Bergbau des 18. und 19. Jahrhunderts.

GRUBE SILBERSEIFEN

Erwähnen möchte ich noch ein Bergwerk, das zwar nicht zum Besitz der Gewerkschaft *Pascha* gehörte, aber für Eitorf von Bedeutung war.

Bereits 1749 wird ein „berckwerck zwischen Eytorff und Herchen, der *Silber Seifen* bezeichnet", in den Bergbauakten des Herzogtums Berg erwähnt.

Der ursprüngliche Abbau war nur von kurzer Dauer und endete bereits nach wenigen Jahren. Im Jahre 1822 interessieren sich die Gebrüder Rhodius aus Linz am Rhein für diese Grube, da sie Zinkerz für die Herstellung von Textilfarben benötigten.

Aber 1838 war dann Christian Rhodius (1798-1865) Besitzer dieses Bergwerks. 1854 ging das Eigentum über an die *Actiengesellschaft für Zinkgruben und Hütten des Altenbergs* (Overath).

Zunächst waren erhebliche Vorarbeiten nötig, um den Betrieb wieder aufnehmen zu können. 1854/55 wurde wieder gefördert (etwa 1.300 t Haufwerk, d. h. Blei-, Kupfer- und Zinkerze).

1866 wurde das ehemals kleine Abbaugebiet in ein so genanntes Flächen- oder Geviertfeld umgewandelt, das immerhin etwa 2,87 Quadratkilometer (östlich und südlich von Eitorf) umfasste. Über den Abbau in den nächsten 25 Jahren liegen allerdings keine Unterlagen vor.

In den Jahren 1883/1893 wurden alte Stollen weiter ausgebaut und in der Nähe der Örtchen Forst, Huckenbröl und Nennsberg drei neue Stollen angelegt.

Zu einem erfolgreichen Betrieb ist es aber nicht mehr gekommen. Aus dem Jahr 1909 liegt eine detaillierte Darstellung der alten Stollen und Schächte vor, die auch den alten Abbau des späten 18. und frühen 19. Jahrhunderts erkennen lässt.

Im gleichen Jahr wurde letztmals etwas Zink gewonnen (1,5 t Erz). Dann endete auch hier der Bergbau.

Am Ende des Zweiten Weltkriegs dienten viele verfallene Stollen noch als Schutz vor den heranrückenden amerikanischen Truppen.

Spätere Versuche, den Betrieb wieder aufzunehmen, blieben erfolglos. Interessant ist, dass die Bergbaurechte an dieser Grube (wenn auch nur juristisch gesehen) immer noch fortbestehen.

Von dem alten Abbau - der immerhin 150 Jahre andauerte - sind nur noch einige Halden und verfallene Stollenmundlöcher in der Umgebung von Eitorf erhalten.

Anmerkungen und Quellen zu diesem Artikel finden Sie auf Seite 220

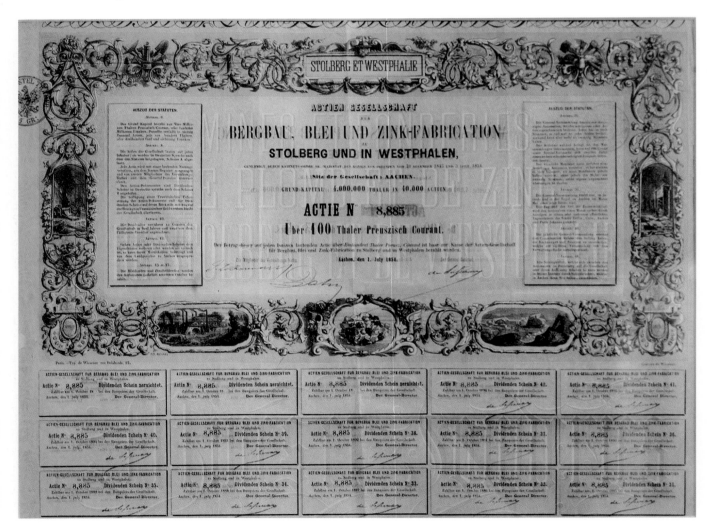

ZUSAMMENFASSUNG

Die Lagerstätten im unteren Siegtal um Eitorf, Blankenberg, Merten und Siegburg waren von untergeordneter Bedeutung im Vergleich zum östlich gelegenen Siegerland. Die wirtschaftliche Infrastruktur war ungünstig. Ein Beleg hierfür sind nicht zuletzt die hohen Auswanderungsquoten in der Zeit zwischen 1850 und 1870. Trotzdem oder vielleicht gerade deswegen wurde Bergbau betrieben - oft wohl als Nebenerwerb für die arme landwirtschaftliche Bevölkerung. Es ist daher nicht verwunderlich, dass ein ertragreicher Bergbau nicht zustande kommen konnte. Die negativen Rahmenbedingungen verhinderten dies:

■ Die Lagerstätten waren nur wenig ergiebig. Die Buntmetalle traten zudem meist vermischt auf und erforderten einen hohen technischen Aufwand bei der Aufbereitung.

■ Die Finanzkraft der zahlreichen kleinen Gewerkschaften reichte nicht aus, um größere Investitionen zu tätigen. Geldgeber waren oft Pastoren, Lehrer, Beamte und Handwerker aus der näheren Umgebung. Vor allem ab Mitte des 19. Jahrhunderts war Bergbau auch ein Spekulationsgeschäft für oft recht dubiose Unternehmer. Große Bergbaugesellschaften beendeten ihr Engagement, wenn die Ertragslage nicht mehr ausreichend war.

■ Erfahrenes Bergbaupersonal ließ sich unter diesen Bedingungen nicht auf Dauer gewinnen (wie z. B. in Sachsen, Tirol oder dem Siegerland). Ein Indiz dafür ist auch, dass sich in dieser Gegend nie eine eigentliche Bergbautradition entwickeln konnte.

Historisch gesehen lassen sich mehrere Epochen feststellen: Nach dem römisch/keltisch/germanischen Abbau ist mittelalterlicher Betrieb nachweisbar.

Das Kloster Siegburg spielte hierbei erkennbar eine größere Rolle. Erst ab Mitte des 18. Jahrhunderts ist im unteren Sieggebiet der Bergbau wieder stärker belegt. Die französischen Revolutionswirren und die Befreiungskriege brachten diesen Industriezweig fast völlig zum Erliegen. Bis 1840 hat wohl kaum nennenswerter Abbau stattgefunden. Schlagartig nehmen dann ab Mitte des 19. Jahrhunderts die Mutungen und Belehnungen wieder zu. Am Ende des Jahrhunderts sind aber alle Gruben außer Betrieb. Spätere Untersuchungs- und Prospektionsarbeiten bis zum Ende des Zweiten Weltkrieges führten nicht mehr zu einem Abbau.

Heute sind die Bergbaurechte nach dem Bundesberggesetz fast alle erloschen - erhalten blieben nur wenige Relikte: Haldenreste, Pingen, einige Stolleneingänge, Ortsnamen und Erinnerungen von Zeitzeugen.

Mineralienfunde von den Halden der Gruben Pascha und Hatzfeld, 1986-1999. Die Belegstücke sind meist nur mikroskopisch klein. Die Kristalle erreichen Größen von 1-10 mm. Sammlung B. Habel

Malachit (grün) mit Azurit (blau) - Grube Hatzfeld

Sederit (gelbl. Eisenerz) mit Kupferkies (gelbmet.) und Quarz (wasserklar) - Grube Pascha

Kupferkies (bräunlich) mit Bleiglanz (metallisch-silbern) - Grube Pascha

Azurit (blau) - Grube Hatzfeld

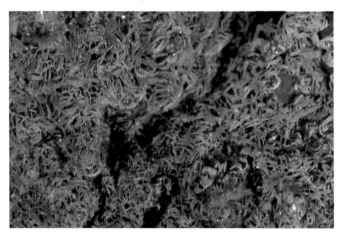

Bauerngärten

TRADITIONELLES KULTURGUT HEIMISCHER DÖRFER
EINE UNTERSUCHUNG AM BEISPIEL DES
DRACHENFELSER LÄNDCHENS
von Olaf Denz

Bauerngärten sind ebenso wie z.B. Streuobstbestände ein wesentlicher Bestandteil traditioneller menschlicher Nutzung sowie Ausdruck allgemeiner dörflicher Lebensweise. Die in Bauerngärten vorkommenden Nutz- und Zierpflanzenarten und -sorten stellen insbesondere hinsichtlich der biologischen Diversität (Artenvielfalt) von Kulturpflanzen eine wichtige genetische Ressource dar, und können daher auch für spätere Generationen eine große Bedeutung bei der Ernährung und medizinischen Versorgung des Menschen besitzen.

Infolge eines starken Strukturwandels in vielen ländlichen Gemeinden sowie durch die moderne landwirtschaftliche Produktion und die raum-zeitlich kaum noch begrenzten Belieferungsmöglichkeiten der Bevölkerung mit landwirtschaftlichen Erzeugnissen haben die Bauerngärten heute häufig ihre ursprüngliche Funktion einer vollständigen oder teilweisen Eigenversorgung verloren.

Dementsprechend ist die Verbreitung der Bauerngärten zurückgegangen. Sie gehören heute längst nicht mehr zum typischen dörflichen Erscheinungsbild.

Nicht selten werden die verbliebenen Bauerngärten nur noch aus einem zum Teil auf Tradition gegründeten Idealismus betrieben, wobei der Aspekt einer gesunden Ernährung mit frischem Gemüse und Obst, deren Herkunft und

Behandlung genau bekannt sind, eine wichtige Rolle spielt. Es ist oft die ältere Generation, welche die arbeitsreiche Pflege der Bauerngärten ausübt. Die jüngere Generation hat dazu keine Zeit mehr. Sie fühlt sich den traditionellen Werten eines Bauerngartens kaum noch verpflichtet. So geht der Generationenwechsel dann häufig auch mit der Aufgabe der Bauerngärten einher.

Nicht nur hinsichtlich der wichtigen Funktion für den Charakter ländlicher Siedlungen, sondern vor allem auch wegen des hohen biologisch-genetischen Potentials der angebauten Kulturpflanzen gilt es, die große Bedeutung von Bauerngärten wieder stärker ins Bewusstsein der Menschen zu rücken und ihren weiteren Rückgang und damit das Verschwinden traditioneller Nutz- und Zierpflanzensippen zu verhindern.

Daher soll an dieser Stelle die aktuelle Situation der Bauerngärten - stellvertretend für das gesamte Kreisgebiet und weit darüber hinaus - am Beispiel der zirka 50 km² großen Flächengemeinde Wachtberg im Drachenfelser Ländchen im Südwesten des Rhein-Sieg-Kreises näher beleuchtet werden.

Was ist ein Bauerngarten?

Das Wort *Garten* bedeutet in seiner indogermanischen Wurzel soviel wie „eingefriedetes Land". Dabei handelt es sich im allgemeinen um eine zumindest teilweise durch Mauern, Zäune und/oder Hecken umgrenzte Parzelle, so dass der freie Zutritt für Mensch und Tier deutlich sichtbar verwehrt oder zumindest stark eingeschränkt ist.

Gärten lassen sich gemäß ihrer inhaltlichen Ausrichtung gliedern in Zier- und Nutzgärten. In den erstgenannten steht die Freude an Blumen und blütenreichen Gehölzen im Mittelpunkt des Interesses, in den letztgenannten dagegen der Aspekt der Selbstversorgung mit Gemüse und Obst.

In Bauerngärten sind beide Elemente vereint. Zier- und Nutzpflanzen kommen in einem ausgewogenen Verhältnis auf engem Raum miteinander vor, teilweise mosaikartig verzahnt, teilweise mehr oder minder konsequent voneinander getrennt. Dieses Miteinander von Zier- und Nutzpflanzen auf vergleichsweise engem Raum verbietet in der Regel die Anwendung moderner, intensiver landwirtschaftlicher Bewirtschaftungsweisen, z.B. den Einsatz großer Maschinen für die Bodenbearbeitung oder die großflächige Ausbringung von Chemikalien bei der Schädlingsbekämpfung. Bauerngärten zeichnen sich daher durch eine vorwiegend traditionelle, kleinbäuerliche Nutzungsweise aus, bei der z.B. der Boden mit der handgeführten Hacke aufgelockert und auf Mischkulturen zur Abwehr pflanzlicher Schädlinge vertraut wird.

Die eher extensive Bewirtschaftung der Bauerngärten bringt es mit sich, dass ständig wechselnd und zeitlich begrenzt irgendwo kleinflächige Bereiche, z.B. am Rand von Beeten, entstehen, die vorübergehend Wildkräutern von außerhalb eine Ansiedlung ermöglichen. Auch darin dokumentiert sich die harmonische Einbindung der Bauerngärten in die umgebende Kulturlandschaft.

Ein weiteres Merkmal von Bauerngärten ist die große Diversität an Nutz- (Gemüse, Gewürze und Obst) und Zierpflanzensippen (Einjährige, Stauden und Gehölze), die ein Ausdruck des häufigen Bestrebens ist, „von Allem etwas" im Garten besitzen zu wollen. Dieser Autarkieanspruch hat historische Wurzeln, die bis auf die von Kaiser Karl dem Großen bzw. von dessen Sohn Ludwig dem Frommen erlassene Landgüterverordnung, das *Capitulare de villis et curtis imperialibus* zurückreichen, in der detaillierte Anweisungen zur Verwaltung der Krongüter als Vorbild für das Volk dargelegt sind. In einer darin enthaltenen Bepflanzungsvorschrift heißt es: „Volemus quod in horto omnes herbas habeant, id est:" - „Wir wollen, dass man im Garten alle Kräuter habe, nämlich:" In der anschließenden Pflanzenliste sind 73 Nutzpflanzen und 16 verschiedene Obstgehölze aufgezählt.

Bauerngärten sind nicht - wie der Begriff nahe legt - ausschließlich an das Vorhandensein von Bauernhöfen gebunden. Sie können auch außerhalb ländlicher Gemeinden in der Stadt vorkommen, dürften dort jedoch insgesamt gesehen schon immer weitaus seltener gewesen sein, da in der Stadt die Notwendigkeit zur Selbstversorgung mit Gemüse und Obst aufgrund der besseren Infrastruktur nicht in dem Maße gegeben ist wie auf dem Land. Grundsätzliche Unterschiede zwischen ländlichen und städtischen Bauerngärten bezüglich der Pflege und des Arteninventars mit Nutz- und Zierpflanzen dürften wohl nicht bestanden haben, da die Stadtbevölkerung ursprünglich aus der Landbevölkerung hervorgegangen ist.

Hinsichtlich der räumlichen Anbindung von Bauerngärten an Wohngebäude kann man unterscheiden zwischen Hausgärten, die in der unmittelbarer Umgebung von Haus und Hof liegen, und den selteneren Feldgärten, die sich aus Platzgründen außerhalb der eigentlichen Siedlung meist am Ortsrand befinden. Letztere werden in der Regel seltener aufgesucht, so dass dort schwerpunktmäßig weniger pflegeintensive Nutzpflanzen und auch nicht die täglich benötigten Küchenkräuter kultiviert werden.

Einen Sonderfall stellen die Schrebergärten dar, bei denen es sich um Kleingartenkolonien handelt, die ab Mitte des 19. Jahrhunderts meist außerhalb der Wohngebiete am Rand von Städten oder Stadtteilen entstanden sind.

Die aktuelle Situation der Bauerngärten in Wachtberg

ALLGEMEINE MERKMALE

Die Bauerngärten besitzen häufig eine Größe zwischen 250 und 500 m², selten auch unter 100 oder über 1000 m². In jedem Fall überwiegt der Anteil an Nutz- gegenüber Zierpflanzen, da die Bauerngärten unter Berücksichtigung ihrer historischen Entwicklung im allgemeinen ursprünglich als reine Nutzgärten angelegt worden sind. Brachliegende Flächen und Grasland sind kaum vorhanden. In den meisten Fällen handelt es sich um Hausgärten. Feldgärten außerhalb des Dorfes sind selten.

Eine Einfriedung fehlt nur ausnahmsweise dann, wenn sie aufgrund der Geländeverhältnisse verzichtbar ist, z.B. beim Vorhandensein eines Grabens als Parzellengrenze. Zumeist bestehen die Einfriedungen aus Holz- oder Maschendrahtzäunen, teilweise aus Hecken. Die Holzzäune werden häufig von den für Bauerngärten untypischen Jäger- und Rancherbohlen-(Bonanza-)zäunen gebildet.

Die traditionellen Senkrecht-(Staketen-)zäune sind wenig verbreitet. Die eher seltenen Hecken bestehen überwiegend aus standortfremden Nadelgehölzen wie Fichte und Lebensbaum. Buche und Hainbuche als bauerngartentypische, standortheimische Gehölze zur Einfriedung fehlen nahezu vollständig.

Auch Beeteinfassungen haben Seltenheitswert. Teilweise sind zumindest Betonsteine vorhanden.

Die klassische Vorstellung von niedrigwüchsigen Buchsbaumhecken zur Abgrenzung der Beete von den Wegen, wie dies besonders für alte Klostergärten charakteristisch ist, sucht man in den heimischen Bauerngärten meist vergeblich.

Die Wege bestehen in den Bauerngärten entweder aus Erde, Rasen oder sind mit Betonplatten abgedeckt. Natursteinpflaster sowie Kies- und Schotterauflagen kommen nur ausnahmsweise vor.

Als zusätzliche Elemente sind häufig Komposthaufen für Gartenabfälle, Frühbeetkästen zur Anzucht von Salat-, Gemüse- und anderen Speisepflanzen, Regentonnen zur Bewässerung, Gartenhäuschen oder Schuppen zur Unterbringung von Gartengeräten oder zur Zwischenlagerung der Ernte und Sitzbänke als Ruheplätze vorhanden.

VERBREITUNG DER BAUERNGÄRTEN

In Wachtberg kommen aktuell (noch) 56 Bauerngärten vor. Dies ist eine sehr bescheidene Anzahl im Vergleich zu den Ziergärten.

Die Annahme, dass sich die Vorkommen der Bauerngärten im wesentlichen auf die alten Dorfkerne konzentrieren, ist unzutreffend. Gerade diese mit ihrer häufig dicht gedrängten Bebauung und den winkligen Gassen bieten nur in wenigen Fällen den notwendigen Raum für Gartengrundstücke. Mit Ausnahme von Neubaugebieten befinden sich Bauerngärten in allen Bereichen der Ortschaften, wobei ein gewisser Schwerpunkt auf den Ortsrandlagen liegt.

Die Bauerngärten sind in charakteristischer Weise über das Gemeindegebiet verbreitet. Es bestehen zwei Schwerpunkte im Südwesten der Gemeinde mit Fritzdorf, Arzdorf und Adendorf sowie im Nordosten mit Niederbachem, Ließem und Gimmersdorf. Der geographische Zwischenraum mit Holzem, Berkum und Werthoven nimmt auch hinsichtlich der Anzahl der Bauerngärten eine Mittelstellung ein. Hingegen fehlen die Bauerngärten im nordwestlichen Gemeindebereich um Pech, Villip und Villiprott nahezu vollständig.

Ein Erklärungsansatz für dieses Verbreitungsbild bietet die unterschiedliche räumlich-standörtliche und strukturelle Situation der Ortschaften. So ist offensichtlich die Notwendigkeit zumindest zur partiellen Eigenversorgung mit frischem Gemüse und Obst für die Einwohner der Dörfer im Südwesten von

Wachtberg aufgrund der Randlage im Gemeindegebiet und der relativ schlechten Anbindung an die größeren Nachbargemeinden von weitaus höherer Bedeutung als etwa für die Bevölkerung von Villip, Villiprott und Pech. Diese vermag die Versorgung infolge günstigerer Anbindung und größerer Nähe zu den umliegenden Städten Meckenheim und Bonn-Bad Godesberg weniger aufwändig durch rasche dortige Einkäufe sicherzustellen als durch die zeitaufwendige Pflege von Bauerngärten. Außerdem existieren in Adendorf mit der Töpferkunst und in Fritzdorf mit dem Holztreppenbau auch heute noch traditionelle Handwerksbetriebe, so dass der Strukturwandel in diesen Ortschaften noch nicht zur vollständigen Abkehr von alten Traditionen geführt hat, ein Umstand, der sehr wahrscheinlich auch für das Überleben zahlreicher Bauerngärten mit verantwortlich ist.

Niederbachem und Ließem im Nordosten des Gemeindegebietes befinden sich in einem durch lößüberdeckte, terrassierte Hänge zum Rhein und zum Lannesdorfer bzw. Ließemer Bach geprägten Landschaftsabschnitt.

Die Reliefbedingungen und die große Fruchtbarkeit des Bodens haben vermutlich den Erhalt traditioneller Gartenpflege bis in die heutige Zeit begünstigt.

Hingegen haben sich Pech und Villiprott zu bevorzugten Wohnsiedlungen vor allem für Beschäftigte in Bonn entwickelt. Der starke Strukturwandel hat in diesen beiden Ortschaften einen nahezu vollständigen Verlust an traditionellen Bauerngärten bewirkt.

DAS ARTEN- UND SORTENSPEKTRUM

Die in Bauerngärten kultivierten Pflanzenarten und -sorten lassen sich grundsätzlich sechs verschiedenen Gruppen zuordnen. Dies sind:

1. Krautige Zierpflanzen,
2. Ziergehölze,
3. Heil-, Gewürz- und Genusspflanzen,
4. Salat-, Gemüse- und andere Speisepflanzen,
5. Obstgehölze und Nussbäume sowie
6. Beerenobst.

Als alte Bauerngartenpflanzen können dabei solche Arten gelten, die schon vor 1900 häufig in Bauerngärten der Gebiete beiderseits des Mittel- und südlichen Niederrheins kultiviert worden sind. Dazu gehören in den Bauerngärten der Gemeinde Wachtberg zahlreiche Pflanzensippen (siehe Liste auf Seite 221).

Untersuchungen in der Vergangenheit zählen noch eine Reihe weiterer Pflanzenarten auf, die für die Bauerngärten der Region charakteristisch sind, jedoch inzwischen verschwunden sind. Darunter befinden sich so bekannte Arten wie z.B. Spornblume (Centranthus ruber), Balsamine (Impatiens balsamina), Prunkwinde (Ipomoea purpurea), Türkenbund (Lilium martagon), Himmelsleiter (Polemonium caeruleum), Seifenkraut (Saponaria officinalis), Nelken-Leimkraut (Silene armeria) und Dreimaster Blume (Tradescantia virginica) unter den krautigen Zierpflanzen, die teilweise auch aus Vorgärten bekannt sind; Rauhe Deutzie (Deutzia scabra), Mahonie (Mahonia aquifolia), Essigbaum (Rhus typhina), Hundertblättrige Rose (Rosa centifolia) und Schneebeere (Symphoricarpus rivularis) unter den Ziersträuchern, die teilweise auch als Straßenbegleitgrün angepflanzt werden; Eberraute (Artemisia abrotanum), Estragon (Artemisia dracunculus), Alant (Inula helenium), Süßdolde (Myrrhis odorata) und Bauern-Tabak (Nicotiana rustica) unter den Heil-, Gewürz- und Genusspflanzen; Garten-Melde (Atriplex hortensis) und Portulak (Portulaca oleracea) unter den Salat-, Gemüse- und Speisepflanzen.

Blühender Schnittlauch

Gelber Krokus und Traubenhyazinthe

Tränendes Herz

Brennende Liebe, auch Malteser- oder Jerusalemskreuz

Gartenschneeball

Kaiserkrone

AUSBLICK

In den Dörfern der Region kommen heute noch vereinzelt Bauerngärten mit einer hohen Sippendiversität von alten Nutz- (Gemüse, Gewürze und Obst) und Zierpflanzen (Einjährige, Stauden und Gehölze) vor. Aufgrund des allgemeinen Strukturwandels besteht jedoch auch für die ländliche Bevölkerung kaum noch die Notwendigkeit zur Selbstversorgung. Daher ist die Zahl der Bauerngärten rückläufig, und der dörfliche Charakter wird zunehmend von Ziergärten mit fremdländischen Stauden und Gehölzen bestimmt. Dieser Trend wird nur dann aufzuhalten sein, wenn es zumindest teilweise zu einer Rückbesinnung auf traditionelle und die dörfliche Lebensweise prägende kleinbäuerliche Wirtschaftsweisen kommt. Andernfalls ist das vollständige Verschwinden der Bauerngärten samt den alten Nutz- und Zierpflanzen aus den heimischen Dörfern vorprogrammiert, womit ein wichtiger Bestandteil ländlichen Kulturgutes vielleicht für immer verloren geht.

WIR ARBEITEN AUCH FÜR UNSERE UMWELT –
DAS ÖKOLOGISCHE ENGAGEMENT DER KREISSPARKASSE

VON JOSEF HASTRICH, VORSTANDSVORSITZENDER DER KREISSPARKASSE IN SIEGBURG

Die Kreissparkasse ist weit mehr als ein Kreditinstitut. Weit mehr deshalb, weil die flächendeckende Versorgung mit Bankdienstleistungen im gesamten Rhein-Sieg-Kreis nur ein Teil ihres Aufgabenfeldes ist. Der zweite Teil ist das lokale gesellschaftliche Engagement in den Bereichen Kunst, Kultur, Altenpflege, Jugendfürsorge, Bildung, Sport, Wissenschaft, Forschung oder Umwelt, das die Kreissparkasse traditionell wahrnimmt.

Um das Gemeinwohl im Rhein-Sieg-Kreis zu fördern, haben wir 1979 die Stiftung „Für uns Pänz" und 1995 die Sparkassenstiftung für den Rhein-Sieg-Kreis gegründet. Damit die beiden Stiftungen ihre Aktivitäten weiter erhöhen können, haben wir deren Dotationskapital Ende 2001 um 500.000 Euro auf insgesamt 1.300.000 Euro aufgestockt. Zusätzlich fördern wir das Gemeinwohl auch durch rund 1.000

Einzelspenden, die nicht von unseren Stiftungen, sondern direkt von der Kreissparkasse vergeben werden.

Beispielhaft für unser regionales Engagement möchte ich Ihnen in diesem Jahrbuch des Rhein-Sieg-Kreises zwei Projekte aus dem Bereich Umwelt vorstellen. Weitergehende Informationen hierzu haben wir in der Publikation „Für unsere Umwelt" veröffentlicht. Sie bietet einen

Überblick über unser breitgefächertes Umweltengagement in der Region. Neben Umweltexperten kommen Beteiligte und Verantwortliche einzelner Projekte zu Wort und geben einen Einblick in ihre Arbeit. Außerdem stellt die beigefügte Datenbank auf CD-ROM, deren Aktualisierung und Erweiterung inzwischen beschlossen wurde, wichtige Adressen zum Thema Umwelt zur Verfügung.

Kreissparkasse in Siegburg:
1.483.000 Euro Fördergelder für den Rhein-Sieg-Kreis

- ■ **Kultur** — 141.000
- ■ **Sport** — 348.000
- ☐ **Umwelt** — 224.000
- ■ **Soziales** — 203.000
- ■ **Standortförderung** — 436.000
- ■ **Sonstiges** — 131.000

Detaillierte Umweltprüfung im eigenen Hause

„Kehre zunächst vor deiner eigenen Tür" – ausgehend von diesem Sprichwort haben wir im vergangenen Jahr in Zusammenarbeit mit der Fachhochschule Bonn/Rhein-Sieg untersucht, wie wir selber schonender mit den natürlichen Ressourcen umgehen können. Als Partner haben wir die Fachhochschule gewählt, weil sie aufgrund des von ihr initiierten Projektes „Nachhaltige Entwicklung in der Region Bonn/Rhein-Sieg" über das entsprechende Know-how verfügt. Beide Seiten konnten hier voneinander profitieren. Wir von den wissenschaftlichen Kenntnissen der Fachhochschule, die Fachhochschule von der Möglichkeit, ihre Forschungsarbeit in die Praxis umzusetzen.

Im Laufe des Projekts wurden sämtliche Bereiche der Kreissparkasse analysiert. Für alle Geschäftsstellen wurden beispielsweise die Emissionen von Heizungs- und Klimaanlagen, der Verbrauch von Elektro- und Heizenergie, Wasser und Abwasser oder das Abfallaufkommen erhoben und strukturiert aufgearbeitet. Bereits aus dem Vergleich der Verbrauchsdaten ließen sich Verbesserungen ableiten. Um einen langfristig geringeren Ressourcenverbrauch sicherzustellen, haben wir im Rahmen des Projektes einen Umweltbeauftragten berufen, der für ökologische Verbesserungsmaßnahmen in unserem Hause verantwortlich ist.

Die Umweltprüfung belegt, dass selbst in Unternehmen, von denen im Vergleich zu Industrieunternehmen eine geringe Umweltbelastung ausgeht, umfangreiche Möglichkeiten zum Umweltschutz vorhanden sind. Der über 100 Seiten starke Endbericht der Fachhochschule legt dies in eindrucksvoller Weise offen. Für uns bildet er die Grundlage für vielfältige Umweltschutzmaßnahmen im Arbeitsalltag.

Rheinufersäuberung in Niederkassel

Wir haben uns in Sachen Umweltschutz aber nicht nur auf unser Haus allein konzentriert, sondern viele weitere Maßnahmen rund um das Thema Umwelt unterstützt oder selber organisiert und durchgeführt. Ein Beispiel ist die Aktion „Rheinufersäuberung", die von Wolfgang Hopp, unserem Direktor für den Marktbereich Niederkassel, ins Leben gerufen wurde. Zunächst wurden die lokalen Bürger- und Verschönerungsvereine der Niederkasseler Orte zu einer Informationsveranstaltung der Kreissparkasse eingeladen. Wolfgang Hopp stellte das Konzept der Uferreinigung vor und die Vereine erklärten ihre Bereitschaft, an der Aktion mitzuwirken.

Nach umfangreichen Vorarbeiten begaben sich über 170 freiwillige Helferinnen und Helfer auf dem zirka 12 Kilometer langen Rheinufer zwischen Mondorf und Lülsdorf ans Werk. Mit einer derart hohen Teilnehmerzahl hatten die freudig überraschten Organisatoren nicht gerechnet. Noch größer war die Freude am Abend,

als Bilanz gezogen wurde: 150 m³ anorganischer Müll wurde gesammelt, sorgsam getrennt und abtransportiert. Dabei handelte es sich um ein Sammelsurium aus Plastikeimern, Getränkedosen, Glasflaschen, Autoreifen und Ähnlichem. Außerdem wurden 20 LKW-Ladungen Schwemmgut, das bei Hochwasser über die Ufer getreten war und die Rad- und

Fußwege des Rheinufers verunstaltet hatte, zur Recyclinganlage gefahren.

Am Ende waren alle Teilnehmer sehr zufrieden mit dem Ergebnis ihrer Arbeit und sich darüber einig, dass die Aktion ein voller Erfolg war. Die Reaktionen aus der Bevölkerung haben dies bestätigt.

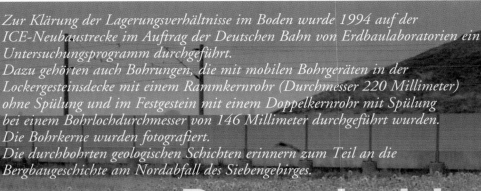

Zur Klärung der Lagerungsverhältnisse im Boden wurde 1994 auf der ICE-Neubaustrecke im Auftrag der Deutschen Bahn von Erdbaulaboratorien ein Untersuchungsprogramm durchgeführt.
Dazu gehörten auch Bohrungen, die mit mobilen Bohrgeräten in der Lockergesteinsdecke mit einem Rammkernrohr (Durchmesser 220 Millimeter) ohne Spülung und im Festgestein mit einem Doppelkernrohr mit Spülung bei einem Bohrlochdurchmesser von 146 Millimeter durchgeführt wurden.
Die Bohrkerne wurden fotografiert.
Die durchbohrten geologischen Schichten erinnern zum Teil an die Bergbaugeschichte am Nordabfall des Siebengebirges.

Braunkohle im Untergrund

Die geologischen Lagerungsverhältnisse entlang der ICE- Neubaustrecke und das Bergwerk Horn

VON FRIEDRICH FALK

ERGEBNISSE DER BOHRUNGEN

In den Planfeststellungsabschnitten 24 (Sankt Augustin) und 31 (Königswinter-Nord) wurden bei den - im tiefsten Fall bis zu zirka 30 Meter gehenden - Bohrungen Mutterboden, Schluff, Sand, Kies, Ton und Braunkohle festgestellt; außerdem zum Teil oberflächennahe Anschüttungen und im Südteil des Königswinterer Nordabschnitts Basalt.

Die Mächtigkeit (von 0,1 bis 2 Meter), die Anzahl und die Tiefenlage der Braunkohleschichten sind von Bohrstelle zu Bohrstelle sehr unterschiedlich, und es sind auch nicht bei allen Bohrungen welche festgestellt worden. Hierfür kommen sowohl geologische als auch montanhistorische Gründe in Betracht. In geologischer Hinsicht kann die ursprünglich horizontale Lagerung durch tektonische Vorgänge (innere Bewegungen der Erdkruste) steilgestellt oder zerrissen sein. Durch dieses Steigen und Fallen entstanden Buckel und Mulden. Zahl und Mächtigkeit der Schichten schwanken daher in weiten Grenzen. Es handelt sich bei ihnen um Einzelvorkommen, deren Identität und Übereinstimmung auch bei benachbarten Bohrungen nicht sicher bewiesen werden können.

Was die montanhistorischen Gründe anbetrifft, so ist zu bedenken, dass diese Schichten (bergmännisch *Flöze*) Teile des Braunkohlevorkommens zwischen der unteren Sieg, dem Rhein und den höheren Kuppen des Siebengebirges, am - wie die Geologen sagen - Nordabfall des Siebengebirges sind. Es wurde vor allem im 19. Jahrhundert in der Regel bergmännisch unter Tage abgebaut. Die gewöhnlich stückige (sonst erdige), schwefelkiesreiche Braunkohle im Streckenbereich wurde vor allem als Hausbrand und im tonverarbeitenden Gewerbe (Ziegeleien, Töpfereien) genutzt. Bei der erbohrten Braunkohle kann es sich somit - teilweise - auch um Reste von ursprünglichen Flözen handeln, die nicht völlig abgebaut worden sind.

Die Neubaustrecke führt in den genannten beiden Abschnitten - wie aus der Karte (S. 45) zu ersehen - über die ehemaligen bergrechtlich genehmigten Felder von elf Braunkohlenbergwerken. Im Streckenabschnitt Sankt Augustin, der über die Grubenfelder *Richartz, Mauelshagen, Franziska 1, Maibusch* (Konsolidation), *Sieg-Rhein* und *Justine*

verläuft, fällt auf, dass die oberflächennahen Anschüttungen von Sand, Kies und Schluff zum Teil bis zu sieben Meter Tiefe gehen. Es kann fraglich sein, ob es sich dabei um Abraum aus Untertagebau oder - als Ausnahme von der Regel - aus Tagebau (Ton und Kohle) handelt. Jedenfalls weisen die teilweise eingelagerten Ziegelreste auf dieses dort in der zweiten Hälfte des 19. Jahrhundert bedeutend gewesene Tongewerbe hin.

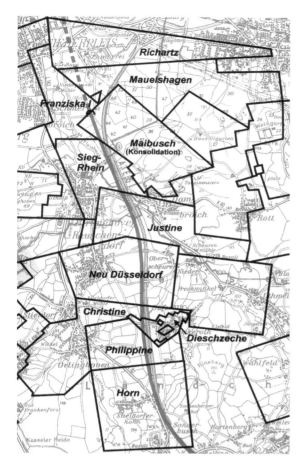

Bohrkerne von 0 - 10 Meter Tiefe

Ein 1947, in der Notzeit nach dem Zweiten Weltkrieg, von der Amtsbürgermeisterei Oberpleis über das Oberbergamt Bonn für ein Notstandsprogramm in Auftrag gegebenes geologisches Gutachten kam u.a. zu folgenden Braunkohlenvorräten in den Grubenfeldern *Neu Düsseldorf, Christine, Dieschzeche* und *Philippine* (im Abschnitt Königswinter Nord):
sichere Vorräte 1.000.000 Kubikmeter, wahrscheinliche Vorräte 2.250.000 Kubikmeter.

Das Gebiet zwischen Stieldorferhohn und Bockeroth wurde als besonders günstig für den Kohleabbau angesehen. Etwa 600 Meter nördlich vom *Höhnerhof*, an der Grenze zwischen den Grubenfeldern *Philippine* und *Horn*, liegt die Gewanne (Flurstück) *Leithecke*, über das jetzt die ICE-Strecke führt. In der Tiefe von sechs bis acht Meter lagert dort das mächtigste und von 24,50 bis 24,70 Meter das tiefste durchbohrte Braunkohleflöz. Noch tiefer lagernde Braunkohle wurde 1980 bei einer Bohrung zur Wasserversorgung zirka 300 Meter östlich dieser Gewanne, südwestlich von Bockeroth im *Teufelsarschbachtal* (an der Grenze zwischen den

Grubenfeldern *Philippine* und *Dieschzeche*), zwischen 68 und 69 Meter angetroffen. Die Gewanne *Leithecke* ist übrigens im Jahre 1994 im Rahmen einer archäologischen Prospektion als Fundstellengelände mit Material einer eisenzeitlichen Ansiedlung (etwa 350 bis 200 v. Chr.) bekannt geworden. Es bleibt die Frage offen, ob die keltisch-germanischen Bewohner dieses brennbare „Gestein" gekannt und genutzt haben, etwa dadurch, dass möglicherweise im Quell-

gebiet des Teufelsarschbachs, zirka ein Kilometer südöstlich von Stieldorferhohn, - wie in anderen vergleichbaren Quellgebieten am Nordabfall des Siebengebirges - Braunkohlenstücke zu Tage geschwemmt wurden.

Von dem Braunkohlenabbau um Bockeroth ist heute nichts mehr zu finden.

DAS BERGWERK HORN BEI STIELDORFERHOHN

Braunkohlenwerk „Grube Horn"
(H. Mühlens)
Stieldorferhohn (Post O.-Dollendorf.)
empfiehlt billigsten und besten
Hausbrand sowie **Kesselkohlen.**
vorzüglichste
Stets grosses Lager von
lufttrockenen Kohlen.

Eine 1894 im Adressbuch des Siegkreises erschienene Kohlenverkaufsanzeige

Dort, wo die Neubaustrecke 1,3 Kilometer lang über das zirka zwei Quadratkilometer große Grubenfeld des im Jahre 1873 als Untertagebau (*Pfeilerbau*) in Betrieb genommenen Bergwerks *Horn* verläuft, ist keine Braunkohle erbohrt worden. Dies ist ein besonders gutes Beispiel dafür, dass die geologischen Verhältnisse oft in nächster Nähe sehr unterschiedlich sein können. Es wurde nämlich auf diesem Feld bei einer der 1947er Bohrungen in der Tiefe von 8,5 bis 17 Meter ein Flöz angetroffen. Es war das mächtigste im alten Amtsbezirk Oberpleis, und seine Kohlen wurden beim Lagern in der Luft zum großen Teil zu glänzenden Pechkohlen (Übergang zur Steinkohle). Eine 1894 im Adressbuch des alten Siegkreises erschienene Kohlenverkaufsanzeige konnte daher mit besten Hausbrand- und vorzüglichsten Kesselkohlen werben. Dieses Bergwerk wird wohl unter denen, über deren genannten Grubenfelder jetzt die ICE-Strecke verläuft, das bedeutendste gewesen sein.

Vom einzigen sicher nachgewiesenen Tagebaubetrieb, nämlich dem Versuch auf dem Grubenfeld *Horn* nach dem Ersten Weltkrieg, erfahren wir durch eine Akte über einen erheblichen Bergschaden. Um die Jahreswende 1920/21 erfolgte durch den Tagebau ein Erdrutsch, „der die benachbarten Grundstücke und den Gemeindeweg in ihrem Bestande" gefährdete. Die Einwohner klagten über eine mangelhafte Instandsetzung „der durch Senkungen im Abbaugebiet entstandenen Wege- und Wasserleitungsschäden". Nach einer Ortsbesichtigung durch Bergbeamte wurde mit bergpolizeilichen Anordnungen und Kautionsfestsetzung, nötigenfalls sogar mit zwangsweiser Betriebsstilllegung gedroht. Eigentümer des Bergwerks war zu dieser Zeit der Honnefer Maschinenfabrikant August Lepper, der es an eine *Lignithkohlengrube Horn G.m.b.H.* verpachtete.

Im Februar 1923 kam es zu einer schriftlichen Vereinbarung zwischen der Bergbehörde und der Pächterin über die erforderlichen Instandsetzungs- und Trockenlegungsmaßnahmen. Das hat aber offensichtlich nicht zum notwendigen Erfolg geführt. Das Bergwerk wurde 1923 stillgelegt.

In Auswirkung der Weltwirtschaftskrise war Anfang der 1930er Jahre die Not der sehr vielen Arbeitslosen groß, und es gab beherzte Männer, die ihr mit ihren Möglichkeiten abzuhelfen suchten. Am 8.10.1932 pachteten der Landwirt Josef Hoguth aus Sassenberg, der Steinbrucharbeiter Franz Röttgen und Hilfssteiger Wilhelm Ruffig aus Willmeroth, von den Erben Lepper, vertreten durch Dipl. Ing. Wilhelm Lepper aus Honnef, die Grube für einen Zeitraum von 25 Jahren. Es war auch die Errichtung einer Ziegelei geplant. Dafür sollte vor allem wohl die geförderte Kohle verwendet werden.

Hoguth ist aber nach kurzer Zeit von dem Vertrag zurückgetreten; das Verhalten von Röttgen und Ruffig ist nicht bekannt.

Im Laufe des Jahres 1933 müssen die inzwischen eingetretenen politischen Ereignisse und die eingeleiteten Maßnahmen zur Bekämpfung der schweren Arbeitslosigkeit den Miterben und Erbenvertreter Wilhelm Lepper bewogen haben, die Sache selbst „in die Hand zu nehmen". Bei der Gemeindeverwaltung war man aber skeptisch. Der Bürgermeister berichtete an den Landrat über das Vorhaben von Lepper, dass sechs Arbeiter dauernd beschäftigt werden könnten. Die Einstellung einer größeren Zahl hielt er aber „nach den augenblicklichen Förderungs- und Absatzschwierigkeiten" nicht für angängig. Der Landrat zeigte sich an der Wiederaufnahme des Betriebs interessiert. Lepper wollte das Absatzproblem (Lieferung nicht nur an die Bevölkerung in der Umgebung) durch Verhandlungen mit der IG-Farbenindustrie lösen.

Zur Vorbereitung der angestrebten Wiederaufnahme beabsichtigte er 1934, an 20 bis 25 Prüfstellen Bohrungen vornehmen zu lassen. Die Gemeindeverwaltung teilte Lepper mit, dass auch das zuständige Bergamt die Wiederaufnahme des Grubenbetriebs in größerem Umfang mit einer größeren Anzahl von Arbeitern nicht für angängig halte, jedoch einen kleineren Betrieb zu genehmigen bereit sei, wenn der Absatz in näherer Umgebung möglich wäre. Lepper zeigte sich hierüber „peinlich berührt": „Ich habe mir alle Mühe gemacht, eine Interessengemeinschaft zur Auswertung des Braunkohlenvorkommens zusammen zu bringen und die Angelegenheit soweit gefördert, dass in nächster Zeit bereits mit den Vorarbeiten hätte begonnen werden können". Er bat den Bürgermeister, „sondieren zu wollen, ob sich ein entsprechender Absatz in Hausbrandkohle in der dortigen Gegend ermöglichen" ließe. Offensichtlich hatte er aber die Lust an der Sache verloren, da er vorschlug, sie so zu betreiben, dass die Gemeinde selber oder einige private Unternehmer als Vertreter der Gemeinde oder in sonstiger Form die Ausbeutung der Grubenfelder pachtweise von den Erben Lepper übernehmen sollten. Ferner gab er zu bedenken, dass die Löhne die Hauptkosten seien, wodurch wiederum der Gemeinde die Zahlung von Arbeitslosenunterstützung erspart bliebe.

Der Bürgermeister teilte Lepper daraufhin lapidar mit: „Nach den von mir angestellten Ermittlungen besteht wenig Aussicht, in hiesiger Gegend Braunkohlen als Hausbrandkohle abzusetzen. Ihre Anregungen werde ich weiter verfolgen und zu gegebener Zeit auf die Angelegenheit zurückkommen." Er legte den Vorgang zwar auf kurzzeitige „Wiedervorlage", aber die Akte endet damit.

Ohne staatliche Hilfe hätte die Grube *Horn* nicht mit Erfolg betrieben werden können.

Der Autor hat dem Braunkohlenbergbau am Nordabfall des Siebengebirges sein Buch *Ein vergessenes rheinisches Kohlenrevier* gewidmet. Herausgeber: Geschichts- und Altertumsverein für Siegburg und den Rhein-Sieg-Kreis e. V., unter Mitwirkung des Denkmal- und Geschichtsvereins Bonn-Rechtsrheinisch / Haus Mehlem e. V.

Die erwähnten geologischen Untersuchungen in den hier interessierenden beiden Planfeststellungsabschnitten wurden durch das Erdbaulaboratorium Essen, Prof. Dr. Ing. H. Nendza und Partner (Abschnitt 24 Sankt Augustin) und die Ingenieurgesellschaft für Geotechnik und Umwelt, Erdbaulaboratorium Ahlenberg, Herdecke (Abschnitt 31 Königswinter-Nord) durchgeführt. Für Auskünfte und Unterlagen ist diesen Einrichtungen zu danken; ebenso dem Stadtarchiv Königswinter, aus dessen Bestand „Amtsbürgermeisterei Oberpleis" hier zitiert wird.

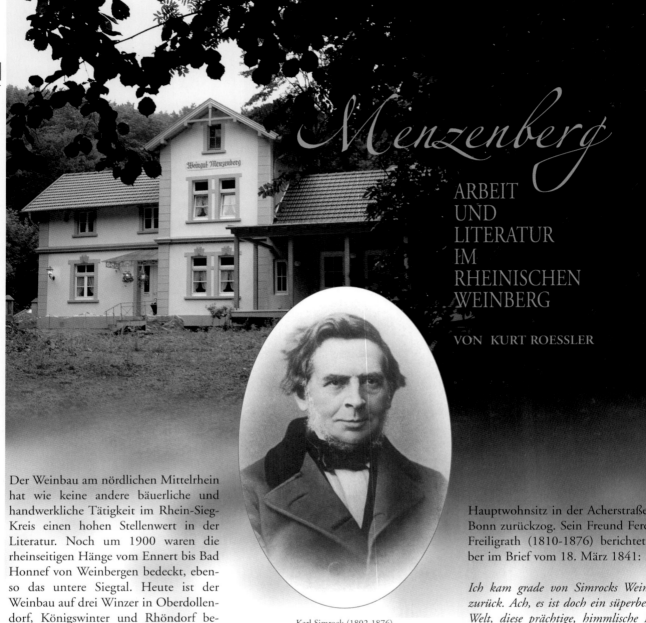

Menzenberg

ARBEIT UND LITERATUR IM RHEINISCHEN WEINBERG

VON KURT ROESSLER

Karl Simrock (1802-1876)

Der Weinbau am nördlichen Mittelrhein hat wie keine andere bäuerliche und handwerkliche Tätigkeit im Rhein-Sieg-Kreis einen hohen Stellenwert in der Literatur. Noch um 1900 waren die rheinseitigen Hänge vom Ennert bis Bad Honnef von Weinbergen bedeckt, ebenso das untere Siegtal. Heute ist der Weinbau auf drei Winzer in Oberdollendorf, Königswinter und Rhöndorf beschränkt. Es gibt allerdings eine Anzahl von Freizeitwinzern, von denen einige in der Weinbruderschaft Mittelrhein-Siebengebirge in Bad Honnef vereinigt sind. Kleine Weingärten findet man sogar in Blankenberg und Eitorf-Kelters. Im Juni 2002 wurde unter der Ägide des Landschaftsverbands Rheinland und Siegfried Jagaus das *Pfaffenrödtchen* am Petersberg neu angelegt. Auf der linken Seite des Rheins betreibt der Verfasser am Rolandsbogen den Literarischen Weinberg *Ferdinand Freiligrath & Guillaume Apollinaire*. Im Jahr der Rheinromantik 2002 hat er auf die besondere Bedeutung des Weinbaus für die lyrische Landschaft aufmerksam gemacht. Der 2000 zwischen Bad Honnef und Unkel zusammen mit Peter Weinmann u.a. eingerichtete *Literarische Simrock-Freiligrath-Weg* beginnt an einem ehemaligen Weinberg, dem Menzenberg.

Adolf Nekum hat den Weinbau an dieser Lage im südlichen Ortsteil von Bad Honnef beschrieben. Der Schriftsteller und erste Professor für Germanistik an der Universität Bonn, Karl Simrock (1802-1876), besaß hier seit 1834 ein von seinem Vater, dem Musikalienverleger Nikolaus Simrock in Bonn, sieben Jahre zuvor erworbenes Weingut. Er baute die kleinen Gebäude bis 1840 als *Haus Parzival* zu einem Sommerrefugium aus, wohin er sich oft von seinem Hauptwohnsitz in der Acherstraße 13 in Bonn zurückzog. Sein Freund Ferdinand Freiligrath (1810-1876) berichtet darüber im Brief vom 18. März 1841:

Ich kam grade von Simrocks Weinbergen zurück. Ach, es ist doch ein süperbes Stück Welt, diese prächtige, himmlische Erde, - und nun zumal der Rhein und das Siebengebirge! Ich beneide Simrath den Redlichen um sein Hausen dran. Da hat er sich in einer sonnigen, versteckten Bergschlucht mitten in seine Reben ein Häuschen gebaut, läßt den Wein schneiden, legt Spargelbeete an, keltert und übersetzt den Parzival, alles durcheinander, es ist eine wahre Freude. Als ich neulich zu ihm kam, stand er mit seiner altdeutschen Ruhe mitten unter seinen Arbeitern, hatte den Iwain in der Hand und ließ Kalk und Dünger in seine neuen Spargelbeete schütten.

Simrock hatte weiße und rote Trauben. Den Rotwein taufte er *Eckenblut*. Auf dem Etikett steht etwas blutrünstig folgendes Gedicht:

Menzenberger Eckenblut.

Held Dietrich schlug Herrn Ecken
Zu Tod, den kühnen Mann,
Nun lassen wir uns schmecken
Das Blut, das ihm entrann.

Die Erde hat's getrunken
Die Rebe saugt es ein
Zuletzt in's Faß gesunken
Ward es ein edler Wein.

Und trinken wir des Weines
So giebt des Helden Blut
Dem kühnen Sohn des Rheines
Erst rechten Heldenmuth

Wir fürchten keinen Gegner,
Auf dieser Erde Stern,
Lebt auch kein Ueberlegner,
Kein Dietrich mehr von Bern.

K. Simrock.

Held Dietrich schlug Herrn Ecken
Zu Tod, den kühnen Mann,
Drum lassen wir uns schmecken
Das Blut, das ihm entrann.

Die Erde hat's getrunken,
Die Rebe saugt es ein,
Zuletzt ins Faß gesunken
Ward es ein kühler Wein.

Und trinken wir des Weines,
So gibt das Heldenblut,
Dem kühnen Sohn des Rheines
Erst rechten Heldenmuth.

Wir fürchten keine Gegner
Auf dieser Erde Stern,
Lebt auch kein Ueberleg'ner
Kein Dietrich mehr von Bern.

Wolfgang Müller von Königswinter hat in seinem Buch *Sommertage am Siebengebirge* dieses Gedicht überliefert und fährt danach fort:

Ihr müßt nämlich wissen, daß nach Simrock's Interpretation, der große Held Dietrich von Bern den Riesen Eck hier im Menzenberger Gebiet und zwar auf dem Weinberg des Dichters erschlagen hat.

Aus Freiligraths Brief geht hervor, dass Simrock die Hauptarbeit im Weinberg und den Feldern seinem Pächter, dem Winzer Johann Gottfried Neunkirchen, und Hilfsarbeitern überließ. Zur Weinlese im Herbst wurden aber alle Hände gebraucht. Viele der Weinlagen um das Siebengebirge - wie die Simrocks oft aus säkularisiertem Klosterbesitz - waren im ersten Viertel des 19. Jahrhunderts vom rheinischen Bürgertum als Kapitalanlage aufgekauft worden. Louis Mertens, der Kölner Bankier und Gatte der Sibylle Mertens-Schaaffhausen, beteiligte sich jedes Jahr an der Weinlese auf seinen Gütern bei Unkel. Für die Städter war dies neben der Hilfestellung für ihre Pächter und Angestellten auch eine Art Urlaub, ein Eintauchen in die romantische Landschaft und nach der Arbeit ein Fest mit Gesang und Trinken in der Runde der Freunde. Sie setzten damit ein Zeichen ihrer volkstümlichen Verbundenheit. Auch Karl Simrock legte bei der Lese eigene Hand an und lud dazu jedes Jahr eine Reihe Schriftsteller ein, wodurch das *Eckenblut* in ganz Deutschland bekannt wurde. Der prominenteste Gast war im Herbst 1853 Wilhelm Grimm mit seiner Familie.

Freiligrath hatte kurz nach seinem Einzug in Unkel im September 1839 die Bekanntschaft der Familie des Kölner Weinhändlers Heinrich Schwiter gemacht, der hier ein Weingut besaß. Aus der Freundschaft, die sich während der Lese zu dessen Frau entspann, der koketten und von allen Seiten umworbenen Franziska Schwiter aus der Erpeler Kaufleutefamilie Mertens, wurde bald eine heftige Zuneigung. Freiligrath bezeichnete diesen Herbst als den *Roman der Weinlese,* ohne allerdings ein entsprechendes literarisches Projekt zu vollenden. Aus dem Umfeld gibt es aber eine Fülle von Zeugnissen, die die Anteilnahme der Literaten an der Weinlese in Unkel und Menzenberg belegen. So bestätigte Freiligrath in seinem Gedicht *Auf dem Drachenfels* vom September 1839, dass es neben dem damals am Nordrhein überwiegenden Rotwein (u.a. Frühburgunder) auch Weißwein gab (Elbling oder Sylvaner):

Ferdinand Freiligrath, August 1840
Zeichnung von Jacob Becker von Worms

In seiner Trauben lust'ger Zier,
Der dunkelrothen wie der gelben,
Sah ich das Rheinthal unter mir
Wie einen Römer grün sich wölben

Rechts unten auf dem Stich nach der Zeichnung von Karl Schlickum, 1840,
sehen wir Freiligrath und Dralle (ohne Simrock),
links davon Freiligraths Jagdhund Strolch

oben: Blick über Menzenberg in das Rheintal Richtung Godesberg, im Vordergrund Simrocks Haus Parzival. Die Weinberge sind heute verschwunden und es wächst dort ein dichter Wald. Kaltnadelradierung von H. Reifferscheid.

unten: Der Holzschnitt von H. Reifferscheid zeigt Haus Parzival um 1900.

Im einem Brief vom 15. September 1839 belegte er den Beginn der Lese Anfang Oktober: „Die Traubenlese wird, allem Anschein nach, in 3 Wochen beginnen". Dazu sein Freund Levin Schücking in seinen *Lebenserinnerungen*:

Im Oktober besuchte ich ihn in dem reizend am Rhein gelegenen Unkel und fand ihn inmitten der schönsten Natur in einer Art von bewegtem dolce far niente *schwelgen. Ein paar junge Frauen, die wir „the merry wives of Windsor" nannten, wohnten während des Herbstes auf ihrem benachbarten Weingut und belebten den Kreis; kleine Ausflüge wurden nach allen Seiten gemacht, die schon länger werdenden Abende in der Löwenburg [Gasthaus in Unkel], dem Hauptquartier, mit dem Erzählen von guten Geschichten aller Art zugebracht. Er trug sich damals mit den Gedanken eines Cyclus von Gedichten, der eigene Erlebnisse umfassen sollte. Mit der Weinlese auf Karl Simrocks Gut im nahen Menzenberg, wo wir Trauben für zukünftiges „Drachenblut" sammeln halfen, schlossen sich für mich diese Tage, nach denen ich, von Freiligrath bis Bonn geleitet, nach Münster heimkehrte.*

Ferdinand Freiligrath entschuldigt sich in seinen Briefen für die Verzögerung, die die Teilnahme an der Weinlese für seine Buchprojekte gebracht hatte:

Die merry wifes of Windsor *waren noch zu lange hier, als daß ich an die Vollendung des für's Jahrbuch Angefangenen hätte denken können.*

Was ich gemacht, seit wir uns auf der Bonner Landungsbrücke zuletzt gesehen? Eh bien: Locken erbettelt, Selams [Wangenküsse] getauscht (soviel der Herbst noch wachsen ließ), Parthien gemacht, zweimal in Cöln gewesen und - Jahrbuchbogen revidirt - bei Gott, es war ein köstlicher Herbst!

Ich kann Dir mündlich noch viel von dem Roman dieses Herbstes erzählen. Ach wie schön war es in der Ahr u. auf Menzenberg: Deine Wangen, die sind rosenroth. Liebe mich bis in den Tod! Sie ist beim Teufel kein gewöhnlich Weib. - Feine Bildung, Belesenheit u. all der Quark gehen ihr ab, dafür ist sie aber <u>Weib,</u> *ganz* <u>Weib</u>*. Ich bin rasend vernarrt in das Weib.*
[an Levin Schücking, 9. November 1839]

Der Herbst und die ersten Wintertage sind mir theils mit dem Jubel der Weinlese, theils in tiefen Studien zu meinem Malerischen und Romantischen so rasch dahingeeilt.
[an Heinrich Zulauff, 7. Dezember 1839]

Selbstbildnis des Malers Karl Schlickum

Wilhelm Grimm. Fotografie vor 1850

Levin Schücking, 1848

Ich habe eine wundervolle Weinlese mitgemacht; die Ahr und das Siebengebirge fleißig durchwandert, und muß jetzt, wo ich verschneit bin, eifrig nachholen, was ich zwischen Trauben und Kelterbütten zu wenig gethan habe. [an Hermann von der Heydt, 12. Dezember 1839]

Ich hab' den Sommer und Herbst hindurch wahrhaftig nicht zum Schreiben kommen können: erst meine westphälische Reise, dann Quartiersucherei am Rhein, dann Ahr, Drachenfels, Rolandseck, Löwenburg, dann die Weinlese, dann der Roman der Weinlese. [an Wolfgang Müller, 20. Dezember 1839]

Aus dem Brief an Schücking geht hervor, dass Freiligrath einen Doppelvers als ein tief emotionales Erkennungszeichen für Franziska Schwiter gebrauchte, die dieser als eine der *merry wifes of Windsor* in Unkel kennen gelernt hatte. Ein Manuskript aus der Hand Freiligraths führt weiter:

Collectaneen / F. Freiligrath 7 Dec. 1839 / Rheinisches Volkslied / Gegend des Siebengebirges. - In Simrocks und Schückings Gesellschaft zuerst gehört auf dem Weinberge des Ersteren zu Menzenberg, Herbst 1839. - Niedergeschrieben ebendaselbst 6. Dec. 1839 - Weder Kretzschmer's noch Anderer Sammlungen haben es bis jetzt, und selbst Simrock war es unbekannt. - Köstliche Melodie! -

*Guten Abend, du mein liebes Kind,
Daß ich dich noch einmal find.*

*Schlafest oder wachest du?
So begibt man sich in die Ruh.*

*Ich schlafe nicht, ich bin sehr krank,
Ich werden es nicht mehr machen lang.*

*So geh gleich zum Priester hin,
Daß ich dich noch einmal find.*

*Deine Haar seind kirschenschwarz,
Liebe mich mein schönster Schatz.*

*Deine Augen seind hell und klar,
Liebe mich ein ganzes Jahr.*

*Deine Wangen seind rosenroth,
Liebe mich bis in den Tod.*

*Deine Brüst seind kugelrund,
Liebe mich aus Herzensgrund.*

*Deinen Mund ist zuckersüß,
Liebe mich an Händ und Füß.*

*Deine Hände die seind schneeweiß,
Liebe mich über alle Weis'.*

*Deine Füß die seind geschwind,
Liebe mich, mein liebstes Kind.*

Das heute in Vergessenheit geratene Volkslied wurde während der Weinlese Mitte Oktober 1839 bei einem abendlichen Fest in Menzenberg wahrscheinlich nach der niederrheinischen Melodie in g-moll vorgetragen, die in der Tat sehr anrührend ist. Als Sängerinnen kommen die Frau Gertrud von Simrocks Pächter Johann Heinrich Neunkirchen in Frage und Caecilia Heinen, geb. Riveler, deren Mann Johann Peter Heinen Weinbergparzellen bewirtschaftete, die an die Simrocks stießen. Stellvertretend für alle Sänger und Sängerinnen, die zu seiner Volksliedersammlung von 1851 beigetragen hatten, setzte Simrock der *Heinemöhn* ein Denkmal und nannte sie in den Anmerkungen seine *Menzenberger Nachtigall.* Ihr Bild hängt im Oberdollendorfer Heimatmuseum.

Freiligrath hat sich das Lied von der Schönheit eines sterbendes Mädchens, das ihr Geliebter wie eine Litanei über sie singt, als Materialie für seinen *Roman der Weinlese* im Dezember noch einmal vorsingen lassen. Bis in die Feinheiten des allerdings von ihm nicht immer richtig verstandenen Menzenberger Dialekts bemühte er sich, das Gehörte wiederzugeben, ohne korrigierend in die durch *Umsingen* bedingten Fehler und Auslassungen der Sänger einzugreifen. Simrock veröffentlichte das Lied 1851 unter dem Titel *Priester als Arzt.*

haben bei ihrer Verwilderung im 20. Jh. Hybride mit großen pilzresistenten Blättern und bläulichen Trauben hervorgebracht, die wie Lianen in den inzwischen herangewachsenen Bäumen hängen. Die Weinbruderschaft Mittelrhein-Siebengebirge und ihr Ehrenvorsitzender Prof. Dr. Helmut Arntz, der Besitzer des Simrockhauses, produzieren jedes Jahr etwa 15 Liter eines Roséweins, der bei Veranstaltungen zu Karl Simrock in kleinen Portionen ausgeschenkt wird.

Der ganze Menzenberg erlitt das Schicksal von Simrocks Weinberg. Bis Mitte der sechziger Jahre bestand am Eingang zum Menzenberger Tal das *Weingut Menzenberg*, in dem Herr Engels auch lokale Weine anbot. Die Weinberge sind inzwischen mit dichtem Baumbewuchs bedeckt. Ab November 1997 wurde das Gut von Herrn Dr. Hartmut Möltgen nach und nach restauriert. Es ist eine Gartenwirtschaft geplant, die im Mai 2003 ihren Betrieb aufnehmen könnte. Auf einer kleinen Lichtung im daneben gelegenen Hang bilden einige neugepflanzte Weinstöcke die Vorhut für einen zukünftigen Weinberg.

Die Aktivitäten um das *Haus Parzival* und den Literarischen *Simrock-Freiligrath-Weg* auch im Rahmen des Projekts *Rheinreise 2002* und die ständigen Bemühungen der Karl-Simrock-Forschung Bonn, des StadtMuseums Bonn, des Freiligrath-Arbeitskreises der Grabbe-Gesellschaft Detmold, der lokalen Heimat- und Geschichtsvereine, der Weinbruderschaft Mittelrhein-Siebengebirge und des Weinguts Menzenberg belegen auch für unsere Zeit eine erfreuliche Symbiose von Weinbergarbeit und Literatur am Menzenberg.

Eine Zusammenstellung, der von Kurt Roessler benutzten Quellen finden Sie auf Seite 220.
Eine mit Fußnoten versehene Fassung des Aufsatzes schickt Ihnen die Kulturabteilung des Rhein-Sieg-Kreises gerne zu. Telefon 02241/132476

Der um philologische Genauigkeit bemühte Volksliedsammler verglich seine Fassung mit den anderen von 1840 an publizierten Versionen, ergänzte sie und verwandelte die Litanei für eine Sterbende in ein Rondeau, wie es die Dorfleute auch so verstanden haben mögen. Es endet mit den trivialen Versen *Und am Ende ist alles aus / Jeder geht vergnügt nach Haus.* Der Lyriker Freiligrath bewahrte dagegen gerade in der Unvollkommenheit des Textes die Verzweiflung und die Tragik des Endes einer jungen Liebe auch in der Burleske.

Man kann aus den beiden Versen im Brief an Schücking schließen, wie tief Freiligrath die Zuneigung zu Franziska Schwiter ergriffen hat. Der Briefwechsel belegt, dass er sich ab Ostern 1840 in seiner neuen Beziehung zu Ida Melos, der jungen Gouvernante seiner Nachbarsfamilie in Unkel, nur allmählich aus der zu Franziska lösen konnte. Das 2002 wieder aufgelegte Bändchen von Heinz Magka aus dem Jahre 1952 *Liebe in Unkel* gibt die Biographie des Dichters nur ungefähr wieder, was den Unterhaltungswert dieser Novelle keineswegs mindert. Als Obmann der Freiligrath-Forschung kann sich der Verfasser allerdings die Bemerkung nicht verkneifen, dass die als trocken gescholtene literaturwissenschaftliche Aufarbeitung der Dokumente ein viel spannenderes Bild ergibt, als selbst die tränenfeuchte Novelle es vermag.

Simrocks Weinberg wurde im letzten Viertel des 19. Jahrhunderts von der Reblauskatastrophe erfasst. Einige der danach neugepflanzten Pfropfreben mit kalifornischen Wildreis-Unterlagen sind hinter dem Simrockhaus erhalten. Sie

Geschichte
und
Geschichten

Die Fischereibruderschaft

Es ist früher Morgen. Stolz und glücklich sitzt Heinrich Mertens in seinem Boot. Mit gleichmäßigen Paddelzügen bewegt er den 30 Jahre alten Dreibord langsam und geschmeidig durch das Wasser.

Die Sonne scheint durch die Baumwipfel, weiße Pappelsamen werden durch den Wind auf die Wasseroberfläche getragen. Ja, sogar der Bart des 78-Jährigen weist schon Spuren des Flaums auf, so als wäre er selbst ein Teil der Natur.

Das idyllische Naturschauspiel erscheint wie ein Relikt aus vergangenen Zeiten. Einzig das Motorengeräusch der Autos, die die Zubringerbrücke passieren, macht einem die Gegenwart bewusst.

ZU
BERGHEIM
AN
DER SIEG

DIE TÄTIGKEITEN
DER
ÄLTESTEN
FISCHEREIBRUDERSCHAFT
DAMALS
UND
HEUTE

VON
SUSANNE
SCHMETKAMP
TEXT
UND
KERSTIN DIELER
FOTOS

Die Amtskette mit dem Wappen

Heinrich Mertens ist einer von bundesweit rund 500 Fischerbrüdern und Mitglied der Fischereibruderschaft zu Bergheim an der Sieg. Die älteste noch existierende Fischereibruderschaft Deutschlands, die heute rund 50 Fischereigerechtsame zählt, hatte 2002 zwei Geburtstage zu feiern: Zum einen wurde die Bruderschaft selbst 1015 Jahre alt, urkundlich geht sie auf das Jahr 987 zurück. Zum anderen feierte das Fischereimuseum - 1987 vom Verein zur Förderung des Fischereimuseums der

Fischereibruderschaft zu Bergheim an der Sieg eingeweiht - sein 15-jähriges Bestehen. Anlass der Museumsgründung war das 1000. Jubiläum der Bergheimer Fischereibruderschaft.

Ein bruderschaftseigenes Fischerhaus konnte endlich die historische Entwicklung der Bruderschaft aufzeigen, die Berufspraxis der Fischer damals und heute darstellen und das Fischerhandwerk dokumentieren.

„Hier im Museum muss der Besucher erfahren können, wie gefischt wurde, mit welchem Gerät, unter welchen Bedingungen, was zu fangen war, wie der Fang verwertet wurde, wie die Menschen lebten", schreibt Heinrich Brodeßer. Die Zielsetzung wurde durch das Museum am Nachtigallenweg in Bergheim oberhalb des *Diescholls*, einem Altarm der Sieg, erfolgreich realisiert.

Die Grundsteine zur Wahrung und Vertiefung der Fischertradition wurden bereits nach dem 975. Jubiläum 1962 gelegt, wie Fischerbruder Heinrich Brodeßer in seinem 1987 erschienenen Buch über die Bruderschaft schreibt. Demnach legten sich die Fischerbrüder ein neues Wappen, Siegel, Banner sowie eine Amtskette für den Brudermeister zu. Im Protokoll von 1964 heißt es dazu:

Kammergedings-Weisthum aus dem Jahr 1484, hier werden zum ersten Mal die Fischer von Berchem erwähnt.

Das Wappen unserer Fischereibruderschaft [wurde] beim Heroldsamt der deutschen Wappenrolle in Berlin unter Nr. 1 eingetragen, und damit ist die Bergheimer Fischereibruderschaft als erste Körperschaft in der Bundesrepublik mit ihrem Wappen dort eingetragen und rechtsverbindlich geschützt.

Die Amtskette (Abb. oben, links) trägt der Erste Brudermeister bei repräsentativen Anlässen.

Ein wichtiger Tag in der Geschichte der Fischereibruderschaft zu Bergheim an der Sieg war laut Engels der 27. Dezember 1907, als der deutsche Kaiser beziehungsweise der Justizminister sowie der Minister für Landwirtschaft, Domänen und Forstwirtschaft der Bruderschaft die Rechtsfähigkeit verlieh. Seit dieser Zeit ist die Fischereibruderschaft eine Körperschaft des privaten Rechts.

Heute sind Urkunden und Insignien neben Karten, Bildern und Dokumenten im Museum zu sehen. So kann der Besucher das Bruderschaftswappen etwa auf der eindrucksvollen Stammtafel mit den neun Familienstämmen der Bruderschaft betrachten - früher waren es übrigens vierzehn Stämme, die auf dem goldenen Schildrand des Wappens durch 14 rote Kugeln repräsentiert werden.

Die rote Farbe sei dabei der heraldische Ausdruck der Kühnheit der Fischer, heißt es bei Heinrich Brodeßer. „Sie verweist auf die Devise *Furchtlos und frei!*"

Das Fischereihaus, von der Wasserseite aus gesehen.

Geräte der Fischer und Reusen aus Weidenruten in dem Museum der Fischereibruderschaft.

Wie Willi Engels, seit 1972 Erster Brudermeister der Bergheimer Fischereibruderschaft, erklärt, zeigen die drei auf dem Wappen abgebildeten Fische die Drittelung des Fischfangs: „Bis 1850 musste jeder dritte gefangene Fisch an das Vilicher Kloster abgegeben werden. Danach waren die Fischerbrüder souverän", so Engels. Das Silber der Fische stehe in heraldischer Symbolsprache für die Einfachheit und Schlichtheit des soliden Fischerberufs. Das obere Segment des Wappens zeigt die heilige Adelheid, ihres Zeichens erste Äbtissin des Vilicher Stifts und Schutzpatronin der Fischereibruderschaft. Die traditionellen süßen Brote, die das Wappen zeigt, werden heute noch bei den Gerichtstagen oder *Gedingen* der Brüder zwei Mal im Jahr mit Pfeffer und Salz verzehrt.

Natürlich gehören zu den Hauptausstellungsstücken des Museums auch die Gerätschaften des Fischereihandwerks. Eine Modellecke von Heinrich Mertens im oberen Stockwerk des Museums zeigt die verschiedenen Fanggeräte, darunter Stellnetze, Tragenetze, Zugnetze, Keylen, Kescher und Fangkörbe. Vitrinen im Ober- und Untergeschoss zeigen Bootshaken, Bojen, Positionslampen, Taue, Ketten, Fischwaagen und Töpfe zum

Einlegen der Fische, kurz alles, was zum Fischfang benötigt wurde. Zusätzlich beschreiben Schautafeln ausführlich die Berufsausübung der Bergheimer Fischer, welche Boote und welche Fanggeräte verwendet wurden.

Herr Mertens in der „Schütt"

Ausgestellte Reusen und Weidenkörbe zeugen zudem von der traditionellen Korbmacherei, die im engen Zusammenhang mit dem altehrwürdigen Fischereigewerbe zu sehen ist. „[Die Fischer] strickten ihre Netze, bauten aus Weiden Fangkörbe, die einer heutigen Reuse entsprechen, fertigten aus Weidengeflecht Fischbehälter und flochten Körbe aller Art, die sie zum Fischtransport, aber auch für ihre landwirtschaftlichen Produkte brauchten", steht es in Heinrich Brodeßers Museumsführer.

„Heute ernährt das Fischerhandwerk aber keinen mehr", erklärt Willi Engels, der seit 2001 auch Vorsitzender der Rhein-Fischerei-Genossenschaft ist.

Der Beruf sei hier mehr oder weniger ausgestorben. Vier der Bergheimer Fischerbrüder würden sich „höchstens einmal etwas für den Mittagstisch fangen", meint Engels.

Er selbst habe zwar die Fischerprüfung abgelegt, fische aber aus zeitlichen Gründen überhaupt nicht.

„Mein Amt als Brudermeister vereinnahmt mich doch sehr stark." Hauptberuflich war Engels freischaffender Architekt.

Auch in alten Zeiten hat sich der Berufsfischer offenbar nicht allein von seinem Handwerk ernähren können. „Die Fischer waren eigentlich alle arm", erinnert sich Fischerbruder Heinrich Mertens, der mit sieben Geschwistern an der Sieg aufgewachsen ist. Viele Fischer waren im Nebenberuf Tagelöhner oder in der Landwirtschaft tätig. Im Winter lebten sie vom traditionellen Korbhandwerk und ähnlichem: „Ich musste im Winter oft auch stricken", erinnert sich Mertens.

Je nach ihrer finanziellen Lage gingen die Fischer mit unterschiedlichen Gerätschaften fischen, berichtet Engels. Verkauft wurden die Fische früher auf den Märkten in Bonn und Köln oder in der Bergheimer Umgebung. Meistens wurden die Ergebnisse eines Fischfangs aber auch nur unter den Familien der Fischerbrüder verteilt, die übrigens viel Solidarität untereinander bewiesen: War ein Fischerbruder krank und konnte sich deshalb nicht am Fang beteiligen, beka-

men er und seine Familie trotzdem ihren Anteil. Wie und wann im Einzelnen gefischt wurde, blieb jedem Fischer selbst überlassen. „Da hatte jeder seine eigenen Marotten", erzählt Engels schmunzelnd.

Eines der Prachtstücke des Museums, das in den 15 Jahren seines Bestehens rund 20.000 Besucher zählen konnte, ist das Modell eines Aalschockers von 1856. Es wurde zwischen 1985 und 1987 von Josef Boss gefertigt und gestiftet. Ein Original-Aalschocker, die *Maria-Theresia* von 1892, schippert unterdessen heute noch auf dem Diescholl. Familie Mertens schenkte das unter Denkmalschutz stehende Fangschiff der Fischereibruderschaft und dem Museum zum 1000. Jubiläum. Für rund 40.000 Euro wurde das Boot 1987 dann restauriert und ist heute sogar fangfähig, wie der Erste Brudermeister Engels erklärt. Aalschocker wurden in den Niederlanden entwickelt, kamen um die Jahrhundertwende an Nieder- und Mittelrhein und wurden ausschließlich zum Aalfang eingesetzt.

Das Museum vergisst daneben aber auch nicht, die Artenvielfalt der im und rund um die Gewässer lebenden Tiere zu dokumentieren: Bisamratten, Wasserratten, Nutrias, Fischotter und andere Nager gehören genauso zum Naturkreislauf rund um die Fischerei wie Fischreiher oder Kormorane. Auch präparierte Kleinfische und andere Flussbewohner stellt das Museum aus. Heute beherbergt das Diescholl zwei Haubentaucher - ein Männchen und ein Weibchen, die aber nach Aussage von Mertens keinen Nachwuchs haben. Die häufig vorbei fliegenden Kormorane sind natürliche Feinde des Fisches und damit eine weitere Ursache des Rückgangs des Artenreichtums. Heute leben in dem Gewässer unter anderem Plötzen beziehungsweise Rotaugen sowie Maifische, Flussbarsche, Hechte und Schleien. Um den Fischbestand zu erhalten beziehungsweise zu bereichern werden meistens im Herbst Fischarten eingesetzt.

Zurück auf's Wasser und zu Heinrich Mertens: Am Schilfufer einer kleinen Insel zieht der Fischerbruder, der nach den 50er Jahren als Maurer gearbeitet hat, sein Stellnetz aus dem Wasser. Es ist leer, kein Fisch hat sich in dem Netz verfangen - auch ein Beweis des extremen Rückgangs der Fischbestände. „Früher hatte ich innerhalb von einer Stunde einen ganzen Eimer voll - heute bräuchte ich dafür 50 Stunden."

Er genieße aber allein wegen der Natur die Fahrt in der *Schütt* – so nennt man hier den in der Region typischen Dreibord -, die ihm so viele Jahre treue Dienste geleistet hat. Eine *Schütt* aus Eichenholz wie diese werde heutzutage gar nicht mehr hergestellt, meint Mertens.

Die Kunst der Fischerei und das Privileg, zur Bruderschaft zu gehören, wurden damals und werden noch heute von Generation zu Generation - vom Vater zum Sohn - weitergegeben. Dadurch wuchsen die Söhne früher von selbst in den Fischerberuf hinein, ohne durch Lehrbücher oder Schulunterricht unterwiesen zu werden - denn bis in die 30er Jahre gab es keine staatlichen Ausbildungseinrichtungen. Wie Brudermeister Willi Engels berichtet, konnten die Söhne mit 16 Jahren der Zunft beitreten. Aber schon in frühen Jahren übernahmen sie „das praktische Können und fachliche Wissen ihrer Väter", so Heinrich Brodeßer. „Sie verwuchsen mit dem Wasser, bekamen ein feines Gespür für das Zusammenspiel von Natur und Kreatur, wussten um jeden Strudel im Fanggebiet."

Mit der Einführung von Lehrgängen konnten die Jungfischer später auch ihre Gesellenprüfung ablegen und - nach dreijähriger Berufserfahrung - sogar den Meistertitel erlangen, wie es Brodeßer zufolge auch einige Bergheimer Fischerbrüder taten. Nach einer kurzzeitigen Hochphase der Fischerei in den ersten Jahren nach dem zweiten Weltkrieg nahm das Fischereihandwerk ab den 50er Jahren rasch ab. Brodeßer: „Die Wiederbelebung der deutschen Wirtschaft, die Entstehung von Ballungsräumen und die rapide Ausweitung des Schiffsverkehrs verursachten eine bedenkliche Belastung der Gewässer und damit einen stetig wachsenden Schwund des Fischreichtums." Der Meistertitel sei seit den 60er Jahren gar nicht mehr vergeben worden.

Heute fehle der jüngeren Generation einfach auch oft die Leidenschaft, bedauert Heinrich Mertens - neben ihm fischt aus seiner Familie noch der Bruder Matthias Mertens, Fährmann an der Bergheimer Fähre. Sein eigener Sohn habe für das alte Handwerk weniger übrig. Frauen und nicht verwandte Außenstehende waren und sind bis heute in der Fischereibruderschaft nicht zugelassen. Der 1986 gegründete Förderverein stehe dagegen allen offen, erklärt Willi Engels. Mittlerweile habe der Verein sogar 130 Mitglieder, die sich für die Wahrung der Zunfttraditionen einsetzten.

Die Natur und die Kunst der Fischerei vor allem den jungen Leuten nahe zu bringen, sei ihm ein großes Anliegen. Schulklassen aus der Umgebung, die in dem Museum manchmal unterrichtet werden, zeige er mit viel Elan die Idylle und die friedliche Atmosphäre an der Bergheimer Sieg. „Wenn man still ist und sich Zeit nimmt, dann erlebt man die einzigartige Naturidylle - und muss dafür nicht einmal weit weg fahren."

Der Fischer, dessen Sternzeichen - wie sollte es auch anders sein - Fisch ist, will so lange weiter auf dem Wasser rudern, „bis es nicht mehr geht. Ich brauche das Grün und die Natur." Spricht's, und paddelt in seinem Fischerboot glücklich und mit der Sonne im Rücken wieder über das Wasser.

Erfolg schafft Zukunft!

Wer als international angesehenes Unternehmen mit hochwertigen Produkten und zufriedenen Kunden auf der ganzen Welt bestehen will, der braucht ein Erfolgsgeheimnis.

Reifenhäuser hat nicht eines, sondern viele.

Hinter unseren Produkten stehen Menschen, qualifizierte Fachleute. Jeder für sich wie auch zusammen im Team sorgen sie für herausragende Leistungen.

Seit drei Generationen sind wir als international führender Hersteller von Kunststoffverarbeitungsmaschinen ein Familienunternehmen mit festen Wurzeln in der Region Rhein-Sieg.

Um dies zu unterstreichen und seine Marktposition zu festigen, investiert Reifenhäuser hohe Summen am Standort Troisdorf.

Weil wir an unsere Zukunft glauben

The Extrusioneers

Reifenhäuser GmbH & Co. Maschinenfabrik
Spicher Strasse 46-48 • D-53839 Troisdorf
Telefon 0 22 41/481-0 • Telefax 0 22 41/40 87 78
e-mail: info@reifenhauser.com • www.reifenhauser.com

Die Experten

VON WILLY HÄNSCHEID

Unser Betrieb platzte langsam aber sicher aus allen Nähten. Der Platz zwischen den Maschinen und den Werkbänken wurde immer enger. Und als sich die Mitarbeiter allmählich gegenseitig auf den Füßen standen, ließ die Geschäftsleitung endlich im Industriegebiet neue Hallen bauen.

Der Umzug dauerte Wochen. Dann waren Maschinen, Werkbänke, Lagermaterialien, Büromöbel und Rechner zum größten Teil in den neuen Hallen und Räumen untergebracht und aufgestellt.

Bei einem der letzten Rundgänge im alten Betrieb fanden die hochqualifizierten Experten in einer Ecke noch eine große Presse.
Der Meister untersuchte die Maschine oberflächlich und sagte zum Geschäftsführer: „Diese alte Presse dürfte reif für den Schrott sein." Aber der Geschäftsführer gab nur sehr selten etwas in den Schrott. Und so entstand vor der alten Presse schnell eine lebhafte Diskussion über den Sinn und den Unsinn eines Einsatzes der Maschine in den neuen Hallen.

„Selbst, wenn wir für diese Presse noch irgendeine Verwendung fänden", sagte der Meister skeptisch, „wie wollen wir diese unhandliche Maschine transportieren?"

Der Konstrukteur, ein reiner Theoretiker, nickte zustimmend: „Der Ständer ist mit Sicherheit schon drei Meter hoch. Und dazu kommt noch das lange Rohr oben auf der Presse. Die Maschine ist unmöglich so zu transportieren."

Die Praktiker betrachteten nachdenklich das lange geschlossene Rohr auf dem Maschinenständer und suchten fieberhaft nach einer Lösung.

„Man muss das Rohr eben abschrauben", sagte der Geschäftsführer plötzlich zum Meister, der gerade mit einem Bandmaß die Höhe der Presse ausgemessen hatte.

„Das Rohr hat einen Durchmesser von 250 Millimeter", gab der Meister zu bedenken. „Und es ist über zweieinhalb Meter lang."

„Abschrauben!" wiederholte der Geschäftsführer.

„Das könnte gehen", pflichtete ihm der Betriebsleiter bei und winkte einem Schlosser, der eifrig den Maschinenständer bestieg und den passenden Schraubenschlüssel in seiner Tasche suchte.

Ein kleiner Hilfsarbeiter, der normalerweise zum Kehren und Aufräumen des Hofes eingesetzt wurde, hatte in der Nähe der Experten gestanden und die Unterredung interessiert verfolgt. Er ging eilig näher zur der Presse hin, hob beide Arme hoch und sagte aufgeregt:

„Um Gottes willen! Sie werden doch nicht das lange Rohr abschrauben?"

Die hochqualifizierten Experten schauten den kleinen Hilfsarbeiter erstaunt an, und der Geschäftsführer sagte unwirsch:

„Ganz sicher wird das Rohr abgeschraubt."
„Das würde ich aber nicht empfehlen."

Der Ingenieur starrte den kleinen Hilfsarbeiter herablassend an, runzelte unwillig die Stirn, fragte aber schließlich doch:
„Und warum nicht?"
„In diesem langen Rohr steckt eine mächtige Feder", sagte der kleine Hilfsarbeiter bedächtig. „Und wenn man das Rohr abschraubt, dann wird diese Feder von hier bis zum Bahnhof hüpfen."

Die hochqualifizierten Experten schauten sich verblüfft an, denn der Bahnhof war gut und gerne 2000 Meter vom Betrieb entfernt. Und dann lachten die Experten lange und wischten sich die Augen trocken.

Der kleine Hilfsarbeiter griff enttäuscht zum Besen und zog beleidigt ab. Als er endlich verschwunden war, hatten es plötzlich alle Experten sehr eilig.

Der Geschäftsführer und der Konstrukteur verließen die Halle, ohne einen weiteren Kommentar abzugeben. Der Ingenieur musste sich um einen Tieflader kümmern und nahm den Meister gleich mit. Der Betriebsleiter ging mit dem Schlosser schnell zu einer anderen Maschine hinüber, die angeblich zuerst aufgeladen werden musste.

Die Presse steht noch immer in einer Ecke des alten Betriebes, und das lange Rohr sitzt unversehrt an der selben Stelle oben auf dem Ständer. Ich bin mir fast sicher, dass eine gewisse mächtige Feder, die vom Betrieb bis zum Bahnhof hüpfen kann, eine große Rolle in den Entscheidungen der Experten gespielt haben muss.

Alle machen auch heute noch einen großen Bogen um die Maschine, trotzdem niemand, außer dem kleinen Hilfsarbeiter natürlich, so ganz sicher ist, ob das besagte lange Rohr wirklich eine mächtige Feder verbirgt.

Und ich, der Konstrukteur im Team dieser Experten, weiß es, ehrlich gesagt, bis heute auch nicht so ganz genau.

Aus dem Buch von Willy Hänscheid, *Ein Kleingeist schreibt,* erschienen im Mauer Verlag.

63

DREI BERUFE
EIN VERGLEICH IN BILDERN

Von Sonja Jakobshagen
und Susanne Werner

Manch einer mag sich noch an den „Tante-Emma-Laden" erinnern, in dem es alles gab, was man zum täglichen Leben benötigte, in dem man die Bonbons stück- und pfennigweise kaufen und stets den neuesten Klatsch erfahren konnte...

Gerade im Bereich der Technik und somit auch in der Berufswelt werden die Veränderungen unseres Alltags deutlich sichtbar.

Die hier ausgewählten Fotos zeigen drei verschiedene Berufe im Wandel der Zeit und stehen stellvertretend für sicherlich eine Vielzahl von Berufsbildern, die sich – im Rhein-Sieg-Kreis wie überall – im Lauf der Jahrzehnte gewandelt haben und sich weiter wandeln.

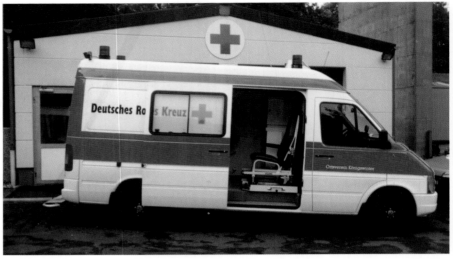

Krankenwagen um 1956

DRK Ortsverein Königswinter e.V., Rettungswagen, 2002

Zu jeder Stunde Tag u. Nacht hilfsbereit wacht:

W. Sülzen, Oberdollendorf am Rhein

Krankentransporte

Fernsprecher: 790 Amt Königswinter

Winkler's Schuhbar, Troisdorf, 2002

Schuhmacher, Troisdorf-Sieglar, um 1935

Kaisers Kaffee in Siegburg, 1961

Kaufland Troisdorf, 2002

DIE SIEGBURGER TÖPFER
von
Andrea Korte-Böger

IN DER RENAISSANCE

Sturzbecher, 10-25 cm, der gedrehte Trichterbecher wurde
umgedreht und anstatt mit einem Fuß
mit einem Kopf verziert.

Töpfer an der Scheibe

Das Stadtmuseum am Siegburger Markt sammelt seit langem Nachweise, in welchen Museumsvitrinen der Welt Siegburger Renaissance-Keramik steht; die Nachweise reichen von Museen in den USA über zahlreiche mitteleuropäische Museen bis in den Norden nach Schweden und Norwegen.

Die reich verzierte, so genannte „weiße Ware" erfreut sich seit dem 19ten Jahrhundert der Wertschätzung der Sammler, legt sie doch anschauliches Zeugnis von hohem handwerklichen Können und künstlerischem Gestaltungswillen der Siegburger Töpfer in der zweiten Hälfte des 16ten bis zu Beginn des 17ten Jahrhunderts ab.

Seit der Gründungszeit der Stadt sind in Siegburg Töpfer nachgewiesen. Die rei-

chen Tonvorkommen im Stadtgebiet begünstigten ihre Ansiedlung, denn in diesem Handwerk zog der Handwerker zu seinem Arbeitsmaterial; der Transport von Rohton zu entfernt liegenden Arbeitsstätten war undenkbar.

Die ersten Töpfer arbeiteten am Lendersberg in Kaldauen und in der Nähe des Uhlrather Hofes auf dem Brückberg, doch schon bald zogen sie mit ihren Werkstätten in eine eigene Vorstadt, die sich längs der heute noch nach ihren Produkten benannten Straße erstreckte, der Aulgasse, umgangssprachlich von lateinisch *ola* = der Topf.

Dort befanden sich auch die in der Renaissance so geschätzten weißen Tonvorkommen, wie ein weiterer Straßenname belegt: die Dohkaule – Tonkuhle/-grube.

Maßwerkkrug, 20 cm

Früher Trichterkrug mit Nuppen- und Gratverzierung, 15 cm

Trichterhalskrug mit Distelschnittverzierung, 20 cm

67

Die Produkte aus der Anfangszeit ähneln in Form und Gestalt der Gebrauchskeramik, wie sie im gesamten Rheinland damals hergestellt wurde. Einfache, lediglich durch Rillen verzierte, dunkle Gefäße dienten zum Kochen und als Geschirr.

Erst in der Spätgotik tauchen Gefäße mit eigenständigen Verzierungen auf. Es wurden z.B. doppelwandige kleine Krüge gedreht, deren Außenwand kunstvoll mit gotischen Fischblasen-Mustern durchbrochen wurde und die im Inneren verborgen ein kleines, nicht durchbrochenes Gefäß zur Aufbewahrung einer Flüssigkeit bargen. Doch erst mit der Einführung einer völlig neuen Technik begann eine Entwicklung hin zu höchster Kunstfertigkeit.

Dabei standen die Fragen der Techniken und Produktionsabläufe bis vor wenigen Jahrzehnten nicht im Mittelpunkt der Forschung; Form, Gestalt und Motive waren gefragt und viel bearbeitet, das *Wie* der Herstellung interessierte, wenn überhaupt, nur am Rande. Noch in den 60er und 70er Jahren des 20sten Jahrhunderts wurden bei Baumaßnahmen in der Aulgasse lediglich „Funde" geborgen.

Die Befunde, die Aussagen zum menschlichen Schaffen, blieben weitgehend unberücksichtigt. Einen ersten Schritt weg von der rein kunstwissenschaftlichen Betrachtungsweise machte die Neueinrichtung der Keramikabteilung des städtischen Museums im Siegwerk-Museum

Schenkkrug mit Zinnmontierung, 18 cm

im Torhaus. Es wurden Produktionsabläufe, wie z.B. die Herstellung einer Schnelle ebenso gezeigt wie Fehlbrände, die Aussagen zu Fehlern im Produktionsablauf und damit Rückschlüsse auf die Arbeit überhaupt zuließen. Große Grabungskampagnen unter der Leitung der Stadt Ende der 80er Jahre im Aulgassenbereich brachten dann erstmalig auch Einsichten in den Schaffensablauf der Töpferarbeit.

Vor Beginn der Neubaumaßnahme Aulgasse 8 wurde dort eine Töpferwerkstatt ausgegraben, die einem der Töpfer der berühmten Töpferfamilie Knütgen gehörte. Auf engstem Raum in einem Fachwerkschuppen standen mehrere Drehscheiben zusammen, an denen zwischen Aschermittwoch und Martini die Gefäße gedreht wurden; im Winter hatte die Arbeit zu ruhen, wie die überlieferten Zunftbriefe festlegen. In den ungeheizten Werkstätten wäre das Töpfern mit dem erdfeuchten Ton und mit Wasser, das ein geschmeidiges Drehen verlangt, wohl ohnehin nicht möglich gewesen. Außer der unmittelbaren Töpfereinrichtung befanden sich lediglich noch kleine Abstellflächen für die frisch getöpferten Gefäße in dem

Originalmatritze mit der Darstellung von Jupiter und Venus „Bonafide"
datiert 1590, Ø 12,5 cm

Abdruck auf einer Pulle mit der Darstellung *Moses erhält die Gesetzestafeln* und
Der Tanz um das goldene Kalb. Ø 12 cm

Drei verbundene Trichterkrüge mit Wappen und Stempel
verziert,
auf einem Fuß montiert, der in einer Kugel endet,
verziert mit drei Vögeln und Maßwerk, 28 cm

Räumchen; größere Regalflächen zum Trocknen der Gefäße lagen außerhalb, in verschiedenen Trockenschuppen.

Die Töpfer arbeiteten mit Fußdrehscheiben, deren Achse in der Erde versenkt und durch eine Lage großer Steine befestigt und verankert war. In dem Hohlraum zwischen der fußbetriebenen Scheibe und der Steinpackung fanden sich bei der vorgenannten Ausgrabung große Mengen Arbeitsgerät, die die neue Technik der Blütezeit dokumentierten: die *Model* oder *Matritzen*, vertieft ausgeschnittene Formen mit Bildern, mit denen die Bildauflagen zum Verzieren der Gefäße hergestellt wurden.

Schauen wir uns den so kurz beschriebenen Arbeitsvorgang einmal näher an: In einem ersten Arbeitsschritt wurde das zu verzierende Gefäß, z.B. eine Schnelle, ein Trichterkrug oder auch eine Pulle, gedreht und dann zum Trocknen gestellt.

War das Gefäß *lederhart* abgetrocknet, was je nach Witterung länger als ein bis zwei Tage dauern konnte, wurde es zum Dekorieren wieder in Arbeit genommen. Nunmehr nahm der Töpfer ein *Model* zur Hand und drückte und strich die gesamte Bildseite mit einer dünnen Tonschicht ab. Da die *Model* auch aus Ton hergestellt, aber nur leicht gebrannt

waren und damit Wasser aufnehmen konnten, sog die Form aus dem frischen, feuchten Ton alle Feuchtigkeit weg und der Töpfer konnte das Bild als dünne Tonplatte leicht aus der *Matritze* heraus klopfen oder abziehen.

Im nächsten Arbeitsschritt wurde auf dem gedrehten, getrockneten Topf die zu verzierende Stelle mit ganz dünnflüssig angerührtem Ton, dem *Tonschlicker* eingestrichen. Natürlich sog der Topf die Feuchtigkeit gierig auf und diesen Moment nutzend drückte der Töpfer seine Tonverzierung auf den Topf. Diese Arbeit mußte ganz rasch und gleichmäßig erfolgen, andernfalls würde beim Brennvorgang die Verzierung abplatzen. Anschließend wurden die Ränder der Bildauflage noch verstrichen und geglättet.

Ein mit Auflagen, d.h. mit Tonbildern verziertes Gefäß musste also wenigstens für zwei Arbeitsgänge in die Hand genommen werden, rechnet man das Anbringen der Henkel, was direkt in Folge an das Drehen geschah, nicht als weiteren Arbeitsgang hinzu; insgesamt also ein wesentlich aufwändigerer Produktionsprozess als das Drehen einer unverzierten Gebrauchskeramik und deshalb in den Zunftbriefen auch als „Herrenwerk" benannt.

Siegburger Schnelle mit der Darstellung der Judith
und der Inschrift: FVRST VLLOFERNUS KOPAF
28 cm

Siegburger Schnelle mit der Darstellung der
GERICHTICHEIT 1578
28 cm

Siegburger Schnelle mit der Darstellung der
IVCRETIA EIN ROMMERIN
28 cm

Kernfrage bei der Betrachtung der Renaissance-Ware sind die *Model*. Wie kam es, dass die Siegburger Töpfer eine Generation lang mit einem derartigen Formen- und Bilderreichtum ihre Gefäße verzierten? Da gibt es ornamentale Bandverzierungen, beliebt bei Pullen und Schnabelkannen, meist kombiniert mit separat aufgelegten Bildmotiven. Bei diesen waren biblische Themen ebenso beliebt wie Bilder aus der Antike, heraldische Motive wurden auf Bestellung gefertigt. Oft tragen die Darstellungen kurze Inschriften wie z.B. „Judith – Kopp aff" für die Abbildung Judiths mit dem Kopf des enthaupteten Holofernes oder „Lucretia - ein Römerin"; bei biblischen Motiven weisen die Versangaben z.B. aus Lucas oder Johannes auf Geschehen aus der Heilsgeschichte hin. Zusätzlich wurden die Bilder gerne mit aufwändigem Rankenwerk umgeben und bilden so jedes für sich ein kleines Kunstwerk.

Es ist viel darüber gerätselt worden, wer die Bildmatritzen geschnitten hat. Während in den Zunftbriefen Werkleute der

Schenkkrug verziert mit Ornamenten, Kaneluren, Rautenmuster und Stempel, 20 cm

Töpfer benannt werden (wie z.B. die Tongräber, die den Töpfern zuarbeiteten, ohne zur Zunft zu gehören), auch alle möglichen Fragen zum Handel mit den Töpferwaren bis ins Detail geregelt werden, schweigt sich diese einzige schriftliche Quelle zum Schaffen der Siegburger Töpfer zu dieser Frage aus. Im Umkehrschluss heißt dies: Da hier keine Zulieferer bzw. keine weiteren Handwerker aufgeführt werden, die für die Töpfer arbeiten durften, müssen diese kunstvollen Vorlagen von den Töpfern selbst geschnitten worden sein.

Wie diese Arbeit vor sich ging, lässt sich anhand der Grabungsfunde aus der Aulgasse anschaulich belegen: Das gedachte Motiv wurde in einem ersten Arbeitsschritt seitenverkehrt in einen dickeren Tonblock geschnitten, so dass eine Negativhohlform entstand. Als Werkzeuge dienten hierfür Messer, kleine Bohrer, Stichel und Formhölzer. Aus dieser Negativform wurde nunmehr ein Positivabdruck, die *Patritze*, genommen, die das Bildmotiv seitenrichtig zeigte und an

Bartmannskrüge und Fragmente mit Masken in verschiedenen Ausführungen und unterschiedlichen Verzierungstechniken, 10-20 cm.
Im Wirtshaus hieß es:
„Herr Wirt, ein Bartel Wein!"

Humpen mit Engelsmaske,
17 cm

dem sich Feinheiten leichter nacharbeiten ließen. Die überarbeitete *Patritze* diente dann als Abdruckform, von der jederzeit Arbeitsmatritzen genommen werden konnten, mit denen die Töpfer in der Werkstatt selbst die Verzierungen für das „Herrenwerk" herstellten.

Einige der Töpfer, die Bildformen herstellten, kennen wir sogar mit Namen, da sie ihre Matritzen signierten: Franz Trac signierte mit F.T., Hans Hilgers mit H.H. oder der Monogrammist L.W., dessen Name sich bis heute auch anhand der schriftlichen Quellen im Stadtarchiv nicht hat aufschlüsseln lassen; später kam noch Christian Knütgen hinzu. Bis auf Christian Knütgen, der einer alten Siegburger Töpferfamilie entstammte, sind die anderen Namen in der Siegburger Töpfergeschichte neu und auch nur für die 2. Hälfte des 16ten Jahrhunderts in den Quellen nachzuweisen.

Die Frage, wo die Siegburger Töpfer sich wohl die Anregungen zu derartig kunstvollen Verzierungen herholten, führte nach Köln zu der Arbeit von Formenstechern für Wappen, von Gold- und Kupferschmieden und Zinngießern, die ihr Handwerk in der nahegelegenen Stadt zu höchster Blüte getrieben hatten. Da zwischen den beiden Städten ohnehin ein reger Austausch in allen Handels- und Gewerbebereichen üblich war, gilt hier eine Einflussnahme als gesichert. Hinzu kommt, dass für wenige Jahrzehnte in der ersten Hälfte des 16ten Jahrhunderts kurzzeitig in der Stadt Köln eine Töpferzunft existierte, die dann aber aus Gründen der Brandgefahr, die der Betrieb der Töpferöfen für die Stadt Köln darstellte, verboten und aus der Stadt gewiesen wurde. Einige dieser Töpfer siedelten nach Siegburg um und brachten so neue Ideen und Anregungen in eine Zunftgesellschaft, die bis dato eher auf Massenerzeugnisse eingestellt war. Einige Töpfer blieben auch dabei. Überwiegend Mitglieder der Töpferfamilie Knütgen griffen die neuen Ornamentiken auf, entwickelten die Auflagentechnik und führten für einige Jahrzehnte, bis große Teile der Siegburger Töpferfamilien in den Westerwald auswanderten, die Siegburger Keramik zu ihrer Blütezeit.

Josef Dietzgen
„Arbeiterphilosoph"
aus Stadt Blankenberg

Beiträge von
Joseph
Walterscheid,
Heinz Doepgen
und
Helmut Fischer,
ausgewählt
und
zusammengestellt
von
Rainer Land

Spätestens mit Beginn arbeitsteiliger Produktions- und Wirtschaftsformen sowie mit dem Entstehen abhängiger Beschäftigung setzten auch soziale Spannungen ein. Sie sind schon aus früheren Epochen überliefert, erreichten aber einen ersten Höhepunkt im Verlauf des 19. Jahrhunderts. Die Industrialisierung brachte bis dahin nicht gekannte wirtschaftliche und soziale Umwälzungen mit sich, die zwangsläufig Auseinandersetzungen nach sich zogen und zu neuen politischen, aber auch philosophischen sowie religiösen Antworten (etwa Adolf Kolping) auf drängende soziale Fragen führten. Die Arbeiterbewegung als eine Hauptströmung der seitherigen politischen Entwicklung hat hier ihren Ursprung, der vor allem in Deutschland bis heute mit Namen wie Karl Marx, Friedrich Engels, August Bebel, Ferdinand Lasalle verbunden ist. Andere Namen sind inzwischen fast vergessen – so auch ein Mann aus dem heutigen Rhein-Sieg-Kreis, der seinerzeit zu den wichtigen theoretischen Köpfen dieser Bewegung gezählt wurde: Josef Dietzgen. In der aktuellen Ausgabe von *Meyers großem Taschenlexikon* etwa sucht man ihn vergebens.

Dr. Joseph Walterscheid, der Vater des Verlegers dieses Jahrbuchs, stellte den „Arbeiterphilosophen" in einem Zeitungsartikel für den Kölner Stadt-Anzeiger vor; der Beitrag erschien am 5. Oktober 1963 aus Anlass einer Ausstellung im Heimatmuseum Siegburg zum hundertjährigen Bestehen der SPD.

KARL MARX SAGTE: ER IST UNSER PHILOSOPH

IN SEINER HEIMAT WURDE JOSEF DIETZGEN VERGESSEN

Am 10. Februar 1880 wurde auf dem Postamt in Mühlhausen (Elsass) eine Anzahl Exemplare des in Zürich erscheinenden Blattes *Der Sozialdemokrat* beschlagnahmt. Eine Sendung war an den Lohgerber Josef Dietzgen in Siegburg gerichtet. Der Polizeipräsident fragte daraufhin beim Siegburger Bürgermeister an, „was dieser Dietzgen für ein Subjekt sei und ob es in Siegburg noch mehr Sozialdemokraten gebe". Der Bürgermeister Spilles glaubte den Polizeichef beruhigen zu können: In Siegburg gebe es nur einen Sozialdemokraten, eben diesen Lohgerber Dietzgen. Der lebe sehr zurückgezogen und arbeite wohl als Schriftsteller.

„Eben dieser Dietzgen" war einer der tiefsten Denker der damals jungen deutschen Sozialdemokratie. Zum Agitator war er, wie es später in einem Bericht hieß, nicht geeignet. Er war viel in der Welt herumgekommen und hatte sich nach Siegburg zurückgezogen, um hier in Ruhe seine Gedanken über die sozialen Probleme seiner Zeit zu Papier zu bringen.

EIN LERNBEGIERIGER JUNGE

Geboren war Dietzgen am 9. Dezember 1828 in Blankenberg. Sein Vater war dort Gerbermeister. Er verlegte 1835 seine Gerberei nach Uckerath. Sein Sohn Josef trat nach Besuch der Volksschule in Uckerath und der Bürgerschule in Köln in die Gerberei des Vaters als Gehilfe ein. Nach einer eigenen Methode lernte er Französisch, und zwar so, dass er diese Sprache völlig beherrschte. Noch eifriger befasste sich der junge Mann mit den Schriften von Marx und Engels.

Anzeige im Siegburger-Kreisblatt, 7. Juni 1884

Im Revolutionsjahr 1848 trieb es den jungen Hitzkopf auf die Hauptstraße von Uckerath. Auf einem Stuhl stehend, legte er den Bauern seine demokratischen Ideen dar. Er musste nach Amerika fliehen, wo er sich zwei Jahre als Gerber, Anstreicher und Lehrer durchschlug. Nach Deutschland zurückgekehrt, heiratete er und eröffnete in Uckerath eine Kolonialwarenhandlung mit Bäckerei und Gerberei. In Ruppichteroth richtete er eine Filiale seines Geschäftes ein. 1859 wanderte er wieder nach Amerika aus, 1861 kehrte er in die Gerberei seines Vaters zurück.

AUFGABE IN PETERSBURG

Als 1864 in der *Kölnischen Zeitung* die russische Regierung für eine staatseigene Gerberei in St. Petersburg einen technischen Leiter suchte, meldete sich Josef Dietzgen. In Uckerath war man nicht wenig erstaunt, als eines Tages der russische Kammerherr Goureaux erschien, den Gerbergesellen Dietzgen aufsuchte und ihn mit nach Russland nahm. Fünf Jahre leitete er in Petersburg die von ihm eingerichtete Regierungsgerberei. Als 1869 sein Onkel ihm die in Siegburg gelegene Gerberei vererbte, kehrte er in die Heimat zurück.

In Russland hatte er neben der praktischen Arbeit auch noch Zeit gefunden, sein Hauptwerk: *Das Wesen der menschlichen Kopfarbeit, eine abermalige Kritik der reinen und praktischen Vernunft* niederzuschreiben. Die Obrigkeit ließ ihn nicht aus den Augen, der Bürgermeister konnte aber immer beruhigend melden, dass „der Dietzgen sich mit harmloser Schriftstellerei" befasse.

„EIN GENIALER, EDLER MENSCH"

Freilich waren seine Arbeiten alles andere als unpolitisch. So verfasste Dietzgen in jenen Jahren eine Broschüre mit dem Titel: *Die Zukunft der Sozialdemokratie.* Sie erschien im Verlag der *Freien Presse.*

In Dietzgens Siegburger Zeit fällt ein Besuch, den ihm der in Berlin wohnende Dichter Bruno Wille abstattete. Wille berichtete darüber in der Zeitschrift *Der Sozialdemokrat und der Akademiker:*

Als ich in dem freundlichen Siegburg nach Dietzgens Wohnung fragte, wies man mir ein Häuschen, das, von Wein umrankt, inmitten eines Gartens an einem Bach lag. Ein hübsches, hochgewachsenes Mädchen führte mich in das Wohnzimmer und ging den Vater rufen. Man sah es dem trauli-chen Raum an, daß sein Besitzer literarische Interessen hatte, dafür sprachen Bücher und Zeitschriften. Dietzgen trat ein und begrüßte mich herzlich. Ein riesenhafter Mann, der mit seiner Körperkraft und jugendlichen Behendigkeit seine 54 Jahre nicht verriet, obwohl sein üppiger Vollbart ergraut war. Der erste Blick auf das edle Gesicht genügte, um mir die Überzeugung zu verschaffen, das ist ein genialer, edler Mensch.

PALMS TRAURIGES SCHICKSAL

Die im Jahre 1878 gegen die Sozialdemokraten gerichteten Ausnahmegesetze führten auch in Siegburg zu mancherlei Erregung. Die Partei war hier inzwischen auf sechs bis acht Mitglieder angewachsen. Im Vereinslokal beim Wirt Theodor Wagen auf dem Driesch trafen sie sich.

Einer der aktivsten war der Schuster Josef Palm. Im Mai 1878 hatte er sich, angeregt durch die Attentate auf den Kaiser, zu dem bitterbösen Ausspruch hinreißen lassen: „Eine Revolverkugel ist zu schade für den König. Dieser Kerl müsste mit dem Federmesser auf Riemen geschnitten werden." Die Äußerung brachte ihm prompt eine Anklage wegen

Majestätsbeleidigung ein. Am 23. Juli machte er im Arresthaus seinem Leben ein Ende. Der Sozialistenjagd fiel auch Josef Dietzgen zum Opfer. Wegen seiner Broschüre *Die Zukunft der Sozialdemokratie* wurde er am 8. Juni 1878 verhaftet. Das Verfahren war erst im Juli 1882 beendet. Josef Dietzgen wurde in allen Instanzen freigesprochen.

Offenbar hat der Prozess dem ideal gesinnten Mann sehr zugesetzt. Wie der Bürgermeister damals berichtete, habe er die Schriftstellerei ganz eingestellt und scheine physisch und finanziell gebrochen. Er betreibe eine kleine Gerberei, sei Vater von sechs Kindern und lebe sehr zurückgezogen. Von jeder politischen Tätigkeit halte er sich fern.

Im Jahre 1884 wanderte Dietzgen wiederum aus. Er wurde Chefredakteur der Chicagoer Arbeiterzeitung. Hoch geehrt starb er in Chicago am 15. April 1888.

Aus einem Aufsatz, in dem Dr. Heinz Doepgen, der frühere Leiter des Kreisarchivs, Historische Persönlichkeiten aus dem Kreisgebiet beschrieb (in: Der Rhein-Sieg-Kreis, Konrad Theiss Verlag, Stuttgart 1983, S. 177 f.), stammt folgender Auszug:

Das Revolutionsjahr 1848 hatte eine entscheidende Bedeutung für das Leben des jungen Handwerkers. Demokratische Vereine bildeten sich in Siegburg, Königswinter, Eitorf, Honnef und Uckerath. Auch Josef Dietzgen beteiligte sich an den politischen Ereignissen, besonders auch an einer Versammlung des Kommunistenbundes von Köln, die in Uckerath stattfand und zur Verteilung

des *Kommunistischen Manifests* führte. Die Lektüre der *Kölnischen Zeitung*, der *Neuen Preußischen Zeitung (Kreuzzeitung)* und der von Karl Marx herausgegebenen *Neuen Rheinischen Zeitung* machten ihn mit den verschiedenen Ansichten der politischen Richtungen bekannt. [...] Aus weltanschaulichen, sozialen und politischen Motiven beschäftigte er sich mit Feuerbach, um dann durch die Schriften von Karl Marx zum radikalen Sozialismus überzugehen.

Dietzgen entfaltete [in seinem Hauptwerk] seine Erkenntnistheorie, die den Kritizismus Kants zu einem dialektischen Materialismus umbildete. Hier sind Anklänge an Hegel zu finden, obwohl Dietzgen ihn aus eigenem Studium nicht kannte. Kommunistische Züge trägt seine Widerlegung des absoluten Standpunkts in der Moral, er befürwortet einen historisch-sozialen Relativismus und Utilitarismus. Im *Kapital* (2. Auflage) von Marx und im *Feuerbach* von Engels wurde er erwähnt und dadurch noch bekannter. Obwohl die russischen Marxisten G. Plechanow und Lenin später Kritik übten, war Lenin in seinen Schriften von Dietzgen abhängig.

Prof. Dr. Helmut Fischer befasste sich im Jahrbuch des Rhein-Sieg-Kreises 1988 (S. 68 ff.) mit dem *Geburtsplatz des „Arbeiterphilosophen" Josef Dietzgen in Stadt Blankenberg.* Hieraus ist folgende Einschätzung des Werks und seiner Bedeutung entnommen:

Die Bedeutung von Josef Dietzgen liegt vor allem in seinem Denken. Er ist kein Revolutionär, der die Umgestaltung der Gesellschaft mit den Mitteln der Gewalt

anstrebt, sondern nach Herkunft und Profession ein Kleinbürger, der sich von Jugend auf mit erkenntnistheoretischen Fragestellungen befasst. Sein wacher Geist sammelt Eindrücke in der unmittelbaren Umgebung ebenso wie er sich mit den wichtigsten philosophischen Strömungen seiner Zeit auseinandersetzt. Dabei stellt er die Verbindung zu den aktuellen sozialen Problemen her, deren politische Vertretung er allein der Sozialdemokratischen Arbeiterpartei zutraut.

Josef Dietzgen ist kein geschliffener Kathederphilosoph. Er ist ein philosophischer Autodidakt, der sich neben seinem handwerklichen Broterwerb mit den geistigen Bedingungen menschlicher Existenz beschäftigt. Seine Beiträge zur Erkenntniskritik würdigen Karl Marx und Lenin. Um die Jahrhundertwende erreichen seine Veröffentlichungen ihre größte Wirkung. Innerhalb der Sozialdemokratie entwickelt sich der so genannte Dietzgenismus, eine Richtung, die dem Marxismus ein erkenntnistheoretisches Defizit anlastet und auf revolutionäre Vorstellungen verzichtet. Dietzgens Popularität ist so groß, dass er neben Marx und Engels in der Dreiergruppe sozialistischer Klassiker erscheint. Erst nach der russischen Oktoberrevolution tritt Len des Denkens als einer Kopfarbeit, die nicht im Gegensatz zur Handarbeit steht, passt nicht in das marxistisch-leninistische Lehrgebäude hinein. Dass er „Arbeiterphilosoph" genannt wird, hätte ihn, der sich in seinem Erstlingswerk *Das Wesen der menschlichen Kopfarbeit* selbst als „Handwerker" bezeichnet und die Vorrede mit seinem Namen und dem „Titel" Lohgerber abschließt, gewiss gefreut.

Die Gerberei und Lederhandlung
von
J. Dietzgen in Siegburg
verkauft nach wie vor, auch während der augenblicklicher Abwesenheit des Inhabers ein sehr gutes und schönes Fabrikat zu bekannten billigen Preisen. Bei Abnahme von größern Partien und Baarzahlung noch besondern Rabatt.

Siegburger-Kreisblatt, Juli 1878

Siegburger-Kreisblatt, November 1869

Das Geschäft meines verstorbenen Onkels Ph. Jos. Dietzgen in Siegburg Gerberei u. Lederhandlung wird fortan von mir fortgesetzt. Um mich bei der Kundschaft zu empfehlen und einzuführen, verkaufe ich das schönste und beste Leder für billigsten Preis.

Joseph Dietzgen.

Hochschul- und Kreisbibliothek Bonn-Rhein-Sieg

Ihr Partner für Information!

Wir alle erleben es täglich in Schule und Beruf, im Alltagsleben oder auf unserem Spezialgebiet: Es ist immer wichtiger, gut informiert zu sein, aktuelles Wissen zu haben und umfassend Kenntnisse zu erwerben. Die zukünftige Wissensgesellschaft ist nicht nur ein Schlagwort, sondern eine wesentliche Herausforderung für unsere persönliche Zukunft - eine Zukunft, die genau heute beginnt!

Was bietet Ihnen die Hochschul- und Kreisbibliothek in Sankt Augustin und Rheinbach für diesen Weg in die Zukunft ?
Natürlich ihr Mediensortiment mit der Möglichkeit, Antworten auf Wissensfragen in den Büchern und Zeitschriften, elektronischen Wissensspeichern und Datenbanken, auf Video- und Audio-Medien zu finden.

Der Zugang zum Internet an den PC-Arbeitsplätzen ergänzt das Informationsangebot.
Doch wir bieten vor allem auch Menschen: Beratung ist eine unserer Kernaufgaben und wir helfen Ihnen gerne, im großen Angebot der Informationen genau das von Ihnen Gewünschte zu finden.

Schulungen zum Thema Internet ermöglichen Ihnen ein „Finden" statt ein „Suchen", die ruhigen Arbeitsplätze in der Bibliothek bieten ein konzentriertes Vertiefen in Ihr Thema und aktuelle Fragestellungen aus Alltag und Wissenschaft präsentieren sich Ihnen oftmals in wechselnden Medienausstellungen.

Ein Schlüsselbegriff des neuen Wissenszeitalters heißt „Open Mind".

Er beschreibt ein für vielfältige Sinneseindrücke offenes Bewusstsein und ist eine der Zukunftsvisionen der Bibliothek. Sie sind daher eingeladen, nicht nur die sachliche Information zu suchen, sondern auch den sinnlichen Eindruck der regelmäßigen Bilderausstellungen zu genießen. Entwickeln Sie mit uns in der neuen Wissensgesellschaft eine Kommunikationskultur, die wir gerne durch unsere Lesungen und Veranstaltungen, durch das Angebot von Gruppenarbeitsplätzen und buchbaren Besprechungsräumen fördern würden.

Lassen Sie die Bibliothek ihr aktiver Partner in der Wissensvermittlung sein -
wir freuen uns sehr auf Ihren Besuch!

Hochschul- und Kreisbibliothek Bonn-Rhein-Sieg

Grantham Allee 20
53757 Sankt Augustin
02241 / 865-680

Von-Liebig-Str. 20
53359 Rheinbach
02241 / 865-480

http://www.bib.fh-brs.de

AUGUST SANDER
MENSCHEN DES 20. JAHRHUNDERTS
VON RAINER LAND

Bäuerin aus dem Siegtal, um 1930

August Sander (1876 – 1964) zählt ohne Zweifel zu den bekanntesten Fotografen des 20. Jahrhunderts. Nicht nur aufgrund seiner Portraitfotografie wird ihm internationaler Rang eingeräumt, auch als Landschaftsfotograf – bekannt sind vor allem seine *Rheinlandschaften* – hat sich Sander einen Namen gemacht, ebenso mit seinen Stadtansichten (siehe etwa die 1984 von Reinhold Mißelbeck herausgegebene Sammlung *Köln-Porträt* mit Fotografien des alten Köln). Doch es sind vor allem seine Portraits, seine Darstellungen der Menschen, mit denen er berühmt geworden ist.

August Sander wurde am 17. November 1876 in Herdorf (Kreis Altenkirchen) geboren. Sein Heimatort, zum Siegerländer Eisenerz-Revier gehörend, war durch Landwirtschaft und Bergbau geprägt. In diesen Metiers wuchs August Sander als Sohn eines Bergzimmermanns und Bauern auf. Schon früh hatte er durch glückliche Umstände Gelegenheit, sich fotografisch zu betätigen. Während und nach dem Militärdienst erwarb und vertiefte er seine Fertigkeiten und Kenntnisse durch Tätigkeiten bei verschiedenen Fotografen und Firmen. 1901 trat er in den Dienst des *Atelier Greif* in Linz, das er später übernahm, aber schon 1909 aufgab. Er siedelte um nach Köln-Lindenthal.

Gleichwohl blieb das Land ein wesentliches Betätigungsfeld: Von Köln aus unternahm er häufige Pendelfahrten vor allem in den Westerwald, das Siegerland, das Siebengebirge, das Siegtal. Hier zählten viele Familien zu seinen Kunden, man ließ sich „knipsen" – manche Familien verfügen dadurch heute noch über „echte Sanders": geerbte Portraitaufnahmen der Vorfahren.

 Bauer aus Kuchhausen, 1951

 Bauernknecht, 1951

Die Zeit nach dem ersten Weltkrieg brachte für Sander eine künstlerische Neuorientierung. Er verschrieb sich der „exakten Photographie". „Sachlichkeit" wurde zu einer entscheidenden Eigenschaft seiner fotografischen Arbeit und zu einem Kriterium, nach dem Sander sein Archiv ordnete. Es entstand nach und nach die Grundstruktur für das von Sander selbst so bezeichnete „Kulturwerk" *Menschen des 20. Jahrhunderts.* Ulrich Keller schreibt dazu in der 1980 erschienen Ausgabe der Sammlung:

Nachdem Sander schon vor dem Krieg ein Gespür für die Eigentümlichkeit des bäuerlichen Daseins entwickelt hatte, wird ihm nun bei der Durchforstung des Archivs die zuvor einfach hingenommene Lebensform des Bürgertums problematisch. Sanders Blickfeld erweitert sich auf die verschiedenen sozialen Gruppen, er stellt die Frage nach deren gegenseitigem Verhältnis; der Aufbau, die Ordnung der ganzen Gesellschaft beginnt ihn zu beschäftigen, und allmählich ergibt sich der Plan, in einem großen Portraitkompendium einen photographischen Querschnitt durch alle Berufe,

Klassen und Lebensbereiche des Weimarer Deutschlands zu legen.

Dieser Plan kondensierte zu der großen Sammlung *Menschen des 20. Jahrhunderts.* Sander nahm das Projekt etwa 1924 in Angriff. 1927 hatte er genügend Material zusammen, um es in einer

August Sander

Ausstellung im *Kölner Kunstverein* zu zeigen. Aufschlussreich ist, was Sander selbst aus diesem Anlass formulierte.

Er beschrieb das Vorhaben als ein „Kulturwerk in Lichtbildern", es sei „eingeteilt in 7 Gruppen, nach Ständen geordnet und umfaßt ca. 45 Mappen." Weiter heißt es:

Man fragt mich oft, wie ich auf den Gedanken gekommen sei, dieses Werk zu schaffen: Sehen, Beobachten und Denken und die Frage ist beantwortet.

Nichts schien mir geeigneter zu sein, als durch die Photographie in absoluter Naturtreue ein Zeitbild unserer Zeit zu geben.

Wir finden aus vergangenen Tagen aller Zeiten Schriften und Bücher mit Abbildungen, aber die Photographie hat uns neue Möglichkeiten und andere Aufgaben als die Malerei gegeben. Sie kann die Dinge in grandioser Schönheit, aber auch in grauenhafter Wahrheit wiedergeben, kann aber auch unerhört betrügen.

Der Weise, 1913

Die Stürmerin oder Revolutionärin, 1913

Die Wahrheit zu sehen müssen wir vertragen können, vor Allem aber sollen wir sie unseren Mitmenschen und der Nachwelt überliefern, sei es günstig oder ungünstig für uns. Wenn ich nun als gesunder Mensch so unbescheiden bin, die Dinge so zu sehen, wie sie sind und nicht wie sie sein sollen oder können, so möge man mir dies verzeihen, aber ich kann nicht anders. [...]

Nichts ist mir verhaßter als überzuckerte Photographie mit Mätzchen, Posen und Effekten. Darum lassen Sie mich in ehrlicher Weise die Wahrheit sagen über unser Zeitalter und Menschen.

Die „nach Ständen geordneten" Gruppen des Gesamtwerks sind nach Sanders Einteilung: „Der Bauer", „Der Handwerker", „Die Frau", „Die Stände", „Die Künstler", „Die Großstadt" und „Die letzten Menschen" (hierunter fasste Sander das Thema Alter, Krankheit, Tod zusammen).

1929 erschien der Bildband *Antlitz der Zeit*. Er enthielt sechzig ausgewählte Fotografien Sanders und war mit einer Subskriptionsaufforderung für das Gesamtwerk verbunden. Alfred Döblin verfasste das Vorwort, in dem es hieß: „Man hat vor sich eine Art Kulturgeschichte, besser Soziologie, der letzten 30 Jahre.

Junges Bauernpaar, 1913/14

Wie man Soziologie schreibt, ohne zu schreiben, sondern indem man Bilder gibt, Bilder von Gesichtern und nicht etwa Trachten, das schafft der Blick dieses Photographen, sein Geist, seine Beobachtung, sein Wissen und nicht zuletzt sein enormes photographisches Können."

Die zwanziger Jahre des letzten Jahrhunderts bezeichnete Sander später rückblickend als „die schönste Zeit der geistigen Entwicklung"; die dreißiger und vierziger Jahre wurden auch für ihn zu einer schlechten Zeit. In der Zeit des Nationalsozialismus war an die Herausgabe des Gesamtwerks nicht zu denken. Bereits 1936 veranlasste die *Reichskammer für Bildende Künste*, dass die Restauflage von *Antlitz der Zeit* beschlagnahmt und die Druckstöcke zerstört wurden. Sanders Sohn Erich, der in Verbindung zur Kommunistischen Partei stand und dem Sander bei der Vervielfältigung von

Nachmittagspause, um 1930

Flugblättern geholfen hatte, kam ins Zuchthaus; dort starb er 1943 nach unterlassener ärztlicher Hilfeleistung.

In den Mittelpunkt seines Wirkens stellte Sander in den dreißiger Jahren die Landschafts- und Stadtfotografie.

Sanders Kölner Atelier fiel 1944 den Luftangriffen auf Köln zum Opfer. Er selbst fand ein Unterkommen bei einer Bauernfamilie in Kuchhausen bei Leuscheid (heute Gemeinde Windeck). Dort kannte man ihn aus seiner Tätigkeit als Portrait- und Familienfotograf. Eine Reihe der Aufnahmen für seine Sammlung *Menschen des 20. Jahrhunderts* ist hier und in der Umgebung entstanden. 11.000 Negative seines über 40.000 Aufnahmen umfassenden Archivs konnte er nach Kuchhausen mit in Sicherheit nehmen. Der größte Teil aber verblieb im Keller des zerstörten Ateliergebäudes in Köln; dort wurde er bei einem Brand 1946 vernichtet.

Bauernkinder, um 1928

Wenngleich Sander in der Nachkriegszeit weiter die Publikation seines Werks anstrebte, sich intensiv mit seinem verbliebenen Archiv befasste und auch noch einzelne Aufnahmen dem Kompendium hinzufügte, erlebte er die Herausgabe nicht mehr.

Er starb am 20. April 1964. Das Werk erschien erstmals 1980, herausgegeben von Sanders Sohn Gunther.

Das von Gerd Sander, dem Enkel des Fotografen, eingerichtete August-Sander-Archiv wurde 1992 von der Stadtsparkasse Köln erworben.

Aus Anlass des 125. Geburtstages Sanders gab die *Photographische Sammlung / SK Stiftung Kultur* das Werk *Menschen des 20. Jahrhunderts* im Jahr 2001 in einer neu bearbeiteten, um über 180 Aufnahmen erweiterten Ausgabe heraus.

Sie stellt das Ergebnis mehrjähriger Forschungsarbeiten dar.

Bauer bei der Feldarbeit, 1930

Die Bildauswahl für diesen Beitrag beschränkt sich bewusst auf Fotografien der ersten Gruppe des Gesamtwerks „Der Bauer". Auch nur andeutungsweise die gesamte Spannbreite der Sammlung darzustellen, wäre hier schon aus Platzgründen nicht möglich gewesen.

Daher zeigen wir hier einige exemplarisch ausgewählte Aufnahmen von Menschen, denen Sander auf dem Land und speziell auch in Kuchhausen begegnet ist. Die Bildtitel entsprechen der Ausgabe von 2001.

Schließlich erfolgte die Auswahl auch mit dem Gedanken, in den Portraits die durch harte Arbeit geprägten Lebensumstände auf dem Land in der ersten Hälfte des vergangenen Jahrhunderts, die unübersehbare Spuren zeichnen, zu erkennen.

Bauern aus der Leuscheid, 1926

Die neuesten Publikationen zu August Sander:

* August Sander. Köln wie es war.
Mit Beiträgen von Susanne Lange und Christoph Kim.
Hrsg.: August-Sander-Archiv und
Kölnisches Stadtmuseum. Köln 1995

* August Sander. Landschaften.
Mit einem Text von Olivier Lugon.
Hrsg.: Die Photographische Sammlung/SK Stiftung Kultur,
Köln. München/Paris/London 1999
*August Sander. Menschen des 20. Jahrhunderts.
Ein Kulturwerk in Lichtbildern eingeteilt in sieben Gruppen.
Hrsg.: Die Photographische Sammlung/SK Stiftung Kultur,
Köln.

Bearbeitet und neu zusammengestellt von
Susanne Lange, Gabriele Conrath-Scholl und Gerd
Sander. München/Paris/London
2001/2002 (7 Bände im Schuber und ein separater
Studienband mit Beiträgen
von Otto Dann, Janos Frecot, L. Fritz Gruber, Klaus
Honnef, Susanne Lange/Gabriele Conrath-Scholl,
Olivier Lugon, Otfried Schütz und Thomas Wiegand)

Kunst und
Kultur

Nä, wat für ene Brassel!

„ARBEIT" IN DER MUNDART DES VORGEBIRGES
VON HORST BURSCH

In der Mundart des Vorgebirges, dem *Vüejeberechs-Platt*, ist das Wortfeld „Arbeit" durch zahlreiche Ausdrücke abgedeckt. Das zeigt sich einerseits in ortstypischen Sprüchen, andererseits im Bereich der Einzellexik, ja sogar in einigen Flurnamen. So pflegen die alteingesessenen Alfterer, denen ein besonderer Humor nachgesagt wird, zu sagen: „Wer vell

(wer viel arbeitet, der muss auch gut saufen und fressen). Einem Faulenzer sagt man im Vorgebirge und auch in anderen Gegenden des Rheinlands nach: „Dä hätt de Ärbet net erfonge" (der hat die Arbeit nicht erfunden).

Die Arbeit selbst wird je nach Schwere, Mühseligkeit und Härte unterschiedlich

Knäächterei (zu „Knecht"), Plackerei, Brassel bzw. Brasselskrohm (d.h. umständliche, teils schwierige Arbeit), Wöhl (harte Knochenarbeit) oder Piddelskrohm (knifflige, schwierige Feinarbeit).

Hinzu treten Wortzusammensetzungen wie Drössärbet (Scheißarbeit), Sauärbet oder Hongsärbeit (Hundearbeit).

betet und arbeitet) charakterisiert. Ein echter Faulenzer wird in der Mundart des Vorgebirges als Fuulaasch (Faularsch) bezeichnet. Dieser Begriff ist in Merten-Trippelsdorf sogar seit dem 14. Jahrhundert als Flurbezeichnung belegt: Auf dem Faularsch (1394 up dem fuulars). Offensichtlich gehörte diese Ackerparzelle einmal einem, der sich nicht gerade kaputt zu arbeiten pflegte und eher auf der faulen Haut lag. Beim sonntäglichen Frühschoppen kann es geschehen, dass jemand, der dem Alkohol zu stark zuspricht, als jemand bezeichnet wird, „der sich beim Suffe kapottärbet".

Einst nannte man den Festtag Maria Lichtmess (2. Februar) in der Mundart des Vorgebirges Pöngelchesdaach, also Tag, an dem man sein Bündelchen schnürte, um seiner alten Arbeitsstätte Lebewohl zu sagen und sich anderswo erneut zu verdingen. Noch heute wird jemand, der oft seine Arbeit wechselt, als Pöngelcheshannes bzw. Pöngelchesliss (zu „Johannes" bzw. „Elisabeth") bezeichnet.

Die von Hemmerich auf Metternich zu gelegene Feldflur namens Arbeitsmaar hat ihre Bezeichnung möglicherweise von den dort noch bis vor einigen Jahrzehnten zu beobachtenden Entwässerungsarbeiten erhalten. Denn in der Nähe dieses ehemaligen Maares erstreckt sich ein Abflussgraben, der den bezeichnenden Namen Arbeitsfloß trägt.

Der Verben gibt es viele: ärbede, opdeene (einem anderen zuarbeiten, zu „dienen"), frößele (hartnäckig, verbissen arbeiten), brassele (s.o. zu Brassel; dazu in Kardorf der altüberlieferte Flurname auf dem Brassel), knuuve (an einer schwierigen Sache herumarbeiten, basteln), knibbele (eine kleinteilige Arbeit verrichten), hantiere (geschäftig und emsig mit den Händen arbeiten), wöhle (wühlen, d.h. sich kräftig in die Arbeit stürzen), drenfleeje (in die Arbeit hineinfliegen, sich auf etwas stürzen), affrackere (sich abrackern, sich abmühen), jet donn (etwas tun, sich an die Arbeit begeben), sich jet ze schaffe maache (sich an eine Arbeit machen), wueschtele (wursteln

herumprobieren, eine unangenehme Arbeit verrichten), knäächte (eine schwere, als untertänig empfundene Arbeit ausüben), trabbele (sich kräftig anstrengen, zu französisch *travailler* = arbeiten).

Eine zu Werke gehende Person wird je nach Temperament, Fleiß und Arbeitseinsatz als Frößelspitte bzw. Frößelsnieß (zu „Peter" bzw. „Agnes"), Wöhlbalesch (zu „Balg") oder Ärbedsdier (Arbeitstier, d.h. sehr fleißiger Mensch) bezeichnet.

Einer der besonders fromm ist und als besonders arbeitsam gilt, wird mit der aus dem Klosterleben entlehnten Bezeichnung ene Ora et Labora (einer, der

VON
PETER QUAY
UND
NORBERT HILGERMANN

Small Talk irgendwo in Deutschland:
„Oh, Sie kommen aus Rheinbach!
Gibt es da die Glasfachschule noch?"
Der Fragesteller kann beruhigt werden.
Die Schule heißt zwar heute
offiziell Staatliches Berufskolleg für Glas, Keramik und
Gestaltung, aber sie ist trotzdem noch da.

DIE GLASFACHSCHULE

Die Glasfachschule in Rheinbach 1967

Wie kommt es, dass eine Schule mit 650 Schülern über die Grenzen Nordrhein-Westfalens und sogar über die Grenzen Deutschlands hinaus bekannt ist? Für einige ist es das Gebäude. Es weicht von der typischen Schularchitektur ab und wurde von der OECD, Paris, als eine der beiden deutschen Schulen in den Katalog *2nd Compendium of Exemplary Educational Facilities* aufgenommen.

Viele interessante, modern gestaltete Gebäude gibt es, die aus unserem Gedächtnis schon nach kurzer Zeit wieder verschwinden. Also muss diese Schule ein Geheimnis haben, das die, die mit ihr in Berührung kommen, ein Leben lang nicht mehr los lässt.

Vielleicht ist dieses Geheimnis zum Teil schon in der Entstehung begründet, denn die Wurzeln dieser Schule gehen in das 19. Jahrhundert zurück.

Bis Ende des Zweiten Weltkrieges dachte in Rheinbach niemand daran, sich mit Glas zu beschäftigen. Dann wurden die Deutschen aus dem Sudetenland vertrieben und auch die Familien aus Steinschönau in Nordböhmen suchten nach einem neuen Zuhause. Schon seit Generationen war das Glasveredeln in dieser Region nicht nur Broterwerb, sondern Lebensinhalt und Passion.

Oswald Lippert (Seite 89) im Kreise seiner Schüler.

Die Menschen legten Wert auf Perfektion in ihrem Handwerk und waren aber auch immer auf der Suche nach Neuem. Zahlreiche neue Fertigungstechniken und Glasrezepturen waren aus der Freude am Experimentieren entstanden. Die Glasfirmen in Steinschönau hatten ihren Einfluss geltend gemacht, dass 1856 hier die erste fachgewerbliche Anstalt in Böhmen eingerichtet wurde. Sie war auch eine der ersten berufsbildenden Anstalten auf dem Kontinent. Der Bau des eigenen Schulgebäudes wurde durch Geld der Regierung und mit Unterstützung eines Fördervereins möglich.

Auf der Suche nach einer neuen Heimat hatte sich in Rheinbach eine sudetendeutsche Siedlergruppe gefunden. Obwohl Rheinbach zu 60 % zerstört war, erklärte sich die Stadt bereit, die Glasfacharbeiter auf Dauer aufzunehmen. Auch die Lehrer der Steinschönauer Glasfachschule, die in alle Welt verstreut waren, fanden sich in Rheinbach ein. Unter schwierigsten Bedingungen gelang es den Steinschönauern mit Hilfe von Stadt, Land und einigen Firmen, 1948 die *Staatliche Fachschule für Glasveredlung und Keramik*, in der Bevölkerung nur *Glasfachschule* genannt, zu eröffnen.

Obwohl ein Schulgeld von jährlich 160 DM erhoben wurde, trafen sich in der ersten Klasse 30 Schüler. 1955 waren es schon über 100 Schüler, die in den verschiedenen Veredlerklassen und in der Klasse für Glashüttentechnik unterrichtet wurden. Josef Ebert, der letzte lebende Lehrer dieser Anfangszeit, erinnert sich noch heute an den Einsatz der Lehrer für „ihre Schule", wenn sie zum Beispiel mit dem Zug quer durch Deutschland fuhren, um bei einer Firma einen gespendeten Sack Schleifsand zu holen.

Mit leuchtenden Augen berichtet Ebert von Schülern, die das Handwerk ihrer Väter weiterführten. Noch mehr blitzen seine Augen, wenn er von Schülern spricht, bei denen er ein besonderes Talent während der Ausbildung erkennen und fördern konnte. Es ist nur Freude und auch etwas Stolz zu entdecken, als er von dem schüchternen Jungen erzählt, der mit seiner Mutter zum Aufnahmegespräch kam und dem der Erfolg in der Ausbildung so viel Selbstvertrauen gab, dass es immer weiter aufwärts ging. Irgendwann kam er in die Schule zurück: Er war der für die Kontrolle der Schule zuständige Beamte des Gewerbeaufsichtsamtes geworden.

Josef Ebert, ein Lehrer der Anfangszeit.

Eine Schule für Berufs- und Lebensgestaltung zwischen Technik und Kunst, zwischen Handwerk und Schöpfung, zwischen Berufspflicht und freiem Geist, zwischen Arbeit und Lebensfreude, das ist aus der Glasfachschule geworden, die eine große Zahl von Könnern hervorgebracht hat. Da ist Georg Linden, Jahrgang 1965. Er wollte von klein auf einen Beruf ergreifen, der mit Glas zu tun hat. Sein Vater hatte zu den Schülern der ersten Klasse der wieder gegründeten Glasfachschule in Rheinbach gehört. Dann hatte der Vater in Bonn-Poppelsdorf einen Betrieb gegründet, in dem Georg schon als kleiner Junge all seine Zeit verbrachte.

Auch sein älterer Bruder Jürgen machte in Rheinbach seine Ausbildung zum Glasmaler und übernahm den Betrieb des Vaters. Für Georg standen mit dem Besuch des renommierten Aloisius-Kollegs in Bad Godesberg beruflich alle Wege offen. Aber der künstlerische Umgang mit Glas ließ ihn nicht los. 1981 wurde er Schüler der Glasfachschule in Rheinbach. 1989, nach der Meisterprüfung als Glasmaler, wählte er dann auch noch das Studium in Aachen um beruflich neue Wege kennen zu lernen. Gefördert wurde diese Entscheidung durch ein Stipendium der *Stiftung für Begabtenförderung* (Handwerk). Die erste öffentliche Anerkennung als Glasmaler hatte er schon 1984 erfahren, als er zuerst Landessieger und dann Zweiter Bundessieger im Leistungswettbewerb der Handwerksjugend wurde.

Als Georg Linden 1993 gefragt wurde, ob er sich eine Tätigkeit als Lehrer an der Glasfachschule vorstellen könne, hatte er durch seine Ausstellungen, oft verbunden mit Auszeichnungen, schon einen Namen in der Fachwelt. Unter der Bedingung, auch weiterhin künstlerisch arbeiten zu können, nahm er seine Lehrtätigkeit auf. Es reizte ihn, junge Menschen fördern zu können. An wenigen anderen Orten ist es möglich, unterschiedliche Begabungen zu erkennen und darauf einzugehen. In seinem Fachbereich *Entwurf und Glasgestaltung* kann er zu Beginn des ersten Ausbildungsjahres während der Probezeit die Anlagen eines Schülers erkennen, um ihn zu beraten, welchen der Glasveredlungsbereiche er als Beruf wählen sollte. Durch seine familiäre Bindung an den elterlichen Betrieb kommt er nie in Versuchung, den Wert einer soliden handwerklichen Ausbildung zu vergessen. Aber aus eigenem Erleben weiß er, wie wichtig es ist, ein künstlerisches Talent zu fördern.

Für ihn basiert der Beruf des Künstlers immer auf einem soliden handwerklichen Fundament, das einem dann die Freiheit gibt, gewohnte Wege zu verlassen.

Für Georg Linden bietet das Nebeneinander und Miteinander der verschiedenen Schulzweige des Staatlichen Berufskollegs eine Fülle von Anregungen.

1997 erhielt er den Staatspreis für eine Installation, die Glas und Stahl in einen kompositorischen Einklang bringt. Bei seiner Skulptur *Lichtwagen* nutzte er Glasverschmelzungen und Glasgussverfahren. Deshalb würdigte ihn die Glasindustrie mit einer Präsentation seiner Arbeit auf der Glasmesse in Düsseldorf (*Glastec*). Bei der internationalen Glasausstellung in Tubbergen (Niederlande) erhielt die Installation den 3. Preis.

Staatspreisträger
Georg Linden mit Schülern
beim Werkstattunterricht.

Eine der preisgekrönten
Skulpturen, „Lichtwagen"

Seine neueste Arbeit ist eine große Glasskulptur, bei der durch die Nutzung von Sonnenenergie immer wieder andere Effekte erreicht werden. Dieses Werk wird in Munster (bei Hannover) zusammen mit Arbeiten von

Künstlern aus aller Welt im Juni 2002 präsentiert. Der Gedanke, Solarzellen im Kunstwerk zu nutzen, wurde durch den neuen Ausbildungsberuf innerhalb des Landesberufsschulzweigs gefördert.

Georg Linden will sich heute nicht darauf festlegen, wie lange er den Beruf als Lehrer am Staatlichen Berufskolleg ausüben will. „Auf jeden Fall so lange, wie hier immer wieder neue Herausforderungen für mich da sind." Nach Aussage des Schulleiters Norbert Hilgermann wird es weder für Georg Linden noch für die anderen Lehrer im Kollegium in den nächsten Jahren daran fehlen. Denn: Stillstand wäre Rückschritt, und den will niemand.

Wenn man sich bei einer der großen Kunstmessen wie der ART COLOGNE umsieht, stößt man unübersehbar auf Arbeiten von Martin Noel. Die Preise für seine Arbeiten bewegen sich in einem Rahmen, der auch Nicht-Kunstkennern signalisiert: Hier ist ein Meister seines Faches ausgestellt. Nur wenige Eingeweihte, wie sein wichtigster Galerist Erhard Klein in Bad Münstereifel, wissen, dass seine künstlerischen Wurzeln in der Glasfachschule liegen. Wenn man Noel fragt, wie er zu dieser Schule kam, kommt die lapidare Antwort: „Ich kam vom Aloisius-Kolleg und wollte was mit Kunst machen. Die hatten den besten Ruf und ich das Glück, dass ich genommen wurde."

Einer der ersten Lehrer, auf den er traf, war der sudetendeutsche Studiendirektor Oswald Lippert. Er ließ die Schüler zum Beispiel Entwürfe für die Glasschleifer anfertigen, von denen die besten in der Schleiferei auch umgesetzt wurden. Die erste von ihm entworfene Glasplatte

hatte jahrelang einen Ehrenplatz in seiner Wohnung. Als eine Freundin das Prachtstück fallen ließ, zerbrach, nach seiner Aussage, nicht nur das Glas.

Martin Noel konnte mit seinem freien und hungrigen Geist mit Lehrern der konventionellen Art nur schwer umgehen. Aber in Rheinbach traf er auf Lehrer, die sein Talent erkannten und die ihn forderten und förderten.

Vor allem der als Künstler international anerkannte Studienrat Jürgen Piegelbrock wusste ihn zu nehmen. Er stellte ihm im Bereich Druckgrafik immer wieder Aufgaben, die ein hohes Maß an Kreativität, aber auch ein enormes Fachwissen verlangten. Damit sprach er sowohl seinen Ehrgeiz als auch den bei Künstlern unvermuteten, aber notwendigen Hang zum Perfektionismus an. Wie groß J. Piegelbrocks Vertrauen in Martin Noel war, zeigt die Tatsache, dass er ihm die Schlüssel zu seiner privaten Grafikwerkstatt überließ, damit er jederzeit arbeiten konnte. Später sprachen sich dann noch einige Kollegen untereinander ab, ihm innerhalb der Schule die Schlüssel für ihre Räume, z.B. Fotolabor, anzuvertrauen. Mit diesem Vertrauensbeweis gingen sie selber für eine Schule ungewöhnliche Wege. Zum Glück stellte keiner von ihnen die Frage nach dem Versicherungsschutz. Noel sagt heute über seine Lehrer: „Sie legten den Grundstein für mein Selbstbewusstsein, ohne das man in der Kunstszene untergeht." Bis heute nutzt Martin Noel die Fotografie, um dem Betrachter seine Sicht der Dinge deutlich zu machen. Und wer seine Druckgrafiken nicht kennt, hat keine Ahnung von seinem Werk. Einen solchen Raum nimmt das künstlerische Erbe Jürgen Piegelbrocks auch 30 Jahre nach dessen Tod noch ein.

Aber auch der freie Künstler Noel ist vom Geist der Glasfachschule infiziert. Da die Schüler der Klasse 11 der Fachoberschule für Gestaltung ein Praktikum absolvieren müssen, stellt er einen Platz in seinem Atelier zur Verfügung. Die einzige Bedingung: „Was lernen wollen und dafür auch hart arbeiten können." Das waren die Voraussetzungen, die er neben seinem Talent am Anfang einbrachte und die heute seinen Erfolg begründen.

Martin Noel
in seinem Atelier

In der Hausdorffstraße 63 in Bonn wird die Wirklichkeit verändert: „Bending reality to your needs" nennen es Rodrigo Olmos und Jürgen Unkels. 1997 gründeten sie ihre Agentur *anima res*.

Eigentlich wollte Jürgen Unkels Comiczeichner werden. Die einzige Schule für dieses Metier liegt aber in Brüssel, und in Brüssel spricht man Französisch. Jürgen Unkels spricht es nicht und er hatte auch nicht vor, diese Sprache zu lernen. Er holte Informationen über die verschiedenen Hochschulen oder Fachhochschulen ein, aber nichts lockte ihn. Dann erzählte ihm jemand von der Glasfachschule in Rheinbach.

anima res: Erfolgreiche Jungunternehmer.
links: Jürgen Unkels
rechts: Rodrigo Olmos

Die würden zwar auch keine Comiczeichner ausbilden, aber man bekäme die Grundlagen dafür. *Technischer Assistent für Gestaltung* hieße der Beruf, in dem man auch noch Geld verdienen könne. Der einzige Nachteil: Diese Schule habe eine „sauschwere" Aufnahmeprüfung, weil sie nur die Elite nähme. Unkels fühlte sich angesprochen, bewarb sich und schaffte die Prüfung. Manche der Unterrichtsfächer fand er anfangs unnötig, weil man sie ja mit dem Computer erledigen konnte. Er versuchte irgendwann dem Fachlehrer für konstruktives Zeichnen eine Computerzeichnung

unterzuschieben. Doch er hatte die Rechnung ohne den Fachmann gemacht, der wies ihm in kürzester Zeit die Unterschiede nach. Nach zwei Jahren Schule und bestandener Abschlussprüfung kam eine große Leere. Comiczeichner wurden wirklich nicht gebraucht. Mit den Menschen in der Firma, bei der Unkels arbeitete, hatte er nicht die gleiche Wellenlänge. Zum Glück für beide traf er auf einer Feier im Freundeskreis Rodrigo Olmos. Auch er hatte erfolgreich die Ausbildung zum Technischen Assistenten für Gestaltung abgeschlossen. Sie überlegten, welche Marktlücke es gäbe. Beide stellten fest, dass sie sehr gute Zeichner sind und ihren Computer beherrschen. Also: Warum nicht auf dem Gebiet der Computer-Animation seine Dienste anbieten?

Sie haben beide in der Schule die gestalterischen Grundlagen vermittelt bekommen. Heute sind beide davon überzeugt, dass das von Anfang an den Unterschied zwischen ihren Arbeiten und denen anderer Anbieter ausmachte. Sich gegenseitig ins Wort fallend sprechen sie heute von der Bedeutung ihrer Kunstgeschichtskenntnisse im Bereich Architektur bei der Anfertigung eines vielverkauften Videospiels. Oder davon, wie wichtig es war, dass sie die visuellen Grundlagen für die Kameraperspektiven in der 3D-Welt im Fotounterricht erhalten haben. Sie geben zu, dass sie dies während ihrer Schulzeit noch nicht richtig schätzen konnten. Genauso wenig konnten sie den Unterricht im Freihandzeichnen schätzen. Als sie in Stuttgart den *Max-Ophüls-Preis* für ihre Arbeit erhielten, wurden die besondere Art ihrer *visual effects* hervorgehoben. Das Geheimnis ihres Erfolges bestand darin, dass sie die sterile Art der 3D-Animation durch Freihandzeichnungseinlagen aufgehoben hatten und Animation und Realfilm dadurch eine Einheit bildeten.

Wenn man weiß, dass ihre Arbeiten auch auf der Berlinale zu sehen waren, wundert man sich nicht mehr über die Liste ihrer Kunden: VW, Nissan, BHW, Ericsson, die UNO und das DRK, neben vielen anderen.

Sicher ist es ein Stück Dankbarkeit ihrer alten Schule gegenüber, wenn sie Praktikanten aus den GTA-Klassen (Gestaltungstechnische Assistenten) nehmen. Vorbedingung ist: Biss haben und gut sein.

Und wenn man die beiden sieht, denkt man: Eine riesige Begeisterung für das, was sie tun. Es sind erwachsene Männer, aber man könnte von jungenhafter Freude sprechen, die man nur noch selten im Berufsleben findet.

Wie 1856 beim Bau der ersten Glasfachschule in Steinschönau, so ist auch heute zukunftsorientiertes Denken die Triebkraft für das Handeln der Verantwortlichen am Staatlichen Berufskolleg in Rheinbach. Wie schon beim Bau des ersten Schulgebäudes haben sich Regierung, Handwerk und Industrie entschieden, mit der Schule einen gemeinsamen Schritt für die Ausbildung von morgen zu wagen. In dem im September 2002 eingeweihten Neubau findet Unterricht in neuen Techniken statt. PC-gesteuerte Laser-Innengravur, Solartechnik, „Intelligente Gläser" und ein multifunktionales Glaslabor haben hier ihren Platz gefunden. Das Zentrum für e-Learning im Glasbereich ist ebenso in Vorbereitung wie ein EU-Projekt mit der Universität in Le Mans.

Ministerpräsident Wolfgang Clement und Schulleiter Norbert Hilgermann anlässlich der Ausbildungsbörse.

Wertvolle Neuzugänge im Glasmuseum Rheinbach

VON RUTH FABRITIUS

Zur Förderung von Kunst und Kultur durch die Kreissparkasse in Siegburg und die Sparkassenstiftung für den Rhein-Sieg-Kreis

Das Glasmuseum Rheinbach ist ein Spezialmuseum für nordböhmisches Hohlglas. 1968 wurde es vom Verein *Freunde edlen Glases* gegründet; 1980 übernahm die Stadt Rheinbach die Trägerschaft des Glasmuseums. Neben der schwerpunktmäßigen Sammlung nordböhmischen Glases vom Barock bis zum Jugendstil und Art Deco gehört auch die Dokumentation der Rheinbacher Glasszene, die sich durch die gezielte Ansiedlung sudetendeutscher Glasveredler nach 1947 hier etabliert hat, sowie der zeitgenössischen internationalen Studioglasbewegung zu den Sammlungszielen des Glasmuseums.

Die Glasobjekte, die in den letzten drei Jahren dank der großzügigen Förderung durch die Kreissparkasse in Siegburg angeschafft und der Öffentlichkeit erhalten werden konnten, dokumentieren die Vielfalt der Rheinbacher Glasszene in technischer und stilistischer Hinsicht. Es handelt sich durchweg um in Rheinbach entstandene, signierte Unikate. Als ein besonderer Glücksfall dürfte der Umstand gelten, dass die Autoren der Stücke exemplarisch für die Entwicklung des Rheinbacher Glases stehen:

Der 1913 geborene Graveur Franz Wendler, der seinen Beruf schon seit den dreißiger Jahren in Nordböhmen ausübt, ist auch heute noch auf höchstem Niveau

Vase von Franz Wendler

tätig. Der Kugler Fritz Berg und der Studioglaskünstler Udo Edelmann, beide Absolventen der Rheinbacher Glasfachschule, sind Vertreter der mittleren Generation: Das Schaffen von Fritz Berg, der buchstäblich zur ersten Schülergeneration der Staatlichen Glasfachschule gehörte, belegt, dass das böhmische Glas im Rheinland heimisch geworden ist; Udo Edelmann, der 1980 sein *Glashaus am Wasserturm* eröffnete, gehört zu den profiliertesten Studioglaskünstlern Deutschlands, der sich auch international einen Namen gemacht hat. Die Glasmalerin Helga Feuser-Strasdas sowie die Glasschleiferin und Graveurin Stefanie Stanke, ebenfalls Absolventinnen der Staatlichen Glasfachschule Rheinbach (heute: Staatliches Berufskolleg Rheinbach - Glas, Keramik Gestaltung), gehören der jüngeren Generation an.

Der Rohling der überreich dekorierten Vase von Franz Wendler entstand noch in der dreißiger Jahren in seiner nordböhmischen Heimat, in der Steinschönauer *Vetter-Hütte*. Zu jener Zeit experimentierte man mit neuen Techniken des Farbauftrags. Mit der dreifach aufgestrichenen und eingebrannten

Lüsterfarbe, so wie sie diese Vase aufweist, versuchte man die berühmte Kupferrubinbeize, die Friedrich Egermann im benachbarten nordböhmischen Haida nach 1816 entwickelt hatte und verstärkt seit 1832 einsetzte, zu imitieren. Zusammen mit seinem Werkzeug, dem Gesellenstück und einigen Rohgläsern gelangte auch diese Vase nach dem Krieg auf abenteuerlichen Wegen zu Franz Wendler, der sich zunächst in Bedburg, später dann in Rheinbach niederließ. In über 60 Arbeitsstunden versah er die Vase, die später auch von der ebenfalls aus Steinschönau stammenden Firma *Conrad & Liebsch* produziert wurde, erst 1992 mit aufwendigen Ornamentfriesen, bei denen Vorbilder aus der Empirezeit (Anfang 19. Jahrhundert) Pate standen.

Meisterhafte Schliffe sind bis auf den heutigen Tag die Spezialität von Fritz Berg. Diskretion ist in diesem Geschäft unerlässlich, aber soviel kann immerhin verraten werden: Gläser aus seiner wie auch aus anderen Rheinbacher Werkstätten schmücken manch hochherrschaftliche, prominente Tafel. Mit dem 1977/78 entstandenen Schachspiel schuf Fritz Berg eine Rarität, die in früheren Jahrhunderten vielleicht sogar in einer fürstlichen Kunst- und Wunderkammer gelandet wäre. Die 32 Figuren des Schachspiels sind aus gelben und braunen Glasstäben herausgeschliffen. Auch die Platte des Spieltisches besteht aus 64 präzise geschliffenen weißen und bernsteinfarbenen Glasquadraten, die auf ein Messinggestell montiert wurden.

Bei dem 1986 entstandenen *Römer* von Udo Edelmann stand seine besondere Liebe zu Italien und zum mediterranen Lebensgefühl Pate. In den 1980er/90er Jahren war der Künstler zudem verstärkt an figürlichen Darstellungen interessiert. Sich mit einem gläsernen Römerkopf an den antiken Vorbildern zu messen und mit ihnen gewissermaßen in künstlerischen Wettstreit zu treten, erschien ihm eine besondere Herausforderung. Die Skulptur von Udo Edelmann ist aus heißem Glas frei „vor dem Ofen" geformt und nicht etwa in Gusstechnik entstanden. Auffallend ist die delikate Farbgebung aus verschiedenen Blau-, Türkis- und Roségtönen, die durch einen besonderen technischen Kniff erzielt wird. Zunächst entsteht aus der jeweiligen Farbe ein Trichter, der anschließend über

Schachspiel von Fritz Berg

einen größeren Brocken aus farblosem Kristallglas gestülpt wird und diesen zuletzt umschließt. So liegt das eigentliche farbige Glas nur als dünne, durchscheinende Schicht auf. Andernfalls, wenn also die gesamte Glasmasse durchgefärbt wäre, erhielte man ein fast schwarzes, opakes (also lichtundurchlässiges) Glas, dem der poetische Effekt der Transparenz fehlte. Nach dem Formungsprozess, bei dem das Glas immer neu erhitzt und von einem eingespielten Team unter der Regie des Glaskünstlers schnell bearbeitet werden muss, wird die Skulptur im Kühlofen noch mehrere Tage spannungsfrei gekühlt.

„Römer" von Udo Edelmann

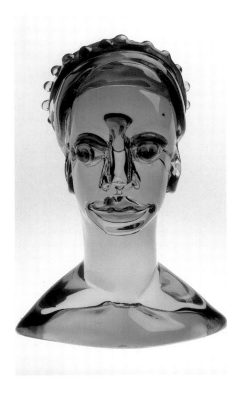

Mit dem Objekt *Teilung*, ihrem 1990 entstandenen Meisterstück, errang Stefanie Stanke im selben Jahr den ersten Preis beim Aachener Gestaltungswettbewerb *Junges Handwerk*. Die technische Beschreibung des Objektes lautet: „Zwei quaderförmige Glasbrocken aus einem Block optischen Glases gesägt, geschliffen und hochglanzpoliert". Die damalige Jury hob hervor, dass sich die Kombination der Ausbildung als Glasgraveurin, Glasschleiferin und Glasätzerin positiv auswirke, „indem die Gestalterin offenbar eine hohe Mobilität in der Behandlung von Material und im Einsatz von Techniken erreicht hat und beherrscht. Die ästhetische Wirkung setzt zugleich bei dem kompakten, aber transparenten Material und bei dem Motiv eines Menschengesichts an. Das Antlitz ist als Relief im zurückliegenden Block frontal im Anschnitt dargestellt, dem eine gleiche Negativ-Form im vorderen mattierten Block entspricht. In der Seitenansicht bilden sich diese Relief-Formen als Profile des gleichen Kopfes ab, die beiden Teile der Glasplastik sind über einen Zwischenraum durch die Entsprechung der Formen verbunden. So entsteht als bildnerische Aussage auch die Zweischichtigkeit von Antlitz und Maske."

Das Objekt *Distel* von Helga Feuser-Strasdas ist eine Bleiverglasung aus Echt-Antik-Glas. Die mittig eingesetzte, gewölbte Scheibe ist mit Sandstrahltechnik bearbeitet und mit Transparent- und Schwarzlotfarben bemalt. Die Schwarzlotkontur ist dabei in einer besonderen Technik gearbeitet: Die Schwarzlotfarbe wird mit Bienenwachs vermischt und zu einer Art Wachsmalstift gegossen. Damit kann auf der rauen Sandstrahlfläche des

„Teilung" von Stefanie Stanke

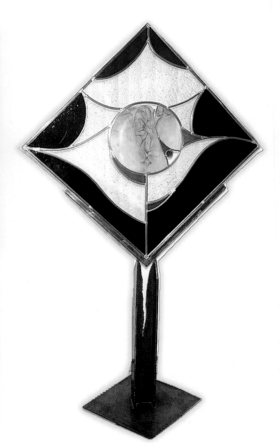

„Distel" von Helga Feuser-Strasdas

Glases eine weiche, abschattierte Kontur gezeichnet werden. Alle Glasfarben werden bei 650° C eingebrannt. Nach eigenen Aussagen beschäftigt sich die Künstlerin immer wieder mit den bizarren und doch harmonischen Formen der Distel, die zu gestalterischer Umsetzung reizen. Ähnlich wie bei der Rose fasziniert einerseits ihre Schönheit, andererseits die Gefahr, sich an den Stacheln zu verletzen.

Diese Spannung hat die Künstlerin durch die Gegenüberstellung der malerischen Technik zur Bleiverglasung darzustellen versucht: „Die Bleiverglasung zwingt zur Abstraktion, bei der Malerei lassen sich die Details wiedergeben," - so beschreibt Helga Feuser-Strasdas ihren Ansatz. Durch die Verwendung von frei aufstellbaren Stahlständern erhält das Objekt, anders als das streng raumgebundene Glasfenster oder Fensterbild, den Status eines autarken Kunstwerks.

Dass diese fünf Objekte von Rheinbacher Glaskünstlerinnen und -künstlern dank der auf drei Jahre verteilten großzügigen finanziellen Zuwendung durch die Kreissparkasse in Siegburg für das

Glasmuseum Rheinbach und damit für die kunstinteressierte Öffentlichkeit gesichert werden konnten, ist ein Glücksfall, der auf diesem Wege noch einmal gebührend zu würdigen ist, ebenso wie das Engagement der Politik, die sich für die Ankäufe dankenswerter Weise eingesetzt hat.

Aber auch die Sparkassenstiftung für den Rhein-Sieg-Kreis - Stiftung für Sport, Kunst, Kultur, Natur und Umwelt - zeigt in diesem Jahr mit der Kunstaktion *SpielArt* in Rheinbach Flagge.

Diese Aktion entspricht den Intentionen der Sparkassenstiftung, in der Region etwas anzustoßen: Diskussionen, auch Kontroversen, vor allem aber neue Orte für die Kunst nutzbar zu machen.

Mit der Förderung der bisherigen Skulpturen- und Kunstwege in Alfter, Sankt Augustin, Troisdorf und der Aktion *Im Fluss* in Windeck-Herchen gelang es, breite Bevölkerungsschichten an Kunst im öffentlichen Raum heranzuführen.

An dieses Konzept knüpft auch *SpielArt*

an: Auf der Wiese rund um den neuen Glaspavillon *Hans-Schmitz-Haus* - in unmittelbarer Nähe der Glasfachschule - haben fünf Künstler bespielbare Objekte aufgestellt, die ausdrücklich dazu einladen, berührt, betastet, gedreht, weitergebaut oder verändert zu werden.

Die Arbeiten von Jan Bresinski *(Thermopoetische Objekte)*, Karl-Heinz Hemig *(Stammschnitt III - kinetisch)*, Hermann Kassel *(Schaukel)*, Anne Mangeot *(Fabrique)* und Benoît Tremsal *(Archäodrom)* sind eine Herausforderung an das Spielerische und Kindliche in dem Besucher und fordern seine Entdeckerfreude heraus.

Debatten über den Stellenwert der Kunst zu Beginn des neuen Jahrhunderts zu provozieren, ist bei diesem von Jan Bresinski entwickelten Konzept durchaus erwünscht.

Das Beispiel Rheinbach beweist die Dynamik der gesamten Kunstregion Rhein-Sieg, in der öffentliche und private Förderung sich in einem erfreulichen Zusammenspiel ergänzen.

Stiftung Kreissparkasse

Für uns Pänz

Aktiv für die Region
und die Menschen im Rhein-Sieg-Kreis –
unsere beiden Stiftungen.

Sparkassenstiftung für den
Rhein-Sieg-Kreis

Stiftung für Sport,
Kunst, Kultur,
Natur und Umwelt

Jan Bresinski: Thermopoetische Objekte

SPIELART IN RHEINBACH

IMPRESSIONEN DER KUNSTAKTION AM HANS-SCHMITZ-HAUS DER GLASFACHSCHULE RHEINBACH (2002)

Jan Bresinski: Thermopoetische Objekte,
im Hintergrund links: Karl-Heinz Hemig,
Stammschnitt III - kinetisch
rechts: Hermann Kassel, Schaukel

Objekte der Ausstellung „SpielArt" auf der Wiese rund um den neuen Glaspavillon „Hans-Schmitz-Haus" in unmittelbarer Nähe der Glasfachschule Rheinbach.

GEMALTE VERSÖHNUNG MIT UNWIRTLICHKEITEN

VON RAIMUND STECKER (EINLEITUNG: RAINER LAND)

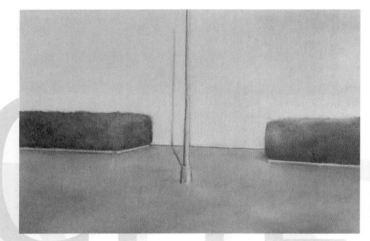

Am 5. Juli 2002 ist erstmals der *Rheinische Kunstpreis* vergeben worden. Er ging aus dem erfolgreichen und beliebten, in zwanzig Jahren zehnmal verliehenen Kunstpreis des Rhein-Sieg-Kreises hervor. Als „Auszeichnung für hervorragende Arbeiten auf dem Gebiet der bildenden Kunst" wird der *Rheinische Kunstpreis* vom Rhein-Sieg-Kreis in Zusammenarbeit mit dem Rheinischen Landesmuseum Bonn des Landschaftsverbandes Rheinland verliehen; er ist mit 20.000 Euro dotiert, zusätzlich kann der Preisträger seine Werke im Rheinischen Landesmuseum Bonn ausstellen und einen Katalog zur Ausstellung anbieten.

Um den Preis, der alle zwei Jahre ausgelobt wird, konnte sich bewerben, wer im Gebiet des Landschaftsverbandes Rheinland, in acht weiteren, im nördlichen Rheinland-Pfalz gelegenen Kreisen und Städten und in den mit dem Rhein-Sieg-Kreis partnerschaftlich verbundenen Gebietskörperschaften Departement de la Vienne (Frankreich) und Kreis Boleslawiec/Bunzlau (Polen) geboren ist oder dort wohnt.

Auf den „Startschuss" zur Ausschreibung am 18. Januar 2002 durch Landrat Frithjof Kühn folgten über 5.000 Anfragen, die letztlich zu insgesamt 810 Bewerbungen führten. Hieraus wählte eine Jury, der neben Landrat Kühn der Direktor des Rheinischen Landesmuseums Bonn des Landschaftsverbandes Rheinland, Professor Dr. Frank Günter Zehnder, und vier Fachjuroren sowie je ein Mitglied der vier im Kreistag vertretenen Fraktionen angehörten, die erste Preisträgerin aus: Sonia Knopp.

In der vom Jury-Vorsitzenden Professor Zehnder vorgetragenen Begründung heißt es:

Sonia Knopp, 1970 in Freiburg geboren und wohnhaft in Köln, ist eine Malerin sehr ungewöhnlicher Bilder sehr kleinen Formats, jedoch thematisch sehr hohen Anspruchs. Sie setzt sich mit dem Umraum des Menschen auseinander. Scheinbar sieht man Landschaften oder Städte, auch Verkehrswege, aber wird selber Gegenstand des Bildes durch den reflektierenden Ansatz. In ihrer Eigenartigkeit wirken diese Landschaften zunächst auf den Betrachter zurück und bewirken bei der Betrachtung schon nicht einen registrierenden sondern auch reflektierenden Vorgang - eine Malerei, die eine Balance zwischen affektiver und kognitiver Wahrnehmung nuancenreich und sensibel darstellt.

CHER

Es sind Landschaften, die wir kennen, aber in ihnen begegnet uns kein Mensch. Dennoch reden sie von der menschlichen Situation, nämlich der Begegnung mit der Unwirtlichkeit, der Isolierung und Einsamkeit, der Suche nach Orientierung in den mitunter unendlichen Bildern. Sie haben durchaus idyllische Motive wie am Ufer oder im Park, vermeiden aber jede falsche Idylle und Verklärung. Sie stellen an den Betrachter Fragen und lassen ihn im Bilde nach dem Sinn menschlichen Wirkens suchen. Sie sind farblich und formal ganz reduziert und arbeiten mitunter an der Grenze zur beschreibbaren Gegenständlichkeit. Ihre Farben beschränken sich auf wenige Töne, die in vielen Valeurs durchdekliniert werden. Die Malerei hat trotz ihrer realen Lesbarkeit surreale Anklänge, sie findet eine Position zwischen Beschreibung, Erfahrung, Melancholie und Metapher. In ihrer formalen Kleinheit sind die Bilder mitunter monumental, in jedem Fall ist ihre Formsprache völlig unprätentiös.

Professor Dr. Raimund Stecker ist Direktor des Arp Museums, Rolandseck, und war Mitglied der Jury. Er stellt die Arbeit Sonia Knopps vor:

Die Formensprache des Hauses am linken Bildrand entstammt den 60er Jahren des 20. Jahrhunderts: rechte Winkel, klare Kanten, keine Schnörkel, gerade Linien, rechteckige Fenster, glatte Fassaden, kein Sockel. So, wie die Häuser abrupt enden, so, wie sie wie ein *shape* den Himmel grenzen, so entsteigen sie unvermittelt dem Boden. Sie sind, wie sie da sind - oder scheinen zumindest so. Mit großem, bisweilen maßlosem Selbstbewusstsein stehen sie, wo sie stehen. In den Häuserschluchten von New York bilden sie bisweilen *blocs*. Dort wirken sie richtig, weil sie das Gesamt bestimmen. In den Trabantenstädten sowohl Ost- wie Westeuropas hingegen waren sie fremdartige Hoffnungsträger eines sozialen Aufstiegs in der wirtschaftlichen Aufbruchzeit nach dem Zweiten Weltkrieg. Geometrische Geordnetheit sollte das Trümmerchaos vergessen machen. Nicht selten stehen sie solitär auf der Wiese. Zelebriert wird damit eine Ideologie. Oft auch ging das architektonische Selbstwertgefühl mit dem Baumeister durch, der es einer minimalistisch strukturierten Skulptur gleich auf die Plinthe des Stadtgrundes setzte. Monstranzen gleich erheben sie sich dann aus ihrem Umraum. Ein vermeintlich ästhetischer Irrtum mit unwirtlichen Folgen wurde so Form.

Sonia Knopp malt diese uns überlasse-
nen Motive. In einem ihrer Bilder steht
ein solches Monument beispielsweise wie
selbstverständlich da. Kein Umfeld, keine urbane Gebundenheit. *In the middle
of nowhere* - im Niemandsland am Ab-
grunde zum Jenseits scheint eines dieser
Gebäude im weiten Blick zu stehen.

Die Proportionen des Bildes sind typisch
für Landschaftsbilder. Um eine *Landschaft* folglich scheint es sich offensichtlich zu handeln. Ein schlankes Querfor-
mat - extrem in die Breite gezogen. Das
weite Sehen, mit beiden Augen geschaut,
findet so seine Entsprechung.

George Braques späte *Feldbilder* fallen
dem Betrachter vergleichend bei diesen
Formaten ein und Giovanni Fattoris *Ma-
remmasichten* aus der Zeit des italieni-
schen Risorgimento.

Ein anderes Motiv, eine andere Sicht der
Malerin ist zweigeteilt. Aus dem Pano-
rama wird ein gespaltenes Bild. Nahezu
leitplankenparallel zeigen die beiden Flächen eine Autobahn„szene": die Fahr-
bahndecke, Mittelstreifen, eben Leit-
planken und einen Busch. Dahinter ist
wieder nichts. Oder folgt eine Schall-
schutzwand? Kaum! Denn auch der
Blick durch zwei Geländer hindurch und
neben einem Laternenmast entlang - in
einem anderen Bild - endet genauso
undefiniert wie der, der sich in einer weiteren Bildtafel an einem eher den siebziger Jahren des letzten Jahrhunderts ent-
stammenden Haus vorbeidrängt.

Scheinbar flüchtige Blicke fängt Sonia
Knopp mit ihrer Malerei ein. Wie nebenbei gesehen wirken sie. Doch auch eine
große Intensität eignet ihnen. Denn die
Bildflächen sind sehr wohl so zueinander
proportioniert, dass es einen nur in diesen Bildern möglichen Dialog von Wie-
dergegebenem und „nur" Gemaltem
gibt.

Zum Ende des 18. Jahrhunderts hin
malte der Waliser Thomas Jones in
Neapel Bilder, die aus tiefgelegenen
Häuserfenstern heraus Blicke in die Stadt
am Vesuv zeigen. Der Himmel wird in
ihnen zum blauen Rechteck, eine
Hauskante zur Grenze zweier Bildflächen, Fenster zu umrahmten Binnen-
formen. Wie „gesehene Mondrians"
scheinen seine Bilder - wie gegenständli-
che Abstraktionen!
Hier gibt es Verwandtheiten. Nur, auf
Farbe im Sinne von Buntheit verzichtet
Sonia Knopp gänzlich. Sie hält ihre Bilder im diffusen Graubereich, der lediglich hier und da von einem angestaubten
Grün kontrastiert wird. Doch eine weitere Gemeinsamkeit gehört herausgestri-
chen. Der Maler auf der *Grand Tour* am
Ende des 18. Jahrhunderts wählte kleine
Formate - und Sonia Knopp fasst ihre
Sichten am Beginn des 21. Jahrhunderts
in noch kleinere. Wie Fotografien für
Reisealben groß sind sie. Oft nur sieben
auf zehn Zentimeter messen sie, Pano-
ramen sieben auf zwanzig. Wie Reise-
fotos auch sind sie zu händeln. Sie sind in
die Hand zu nehmen - selbst wenn dies
in einer Ausstellung sicherlich ungern
gesehen würde.

Die Welt wird durch diese Bilder von Sonia Knopp ins Taschenformat gepackt. Der die Bilder betrachtende Blick wird so konzentriert auf das Format einer halben Postkarte. Mögen es bei Thomas Jones auch praktische Gründe gewesen sein, die ihn das kleine Format preferieren ließen (die Transportfrage sei erinnert) - bei Sonia Knopp sind es vornehmlich ästhetische (auch wenn der Effekt, eine ganze Ausstellung in die Hand nehmen zu können, an Praktikabilität auch heute nicht zu unterschätzen ist!). Durch das kleine Format wird das intensive Sehen des Flüchtigen erreicht. So, wie die Malerin das Nebenbei durch ihre Malerei nobilitiert, so adelt das kleine Format das Sehen des Nebenbei, ohne es qua Monumentalisierung in den Stand des Erhabenen, des Überwältigenden zu überführen.

„Auffallend ungewohnt" ist das noch Geringste, was diesen Formaten im Zeitabschnitt des Übergroßen zu attestieren ist. Denn an die Riesenbilder haben wir uns inzwischen so gewöhnt, dass kaum mehr einer die Notwendigkeitsfrage des großen Formats stellt. Angesichts der Bilder von Sonia Knopp gehört diese allerdings mit Nachdruck formuliert. Denn die Verlorenheit des Menschen in seiner Welt, vor die der Betrachter angesichts ihrer Bilder gestellt wird, tritt hier nicht minder signifikant zur Anschauung als vor einer wandfüllenden Leinwand, die das Gesehene in ein überwältigend zu Sehendes transformieren will. Vielmehr ist durch die Minimierung des Flächenaufwandes eine Konzentration erwirkt. Dem genauen, dem sinnierenden Sehen dient sie, dem Fassenkönnen des zur Diskussion gestellten Themas, dem Motivischen. Und diesem eingeschrieben ist auch - beziehungsweise vor allem! - das Malerische. Denn dies tritt unzweifelhaft durch die Kleinheit der Bilder besonders augenfällig in den Blick des Betrachters, bedarf es doch schon der bloßen Motivvergewisserung einer sehenden Nähe, die den gebotenen Distanzabstand eines alarmanlagengesicherten Museums unterschreitet.

Das bisweilen urban Unwirtliche der Motive wird durch die Malerei von Sonia Knopp ganz nah vor Augen geführt. Das Wirkliche wird so zum reinen Bild und so zum nahezu Fiktionalen. Das Versöhnliche mit den Motiven, das die Bilder fraglos auch bewirken, wird so ohne Zweifel auch zu etwas Utopischem. Denn der urbanen Unwirtlichkeit wird der Schleier der malerischen Unentfremdetheit übergelegt - eine Ambivalenz, die so komplex nur Malerei zur Anschauung zu bringen vermag.

(Quelle: Katalog zur Ausstellung in Rastatt, April-Mai 2002, Herbert-Weisenburger-Stiftung Rastatt / Kunstverein Rastatt)

Das Bilderbuchmuseum

TROISDORF

VON BERNHARD SCHMITZ

Am 23. Juni 1982 eröffnete das bisher einzige europäische Spezialmuseum für Bilderbuch-Kunst seine Pforten in Troisdorf, der zwischen Köln und Bonn auf dem rechten Rheinufer gelegenen größten Stadt des Rhein-Sieg-Kreises mit 75.000 Einwohnern.

Das Museum ist in der Burg Wissem beheimatet, einem Gebäudekomplex, dessen ältester Teil aus der Renaissance stammt und der in den letzten Jahren in großem Umfang renoviert wurde. Zu Ausstellungszwecken werden sowohl die so genannte Remise, das ehemalige Zentralgebäude aus dem 16. Jahrhundert, als auch das heutige Herrenhaus aus der ersten Hälfte des 19. Jahrhunderts genutzt.

Das Sofa nach den Zeichnungen von Janosch

Durch Ankäufe, Schenkungen und Dauerleihgaben wuchs der Bestand von Originalillustrationen stetig an. Beginnend mit den Jahren vor dem ersten Weltkrieg (Sibylle von Olfers, *Prinzeßchen im Walde,* veröffentlicht 1909, oder Josef Mauder, *Allerhand Durcheinand* von 1914) und der Zeit der Weimarer Republik (z. B. Johannes Grüger, *Liederfibel* von 1927), liegt der Schwerpunkt der Sammlung auf der Zeit nach 1945; hier sind die wichtigsten Künstlerinnen und Künstler vertreten. In der Sammlung finden sich Arbeiten von bekannten und beliebten Bilderbuchmachern wie von Künstlerinnen und Künstlern, die erst in jüngerer Zeit in Erscheinung getreten sind.

Das Sammeln künstlerischer Bilderbuch-Illustrationen ist der zentrale und älteste Aufgabenbereich des Museums, das auf der Basis einer privaten Sammlung, der späteren *Stiftung Alsleben,* entstand. Wilhelm Alsleben, ein Troisdorfer Unternehmer, hatte bereits in den 1950er Jahren mit dem Sammeln von Originalillustrationen, Holzdruckstöcken, Lithosteinen und Buchausgaben begonnen. Mit der Eröffnung des Museums ging die *Sammlung Alsleben* als Stiftung in den Besitz des Museums über.

Im Jahre 1999 gab Horst Eckert, unter seinem Künstlernamen *Janosch* ohne Zweifel einer der populärsten Bilderbuchmacher der letzten Jahrzehnte, mehr als 2.000 Originale als Dauerleihgabe in die Obhut des Museums.

Die Burg Wissem wurde damit zum weltweiten Janosch-Zentrum. Die umfangreiche Illustrationssammlung des Museums Burg Wissem umfasst u. a. Arbeiten zu den Janoschbüchern wie *Der Mäusesheriff* (1969/1989), *Löwenzahn und Seidenpfote* (1978), *Post für den Tiger* (1980) und *Das Lumpengesindel* (1987). Das Museum Burg Wissem wird in regelmäßigen Intervallen eine Auswahl der Leihgaben allen großen und kleinen Janosch-Freunden zeigen.

Ein zweiter Sammlungsschwerpunkt sind historische Kinderbücher und ihre Illustrationen. Im Jahr 1995 vertraute der Experte für Kinder- und Jugendliteratur an der Universität Köln, Professor Theodor Brüggemann, seine Sammlung historischer Kinderbücher dem Troisdorfer Museum an. Die rund 2.000 Bände und Drucke umfassende Sammlung, deren ältestes Exemplar auf das Jahr 1498 datiert, dokumentiert alle relevanten geistesgeschichtlichen, pädagogischen, literarischen und künstlerischen Strömungen der deutschsprachigen Kinder- und Jugendliteratur unter Einbeziehung der Entwicklung in Frankreich und England. Es liegen aber auch Veröffentlichungen aus anderen europäischen Ländern wie z. B. Russland vor. Insgesamt umfasst die Sammlung die wichtigsten Autoren und literarischen Genres. Dabei sind ebenso künstlerisch herausragende, ihre Zeit prägende und Schulen ausbildende Meisterwerke (so der *Orbis Pictus* von Comenius) wie auch triviale und populäre Produkte der Kinderunterhaltungsliteratur (z. B. Bearbeitungen beliebter Disney-Filme für das Bilderbuch) zu finden. Neben die künstlerisch aufwändig gestalteten, mit Kupferdrucken überreich illustrierten und in Handarbeit kolorierten Prachtausgaben des 18. Jahrhunderts (wie Bertuchs *Bilderbuch für Kinder*, das von 1790 an in zwölf Bänden mit insgesamt 1.185 Bildtafeln erschien) treten Einblattdruck, Bilderbogen und Kolportageheft.

Die *Sammlung Brüggemann* wird durch weitere Ankäufe und Schenkungen historischer Kinder- und Bilderbücher ergänzt.

In der „Remise" bei Burg Wissem werden immer wieder Sonderausstellungen gezeigt.

oben: Die Janosch-Tigerente

unten: In Burg Wissem ist das Bilderbuchmuseum beherbergt

Hier ist besonders die *Rotkäppchen-Sammlung* von Elisabeth Waldmann aus Zürich zu nennen, deren rund 1.000 Exponate die unterschiedlichen künstlerischen und mythologischen Aspekte dieses vielleicht bekanntesten europäischen Märchens beleuchten. Auch vergrößert sich der Buchbestand durch viele Sachspenden. Besucherinnen und Besucher nutzen die Möglichkeit, historischen Kinderbüchern oder Comics eine neue Heimat zu geben.

Frederick, der Mäusepoet, der statt Körnern Sonnenstrahlen, Farben und Wörter sammelt, hat Millionen von Kindern zum Staunen und Träumen gebracht. Er ist nun im Original in der Burg Wissem zu bewundern in einer Ausstellung, die erstmals diese international bedeutende Sammlung von Bilderbuch-Originalillustrationen der Öffentlichkeit vorstellt.

Diese Sammlung - zu der so berühmte Bilderbuchhelden, wie die drei Freunde *Franz von Hahn, Johnny Mauser und der dicke Waldemar,* der *Bär vom Försterball* oder die *Tomanis* und so bedeutende Bilderbuchillustratoren wie Leo Lionni, Helme Heine, Janosch oder Józef Wilkon gehören - wurde von Gertraud Middelhauve in über 30 Jahren als Verlegerin des renommierten Middelhauve Verlages zusammengetragen. Dank der Unterstützung durch verschiedene Sponsoren und den Rhein-Sieg-Kreis konnte die *Sammlung Middelhauve* vom Bilderbuchmuseum erworben werden und ist nun neben den anderen bedeutenden Sammlungen zu sehen.

In den letzten Jahren stand eine Reihe von Werkschauen bekannter Bilderbuchkünstler und -künstlerinnen im Mittelpunkt des Ausstellungsprogramms. Neben populäre Klassiker wie Helme Heine, Janosch, Ida Bohatta und Józef Wilkon traten markant eigenständige Künstler, so Anthony Browne, Tomi Ungerer und Wolf Erlbruch.

Hinzu kamen buchhistorische und thematische Ausstellungen aus dem Sammlungsbestand, beispielsweise *Tierbilder - Bildertiere.*

Mario Zampini, Raimondo Centurione „Ali Baba e i 40 ladroni", Mailand (1941).

Das künstlerische Bilderbuch bzw. das historische Kinderbuch und seine Illustration werden durch Ausstellungen zur modernen Kunst ergänzt. Hierzu gehört u. a. eine Ausstellungsreihe zum Künstlerbuch mit Arbeiten von Thomas Virnich, Georg Baselitz oder der *Sammlung Steffen Missmahl*.

Im Zusammenhang mit der Museumsgründung entschloss sich die Stadt Troisdorf, einen Preis für Bilder- und Jugendbuchillustration auszuloben.

Seit 1982 wird der *Troisdorfer Bilderbuchpreis* vergeben - bis 1988 jährlich, seitdem alle zwei Jahre. Der Preis verfolgt das Ziel, die Illustrationskunst zu fördern, Maßstäbe zur Bewertung des künstlerischen Bilderbuches zu setzen und herausragende Leistungen auf dem Gebiet der künstlerischen Illustration von Kinder- und Jugendbüchern zu würdigen. Während der Bilderbuchpreis für die Illustration eines bereits verlegten Buches vergeben wird, können Nachwuchskünstlerinnen und -künstler einen

Förderpreis für Arbeiten zu einem bisher noch nicht veröffentlichten Bilderbuch erlangen; außerdem vergibt seit 1994 eine Kinderjury einen eigenständigen Preis. Wirft man einen Blick auf die Liste der bisherigen Preisträger, fällt eine Reihe bekannter Namen auf, wie Helme Heine, Nikolaus Heidelbach, Jutta Bauer, Wiebke Oeser, Wolf Erlbruch und Susanne Janssen. Für verschiedene Illustratorinnen und Illustratoren war der *Troisdorfer Bilderbuchpreis* eine wichtige Station in ihrem künstlerischen Werdegang.

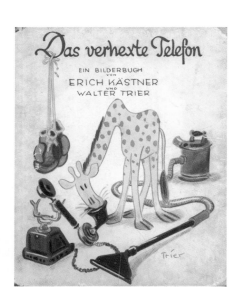

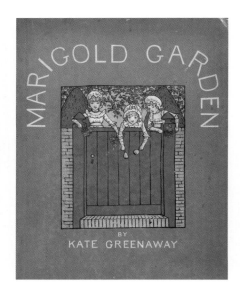

"Courage, petit éléphant!
Ne lâche pas!
Nous arrivons!"
crient les écureuils.
"Balance-toi un peu
et tâche de mettre le pied
sur la grosse branche.
Nous sommes là!
N'aie pas peur!
Nous t'aiderons!"

Babar plonge et cherche avec sa trompe.
Il sent quelque chose!
Joie! C'est l'oreille d'Alexandre!
Il a tôt fait de le ramener à l'air
et de le ranimer.
Quant au crocodile, il nage comme un fou,
mais il ne peut se débarrasser
ni de l'ancre.
ni du bateau.

Aus: Jean de Brunhoff „Babar en famille", Paris (1947)

Burg Wissem versucht erfolgreich den Spagat zwischen Spezial- und Familienmuseum und bietet seinen Besucherinnen und Besuchern ein vielseitiges Ausstellungs- und Veranstaltungsprogramm. So wechseln sich eher fachspezifische Ausstellungen mit solchen ab, die auf ein breites Publikum zielen (z. B. Helme Heine oder Janosch).

Das Ausstellungsprogramm 2002 beispielsweise umfasste sowohl Ausstellungen aus der Bilderbuchkunst als auch dem Künstlerbuch. Zwei bedeutende Bilderbuchmacher wurden mit ihrem Werk vorgestellt:

Sven Nordqvist ist der aus Schweden stammende Schöpfer der weltbekannten Bilderbuchfiguren *Petterson und Findus.* Zur Freude vieler Kinder bevölkern der alte Mann Petterson und sein frecher Kater Findus eine große Anzahl von Bilderbüchern, Zeichentrickfilmen und PC-Spielen. Auch wenn es gelegentlich an der vollkommenen häuslichen Ein-

tracht fehlt, so wird dies durch kleine und große Abenteuer mehr als wett gemacht. Nordqvist erschafft in seinen Büchern eine kleine geschlossene Welt, in der die Hauptpersonen ihre liebenswerten Schrullen wie ihren Hang zur Gemütlichkeit ungestört ausleben können.

Ein anderes Spektrum des Bilderbuchschaffens repräsentiert Friedrich Karl Waechter, Satiriker, Cartoonist, Graphiker, Theaterautor und Bilderbuchkünstler.

Nikolaus Bohny (1815-1856): Neues Bilderbuch. Anleitung zum Anschauen, Denken, Rechnen und Sprechen für Kinder ... zum Gebrauch in Familien, Stuttgart und Esslingen (1847)

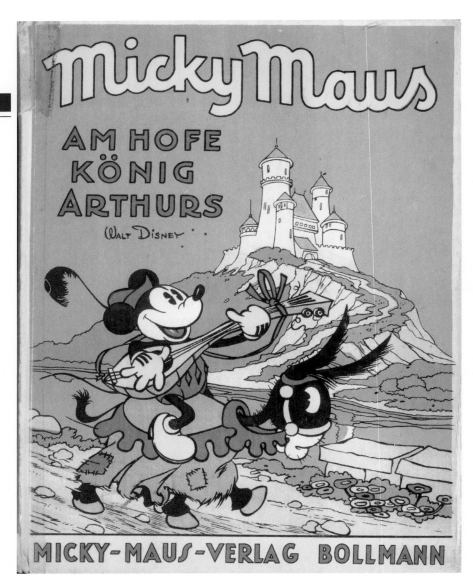

Abenteuer und Märchen, einige Klassiker der Kinderbücher.

Waechter, dessen Namen für ein breiteres Publikum mit den Satire-Zeitschriften *Pardon* und *Titanic* verbunden ist, hat auch eine große Anzahl von Bilderbüchern für Kinder und Erwachsene geschaffen. In seinem neusten Werk *Die Schöpfung*, schildert er frech-vergnügt die Erschaffung der Welt. In einer gewissen stilistischen Verwandtschaft mit den frühen Comics eines Winsor McCay oder Rudolph Dirks stellt uns Waechter einen kleinen Jungen / Zwerg vor, der aus einer Mischung von Langeweile und Gestaltungslust die Welt einschließlich einer Gefährtin aus dem Tohuwabohu heraus erschafft. En passant verrät uns der Künstler noch, was die wirkliche Triebkraft unserer Existenz ist.

Das Ausstellungsprogramm wird ergänzt und abgerundet durch ein umfangreiches museumspädagogisches Angebot, das sich an Kinder und an Erwachsene richtet. Neben Führungen durch die Ausstellungen des Hauses werden speziell für Kinder die unterschiedlichsten Sonderveranstaltungen und Aktionen angeboten.

Nach insgesamt drei Jahren sind im Frühjahr 2002 umfangreiche Renovierungs- und Umbauarbeiten zu ihrem Abschluss gekommen. Es waren u. a. finanzielle Mittel des Rhein-Sieg-Kreises, die der alten Burg neuen Glanz verleihen halfen und den Mitarbeiterinnen und Mitarbeitern erweiterte Arbeitsmöglichkeiten wie unseren Besuchern zusätzliche Ausstellungs- und Bibliotheksräume verschafften.

Der Schatzgräber.

Musäus: Die deutschen Volksmärchen (S. 40)

P. C. Geißler gez.

Kein Geringerer als Pierre de Coubertin, Erneuerer der Olympischen Spiele, erinnerte sich vor knapp 100 Jahren an eine aus der Antike überlieferte dramatische Geschichte eines Kriegers, der seinem Feldherrn eine wichtige Botschaft zu übermitteln hatte und dabei mitten in die feindlichen Linien geriet. Im Kampf verliert er sein Pferd, wehrt die Gegner mit dem Degen ab, schießt sich den Weg frei, flieht durch einen Fluss und läuft mit der Botschaft die letzten Kilometer und bringt sie seinem Herrn und Gebieter.

Moderner Fünfkampf und Biathle

Talente aus dem Rhein-Sieg-Kreis auf dem Weg zu sportlichen Erfolgen

VON DIETMAR SCHOTT

Pierre de Coubertin hat daraus 1909 eine Sportart entdeckt, die dem „Pentathlon der Antiken Festspiele" ähnelte, und die er 1912 in Stockholm in das olympische Programm aufnahm. Seitdem ist der „Moderne Fünfkampf" trotz stetiger Bemühungen seiner Gegenspieler olympisch und wird es auch bleiben.

Ungarn, Russland und Schweden! Das sind die großen Nationen in diesem Mehrkampf. Deutschland spielte international nie eine bedeutende Rolle. Für die Ausnahme sorgte bei den Olympischen Spielen 1936 in Berlin Gotthard Handrick mit dem Gewinn der Goldmedaille.

Wie schnell sich aber alles ändern kann. Auch zum Besseren. Nach der Devise: „Wir haben keine Chance. Die aber wollen wir nutzen." sorgten die deutschen

Fünfkämpfer im Juli 2002 bei den Weltmeisterschaften in San Francisco für eine riesengroße Überraschung.

Nachdem es im Einzel durch den Berliner Eric Walther bereits Bronze gegeben hatte, rutschte das deutsche Staffel-Team nach der Absage von zwei Nationen quasi durch die Hintertür als Vorrunden-Neunter ins Finale und holte mit Carsten Niederberger, Sebastian Dietz und Eric Walther tatsächlich den WM-Titel. Damit war nun wirklich nie und nimmer zu rechnen.

Moderner Fünfkampf - ohne Zweifel ein faszinierender Wettkampf. Schießen mit der Luftpistole, Laufen, Schwimmen,

Fechten und Reiten. Unterschiedlicher können diese fünf Disziplinen nun wirklich nicht sein. Sie erfordern ein Höchstmaß an Kondition, an Konzentration und Ausdauer.

Bedauerlich, dass der Moderne Fünfkampf in Deutschland beim Publikum und leider auch bei den Aktiven auf so wenig Gegenliebe stößt. Umso erfreulicher, dass dieser Sport im Rhein-Sieg-Kreis gepflegt wird, was ganz gewiss auf das Engagement eines Trainers aus Bonn zurückzuführen ist.

Der 39 Jahre alte Kersten Palmer betreut auch Janina Hildebrand und Lena Schöneborn, die gemeinsam in der Kategorie *Herausragende sportliche Leistung* von der Sparkassenstiftung für den Rhein-Sieg-Kreis mit dem *Rhein-Sieg-Sportförderpreis 2001* ausgezeichnet wurden.

Lena Schöneborn

Reitanlage
in Wachtberg
auf dem
Rodderberg.

Wie entdeckt man ein solches Talent? Durch Zufall? Kersten Palmer, früher in der Leichtathletik ein passabler Mittelstreckler und im bayerischen Marktoberdorf über die Bundeswehr zum Modernen Fünfkampf gekommen, will von einem Zufall nichts wissen. „Trainer tauschen sich aus, und so sprach mich eines Tages Torsten Fischer, Schwimm-Coach bei Hellas Siegburg, auf Lena an. Ich beobachtete sie beim Training und konnte sie überreden, sich für den Fünfkampf zu interessieren!"

Lena war von Anfang an begeistert. „Mich hat einfach die Vielseitigkeit gereizt", erzählt sie uns und verrät dabei, dass sie die größte Schwierigkeit im Reiten sah. Wie die meisten Mädchen mag sie Pferde, tummelte sich als Kind auch auf einem Reiterhof, aber als es nun ernst wurde, hatte sie doch eine gehörige Portion Respekt.

„Inzwischen habe ich schon ein ganz gutes Gefühl für die Pferde. Einmal in der Woche trainiere ich in Wachtberg auf dem Rodderberg. Es klappt schon ganz gut." „Vor allem im Training", fügt Kersten Palmer hinzu. „Da ist sie top. Im Wettkampf spielen ihr manchmal die Nerven einen Streich. Nicht nachdenken! Drauflos reiten! Wenn sie sich an dieses Rezept hält, wird sie ihren Weg gehen!"

Ihr Trainer bedauert es sehr, dass Lena nun für ein halbes Jahr mit ihrer Familie nach Kanada geht. Im Reisegepäck eine Menge Hausaufgaben von Kersten Palmer, der auch davon überzeugt ist, dass sie sich daran halten wird. „Lena hat einfach den Ehrgeiz, im Modernen Fünfkampf weit zu kommen."

Reisen und die damit verbundenen Auslandsaufenthalte sind für Janina Hildebrand Alltag. Ihr Vater ist Entwicklungshelfer und eigentlich immer unterwegs. Sierra Leone, Niger, Äthiopien, demnächst Guinea. Eigentlich erstaunlich, dass Zeit zum Training und zu Wettkämpfen bleibt.

In Äthiopien kam die Liebe zum Laufen. Verständlich. Dort läuft das ganze Volk. Für Triathlon interessierte sich die blutjunge Janina. Leider traf sie nur auf wesentlich Ältere.

Die 20 Jahre alte Janina Hildebrand aus Alfter wurde Biathle-Junioren-Weltmeisterin. Im Modernen Fünfkampf nahm sie an der Weltmeisterschaft in Florida teil. Lena Schöneborn wurde gleich bei ihrer ersten Teilnahme deutsche Meisterin im Modernen Fünfkampf der Jugend B. Zudem holte sie sich in ihrer Jahrgangsklasse den WM-Titel in Biathle.

Über die Auszeichnung hat sich Kersten Palmer riesig gefreut. „Unser Sport ist schließlich nicht billig! Jeder Euro wird gebraucht, denn Mäzene sind selten bei uns. Die Eltern sind fast ausschließlich die größten Sponsoren unserer Talente!"

Janina Hildebrand und Lena Schöneborn gehören zu diesen Talenten, denen Palmer sehr viel zutraut. Vor allem der bald 17jährigen Lena aus Lülsdorf. „Sie ist das größte Talent im Jugendbereich für den Modernen Fünfkampf. Ich traue ihr durchaus einmal eine Teilnahme an Olympischen Spielen zu", schwärmt ihr Trainer, und man hat im Gespräch keineswegs den Eindruck, dass er sich zu weit aus dem Fenster lehnt.

„Noch nicht in Athen, aber danach in Peking. Natürlich hat sie als blutjunge Sportlerin noch Defizite. In den einzelnen Disziplinen fehlen die Konstanz und die Stabilität, aber daran arbeiten wir!"

Lena Schöneborn

Um im Schwimmsport etwas zu werden, war sie wiederum schon zu alt. Für die Leichtathletik fehlte irgendwie die Motivation. Basketball - ganz schön, aber nicht aufregend genug. Da tauchte plötzlich Kersten Palmer auf. „Ich habe Janina beim Schwimmen hier in Bonn beobachtet. Da ich stets auf Suche nach Talenten für den Fünfkampf bin, sprach ich sie an. Erst hatte sie kaum Interesse und ich musste schon alle Überredungskünste anwenden, um sie zu überzeugen!"

Zögernd kam die Begeisterung bei Janina. Schwimmen und laufen ja, aber schießen, fechten und vor allem reiten - wie sollte das gehen? Es ging, und mittlerweile hält Kersten Palmer bei den Senioren eine WM-Teilnahme für realistisch.

Janina ist drei Jahre älter als Lena. Klar, dass es andere Interessen gibt. Sie ist hübsch, hat Freunde und muss sich Gedanken um die berufliche Zukunft machen. Beim Fünfkampf hat sie die Realität längst eingeholt und teilt die Euphorie von Lena nicht mehr. Rund 500 Aktive gibt es in Deutschland. Die Stützpunkte beim SSF Bonn, in Neuss, Warendorf, Brühl oder Leverkusen sind oft reine Familienbetriebe, wo sich die Eltern der Fünfkämpfer ehrenamtlich engagieren.

„Mit dem Modernen Fünfkampf ist kein Geld zu verdienen", stellt Janina Hildebrand nüchtern fest. „Wenn ich jetzt in Guinea bin, kann ich laufen und schwimmen, aber wo sind die Pferde? Mein Trainer fehlt. Wenn ich zurück in Deutschland bin, muss ich mich entscheiden, ob ich für den Modernen Fünfkampf weiterhin das harte Training und die großen finanziellen Belastungen auf mich nehmen werde!"

Vielleicht ein Studium. Der Tourismus liegt ihr natürlich im Blut. Oder auch ein Job im Umweltschutz-Bereich. Sie spricht fließend englisch und französisch. Alle Voraussetzungen sind gegeben, und Kersten Palmer muss wirklich befürchten, dass sein Talent verloren geht. „Bei ihren Möglichkeiten wäre es wirklich sehr schade, aber der Beruf geht vor. Janina muss auch noch hart an sich arbeiten. Vor allem im Kraftraum. Sie braucht für diesen Kampfsport Power. Ob sie das durchhält, ist sicherlich die große Frage!"

Ganz anders Lena Schöneborn! Sie träumt von einer großen Zukunft. Bei der Junioren-Weltmeisterschaft in Sydney möchte sie auf dem berühmten Treppchen stehen. Olympische Spiele. Ferne Länder. Menschen kennen lernen. Sprachen lernen. Das alles soll ihr der Sport geben und damit der Moderne Fünfkampf. Eine Einstellung, die ihren Trainer erfreut. Kersten Palmer traut ihr diesen Weg ja auch absolut zu. Schon allein aus der Tatsache heraus, dass Lena aus einer sportlich sehr ambitionierten Familie stammt.

Vater Hans-Joachim ist ein begeisterter Marathonläufer. Mutter Sabine betreibt erfolgreich Gymnastik und beteiligt sich am Inliner-Marathon von Köln. Ihre Schwestern, die Zwillinge Rabea und Deborah, sind Leistungsturnerinnen. Ihre Großeltern spielen schließlich Tennis bei Blau Weiß Rheidt. Also eine sportlich vorbelastete Lena, die ihren Weg gehen wird.

Bei diesem Gespräch im Bonner Sportpark Nord war bis jetzt nur die Rede vom Modernen Fünfkampf. Die jungen Damen aus Alfter und Lülsdorf haben aber den *Rhein-Sieg-Sportförderpreis* auch für großartige Erfolge in der Disziplin Biathle erhalten.

Kersten Palmer lacht, wenn der Sportjournalist fragt, was denn das überhaupt ist. Gut, es gibt Biathlon, da läuft man Ski und schießt. Dann Triathlon mit Laufen, Schwimmen und Radfahren. Von Duathlon hat man neuerdings auch schon einiges gehört. Was aber, um Gottes Willen, ist Biathle?

Palmer, nach seinem Engagement im Allgäu schon längst wieder in Nordrhein-Westfalen, er hat bei Hugo Budinger in Köln das Trainerdiplom gemacht und ist inzwischen beim SSF Bonn Landes- und Vereinstrainer, erklärt gern und betont, dass Biathle eine geradezu ideale Sportart für Seiteneinsteiger im Modernen Fünfkampf sei. Ein Zwei-

kampf mit den Disziplinen 200 Meter Schwimmen und 1,5 Kilometer Laufen. Olympische Funktionäre hätten oft bemängelt, dass im Modernen Fünfkampf die Jugendarbeit vernachlässigt würde. Biathle habe das entscheidend verändert.

Bestes Beispiel sind Palmers Schützlinge Lena und Janina, die es dabei zu Meisterehren gebracht haben und dafür von der prominenten Jury in der Stiftung der Kreissparkasse in Siegburg auch ausgezeichnet wurden. Beide haben nach wie vor großen Spaß an Biathle, auch wenn es zum Modernen Fünfkampf nur ein Nebenprodukt ist, das in Südafrika und England seinen Ursprung hat.

Es hat große Freude gemacht, sich im Gespräch mit zwei tüchtigen Mehrkämpferinnen und einem überaus engagierten Trainer in eine so genannte Nebensportart zu vertiefen, die diesen Namen eigentlich gar nicht verdient hat.

Großartig, dass sie im Rhein-Sieg-Kreis ausgeübt wird. Übrigens, wie Kersten Palmer abschließend betont, unter idealen Voraussetzungen.

Janina Hildebrand

„Ja, wir sind sehr glücklich, dass wir im Stützpunkt Bonn diese exzellenten Bedingungen haben, um Talente wie Lena und Janina zu fördern. Da gibt es den Fechtklub OFC Bonn mit dem Bundestrainer Manfred Kasper, da haben wir die Anlagen im Sportpark Nord und vor allem die Familie Schneider im Reitstall Rodderberg, ohne die es überhaupt nicht ginge.

Ohne Pferde und ohne Reitunterricht gibt es schließlich keinen Modernen Fünfkampf!"

ZEITGENÖSSISCHE ARBEITSSTÄTTEN IM RHEIN-SIEG-KREIS

EINFÜHRUNG VON NIKOLAUS SIMON

Im Jahrbuch des Rhein-Sieg-Kreises 2001 beschreiben die Kollegen Hildegard Kinzel und Gerald Paffenholz die Kriterien des Städtebaus und der Architektur und deren Konsequenzen so zutreffend, dass noch einmal an sie erinnert werden soll.

Sie verweisen vollkommen zu Recht auf die Bedeutung qualitätsvoller Stadt-, Orts- und Hochbauplanung für die „Lebensqualität" der Menschen. Das ist die Summe der Qualitäten des Arbeitsplatzes, des Wohnens, der öffentlichen und kommerziellen Dienstleistungen, der Verkehre, der Kulturstätten, der Freizeit- und Erholungsmöglichkeiten sowie deren erkennbare, überschaubare, verständliche wie maßstäbliche Ordnung im Gesamtbild.

Qualität ist gar keine Frage des Geldes, nur eine Frage des Nachdenkens. Und Nachdenken braucht Zeit. Die gibt es angeblich nicht. Eine verheerende Lüge, ein unverzeihlicher Selbstbetrug, der nur das fehlende Zukunftsdenken verschleiert, und sinnlose Fristsetzungen durch Legislaturperioden, Haushaltsjahre, Steuerfristen u.ä.. Daraus folgt / resultiert eine Missachtung der Menschen, für die geplant und gebaut werden soll. Es ist doch ein Aberwitz, wenn z. B. eine Eisenbahnlinie im Hinblick auf die Kosten und die optimale technische Umsetzung ohne Rücksicht auf die anwohnenden Menschen maximiert wird und dann Bürgerinitiativen Änderungen durchsetzen müssen und angeblich Mehrkosten verursachen. Tatsächlich sind keine Mehrkosten – bis auf die der Zeit – selbstverschuldet entstanden, sondern ist eine Fehlplanung korrigiert worden, die auf falschen Grundlagen beruhte.

Im 19. Jahrhundert bis in die 20er, beginnenden 30er Jahre des 20. Jahrhunderts standen Betriebsbauten vielfältig durch ihre Qualität für die Qualität der Produktion und die Identifikation der Mitarbeiter. Nach dem „tausendjährigen" Desaster war dieser Anspruch verständlicherweise in der herrschenden Not untergegangen und ist es leider (und das unverständlicherweise) bis heute geblieben. Das, obwohl – an Einzelbeispielen bewiesen – die Qualität des Arbeitsplatzes nicht nur die Leistung der Mitarbeiter sondern auch die Unterhaltskosten sowie die Außenwirkung, die Werbung der Firma beeinflusst. Unter diesen Gesichtspunkten seien einige sehr unterschiedliche Beispiele mit den Worten der Verfasser hier vorgestellt in der Hoffnung, dass ihr Vorbild die weitere Entwicklung fördert.

Es sind zwei „Lückenbüßer" (Firmen Eurolicht und Rodust), Erweiterungen innerhalb eines banalen Bestandes, die das Firmenbild deutlich verbessern, die Umnutzung einer denkmalgeschützten Fabrikhalle (Chronos), ein Neubau, der durch Materialwahl und Gestalt dessen Arbeitsfelder verdeutlicht (Rhenag-Haus) und der gebaute 1. Preis eines Wettbewerbes (neues Rathaus Hennef).

PRODUKTIONSHALLE
EUROLICHT,
HENNEF

NEUBAU EINER
PRODUKTIONSHALLE UND UMBAU
DES KESSELHAUSES
ZUM AUSSTELLUNGSRAUM

von Hans-Joachim Grulke,
Beate Strobach
und Maja Pistelok

Bei dem Unternehmen EUROLICHT handelte es sich um einen Leuchtenhersteller, der als Produzent von Lichtsystemen und Leuchten im Objektbereich tätig war. Kennzeichnend für die Produkte von Eurolicht war die Fusion von High-Tech und Ästhetik unter besonderer Berücksichtigung aktueller Ergebnisse im lichtphysikalischen Bereich. Schwerpunkt des Unternehmens in Hennef waren die Endmontage und der Versand der Leuchten. Zur Optimierung der hausinternen Produktionsabläufe sollte die Produktion erweitert werden. Zusätzlich sollte das alte Kesselhaus zu einem zweiten Ausstellungsraum umgebaut werden. In der Konzeption der Halle sollte sich die Firmenphilosophie wiederfinden. Die Gestaltungselemente der Beleuchtungstechnik - Metall und Glas - stehen aus diesem Grund im Mittelpunkt der Gesamtkonzeption.

Eine Erweiterung der Produktion war nur im Innenhof der Gebäude der ehemaligen Molkerei der Milchversorgung Rheinland möglich. Diesen galt es niveaugleich mit den angrenzenden Gebäudeteilen zu überdecken. Da die umgebenden Gebäudeteile für das Einleiten von Kräften aus der Konstruktion aufgrund schlechter Bausubstanz oder fehlender statischer Unterlagen nur bedingt geeignet waren, kam eine selbständige, in den Bestand frei eingestellte und separat auf zwölf Brunnen und einem vorhandenen Wasserbecken gegründete Stahlkonstruktion zur Ausführung. Sie besteht im Wesentlichen aus vier durch den sich nach hinten konisch verengenden Hof

hintereinander gestaffelten Kreuzstützen aus mit Fuge zusammengesetzten Normprofilen. Diese enden oben jeweils in einem „Stahlvogel", bestehend aus asymmetrisch spitz zulaufenden Dreigurtbindern. Sie werden durch einen dreifach unterspannten Binder gegen Kippen gehalten. Obenauf bildet ein liegender Fachwerkträger den Dachunterbau für das von unten sichtbare Stahl-Trapezblechdach. Die Fugen zu den Altbauten wurden konstruktiv beweglich und transparent ausgebildet.

Optisch vervollständigt wurde die leichte Konstruktion durch eine transparente Glashaut mit einzelnen Blechelementen. Sie erst ermöglichen die gewünschte Auflösung des Übergangsbereiches zwischen Innen und Außen. Durch eine wiederum weitgehend aufgelöste Unterkonstruktion aus Stahl-Doppelblattstützen konnten die Profilstärken stark reduziert werden.

Bei Nacht entwickelt sich das gesamte Gebäude zu einer einzigen großen Leuchte, die ihr Innerstes anschaulich darstellt. Jedes noch so kleine Detail der Schraubkonstruktion wird zum unabdingbaren Bestandteil des Eindrucks und vermittelt eine Harmonie der Teile untereinander auch gegenüber der Gesamtheit.

Das dargestellte Projekt präsentiert sich in Gesamtheit wie auch im Detail als Synthese von Idee und Kraftfluss. Es macht für den Betrachter die Arbeit, die dort geleistet wurde, durch eine fast ausschließliche Schraubkonstruktion erkenn- und verstehbar. Sie drängt sich als sich auflösende Plastik in den Vordergrund der Wahrnehmung.

BLÖDORN PLANTEAM
GEISTINGER PLATZ 1
53773 HENNEF

VERWALTUNGSGEBÄUDE / SHOWROOM UND PRODUKTION FÜR RODUST & SOHN LICHTTECHNIK, SANKT AUGUSTIN

von Klaus Müller

Die Grundsätze der Firmenphilosophie von Rodust & Sohn - hoher formaler Anspruch, technische Qualität und unternehmerische Zuverlässigkeit - sollen architektonisch umgesetzt werden. Die Beauftragung zur Planung eines Neubaus für die Firma Rodust & Sohn erfolgte 1994.

In unmittelbarer Nachbarschaft und mit direkter Anbindung zum bestehenden Hallenbau sollten auf einem schmalen Restgrundstück ein repräsentativer Verwaltungsbau mit Showroom sowie eine zusätzliche Produktions- und Lagerhalle entstehen. Das Gebäude sollte sich deutlich vom vorhandenen baulichen Konglomerat des Gewerbegebietes abheben und zum Symbolträger der Unternehmensphilosophie werden. Qualität und Zuverlässigkeit stehen für die Firma, die im Bereich Lichttechnik für namhafte Architekten arbeitet, im Vordergrund – und das sollte auch bewusst nach außen hin gezeigt werden.

In Anlehnung an mittlerweile bekannte Untersuchungen über den Zusammenhang zwischen Architektur und psychischer Auswirkung auf den Nutzer legte der Bauherr zudem großen Wert auf eine motivierende und kommunikative Gestaltung seiner neuen Arbeits- und Präsentationsräume.

Wie ein Keil schiebt sich das neue Gebäude auf dem schmalen Grundstück zwischen eine vorhandene Betriebshalle und einer angrenzenden Wohnbebauung zur Straße. Die Schrägstellung des Baukörpers lässt nicht nur eine gewisse Dynamik entstehen, sondern resultiert auch aus der Bestimmung der Bauordnung. Mit diesem Kniff konnte das Grundstück in Bezug auf die Regelung der Abstandflächen optimal genutzt werden.

Eine zehn Meter hohe und 103 Meter lange Wandscheibe aus Sichtbeton betont diese Schräge. Die Wand durchzieht das Gebäude einem Rückgrat ähnlich und trennt dabei die unterschiedlichen Funktionsbereiche Verwaltung, Showroom und Produktion. Zudem erhält das Firmengelände mit dieser „Leitwand" einen optischen Abschluss. So entsteht im Bereich des neuen Zugangs ein offener, aber in sich definierter Platz mit repräsentativem Charakter. Insgesamt kennzeichnet Dialektik zwischen harten und runden Formen den Entwurf.

Während eine im flachen Radius verlaufende Glasbausteinwand sich an die Betonwand schmiegt, charakterisiert eine streng horizontal gegliederte Aluminiumverkleidung die dahinter liegende Verwaltung. Die Horizontale wird zu-

sätzlich durch elektronisch gesteuerte Sonnenschutzlamellen in Szene gesetzt.

Hoher formaler Anspruch sowie das Streben nach Perfektion sollte besonders im Showroom für den Kunden spürbar werden. In Zusammenarbeit mit dem Kölner Atelier für Lichtplanung Kress & Adams entstand daher ein auf die Architektur sensibel abgestimmtes Beleuchtungskonzept – was selbstverständlich erst am Abend zum vollen Ausdruck kommt. Dann nämlich funkelt die acht Meter hohe und 22 Meter lange Glasbausteinwand im blau-rötlichen Schein, während die Betonscheibe durch die Lichtführung zu einer Leinwand wird, die Besucher regelrecht ins Innere zieht.

Der Showroom selbst ist als großzügige zweigeschossige Halle angelegt, über die auch die Erschließung der Verwaltung erfolgt. Um die Produkte des Unternehmens optimal und den wechselnden Anforderungen entsprechend präsentieren zu können, wurde ein vom Gebäude unabhängiges Ausstellungskonzept entworfen. Wie ein Messestand stehen ein Turm und eine in sich abgeschlossene Installation frei im Raum. Der Bauherr erhält dadurch die Möglichkeit, das Ausstellungskonzept in gewissen zeitlichen Abständen neu zu überdenken.

Die Innenarchitektur bleibt für zukünftige Anforderungen und Entwicklungen offen.

Diese Offenheit im Konzept entspricht auch der vom Bauherrn geforderten Transparenz innerhalb des neuen Gebäudes. Er legte großen Wert darauf, dass seine Mitarbeiter die Philosophie des Unternehmens täglich erleben können und diese somit verinnerlichen. Dass die Verwaltung über den Showroom erschlossen wird, ist folglich nur konsequent. Die einzelnen Büroräume liegen räumlich getrennt vom Showroom hinter der Sichtbetonscheibe: Buchhaltung und Sekretariat im Erdegeschoss, Chefbüros sowie ein kleiner Besprechungsraum im ersten Obergeschoss. Zwar setzt die Einrichtung die puristische Grundhaltung in Material- und Formensprache fort, dennoch ist die Atmosphäre weder kühl noch abweisend. Bei der Gestaltung der Büroarbeitsplätze wurde auf Kontraste gesetzt: zwischen kalt und warm, zwischen schwarzer und heller Birnbaumoberfläche, zwischen Sichtbeton und Glas. Dass jeder Raum individuell auf seine Nutzung abgestimmt und daher unterschiedlich ausgebaut wurde, ist ein wesentlicher Bestandteil des Spannungskonzeptes. Selbst Teile der Einrichtung, wie die großen Besprechungstische, sind vom Architekten selbst entworfen.

Das Gebäude wurde bereits mehrfach ausgezeichnet, unter anderem mit dem Architekturpreis „Vorbildliche Gewerbebauten" 1997.

KLAUS MÜLLER
KREFELDER STRASSE 36
50670 KÖLN

QUARTIER CHRONOS, HENNEF
von Nikolaus Simon

1881 wurde die „Hennefer Maschinenfabrik C. Reuther und Reisert" gegründet, die späterhin als Chronos-Werk weitergeführt wurde und mit ihren Waagen stets als Schrittmacher der automatischen Wiegetechnik galt. 1990 wurde der Produktionsstandort aufgegeben.

Während die Schauseite der Werksanlage mit Fabrikantenvilla und Verwaltung zur Innenstadt, zur Frankfurter Straße lag, orientierte sich die Abseite mit den Produktionsgebäuden zur Sieg und den Siegauen.

Die Freigabe des Geländes zwischen der Sieg und dem unmittelbaren Ortszentrum mit den sehr kurzen Wegen zum Bahnhof und zum Busbahnhof bot nicht nur die Chance einer qualitätsvollen Umnutzung, sondern gleichzeitig einer weiteren Aufwertung der Innenstadt.

Identifikationspunkt inmitten dieses neuen Wohn- und Geschäftsquartiers ist die alte, historisch wertvolle Scheddachhalle mit ihren umlaufenden Galerien und ihrem Feuerwehrturm aus dem 19. Jahrhundert. Wo früher Präzisionswaagen hergestellt worden sind, befindet sich heute ein großzügiges Sportstudio.

MICHAEL C. DEISENROTH
HEYMERSHOF
FRANKFURTER STRASSE 127
53773 HENNEF

Wie der Erhalt des historischen Gebäudes nach außen Orientierung gibt und den Bezug zur Geschichte des Ortes markiert, geschieht dies auch im Inneren durch den Erhalt der Stahlkonstruktion mit den umlaufenden Galerien. Die notwendigen, durch die Umnutzung bedingten zusätzlichen Einbauten stehen bewusst in ihrer Konstruktion und formalen Ausbildung im Gegensatz zu den historischen Elementen. Auf diese Weise bleibt nicht nur der Reiz des „Alten" erhalten, sondern wird durch den Kontrast zum Neuen gesteigert.

RHENAG-BETRIEBSGEBÄUDE SIEGBURG

von Walter von Lom

Das Materiallager bildet für das Unternehmen der Erdgas-, Wasser- und Stromversorgung einen wichtigen Schwerpunkt. Deshalb mussten bei der Planung des Rhenaghauses moderne Logistikkonzepte berücksichtigt werden.

Der vordere Teil der Lagerhalle nimmt die Stell- und Waschplätze für den Fuhrpark auf. Die Außenhaut ist in Feldern aus profiliertem Aluminium zwischen Pfeilern aus Sichtbeton gestaltet. Über ein Oberlicht, das um das gesamte Gebäude herumläuft, ist das Tonnendach als leichte Membrane abgesetzt. Das Freilager schließt sich neben dem Betriebsgebäude und der Halle als dritte Längsachse auf dem Grundstück an.

Unterhalb des Freilagers entstand eine Tiefgarage mit 84 Stellplätzen. Das Freilager ist durch eine Sichtbetonwand zum Nachbargrundstück abgegrenzt.

Trotz der Enge auf dem Grundstück war es möglich, alle internen Funktionsabläufe und die mannigfachen Zu- und Ablieferungsverkehre sinnvoll zu organisieren und bandartig hintereinander zu platzieren.

Das Rhenag-Betriebsgebäude in Siegburg ist der Versuch, mit einem technisch orientierten Erscheinungsbild die Inhalte des Unternehmens deutlich zu machen und dabei alle funktionalen und wirtschaftlichen Zielsetzungen zu erfüllen.

Die Zusammengehörigkeit der Belegschaft und ihr Kontakt zur Kundschaft machen den Erfolg eines Unternehmens aus. Arbeitsplätze mit Qualität und Individualität in der Gemeinschaft waren wichtige Ziele des Rhenaghauses.

Die Gestaltung eines Industriebaus hat viel größeren Einfluss auf das Wohlbefinden und die geistige und körperliche Verfassung der Mitarbeiter, als man sich eingestehen mag, zumal hier die aktivste Zeit des Tages verbracht wird. An das Erscheinungsbild des Betriebes, das gesamte Arbeitsumfeld und an die Detailvorgaben müssen deshalb hohe Anforderungen gestellt werden.

Die Fassade des dreigeschossigen Gebäudes präsentiert sich zur Wilhelm-Ostwald-Straße in einer offenen Metall-Glas-Konstruktion. Die umlaufenden Stahlbalkone bilden einen konstruktiven Sonnenschutz. Im Erdgeschoss rhythmisieren vorgesetzte Betonstützen die Fassade. Der Raum vor dem Eingang wird durch ein freistehendes Stützelement besonders betont. Der Zugang führt durch einen Sichtbetonwürfel, der die Glasfassade durchdringt. Auf der großzügigen Verglasung der Verkehrs- und Ausstellungsfläche entstehen zwischen den geschlossenen Büros Kontaktbereiche nach außen, die als Übergangszonen genutzt werden können.

Die begrenzte Dimension des Grundstückes führte zu der kompakten Unterbringung der verschiedenen Funktionsbereiche unter einem Dach. Werkstatt-, Büro-, Sozial- und Kundenräume sind deshalb alle in einem Gebäude zusammengefasst.

WALTER VON
LOM &
PARTNER
RHEINGASSE 14
50676 KÖLN

DAS NEUE RATHAUS IN HENNEF

von Peter Böhm

Der lang gestreckte Bau des neuen Rathauses auf dem Gelände der ehemaligen Chronosfabrik mit seinem Turm über der Dickstrasse ordnet dieses zentrale Gelände nördlich der Frankfurter Straße neu. Es entstehen zwei neue Plätze. Vorne an der Frankfurter Straße liegt der Rathausplatz mit dem Eingang, dem Turm und dem alten Rathaus und hinter dem Gebäude der große dreieckige Platz im Norden, der sich zur Sieg hin öffnet und so den ersten Bezug schafft vom Stadtkern zu den landschaftlich schönen Siegauen.

Der Typus des vierschiffigen Hallenbaus mit den hintereinander gestaffelten Dächern erinnert an die Scheddachhallen der ehemaligen Fabrik, deren letztes noch erhaltenes denkmalgeschütztes Exemplar am Ende des Platzes gerade restauriert worden ist.

Diese Vierschiffigkeit des Baukörpers prägt auch im Inneren den Charakter des Gebäudes. In den beiden äußeren Schiffen entlang der Fassaden befindet sich ein Großteil der Büros, die zu der Halle durch Glas bzw. Büroschränke transparent abgetrennt sind.

Im Innern befindet sich dann als drittes Schiff die so genannte „Funktionsschie-ne" in der die übergeordneten Räume untergebracht sind, wie Information, Besprechungs- und Schulungsräume, EDV, Zentralen, WCs und Aktenräume. Diese Aktenregale mit ihren seitlichen Einfassungen aus Betonscheiben haben die Fassade dieser „Schiene" geprägt, die im Bereich des Gebäudeeinschnittes zwischen altem und neuem Rathaus konsequent auch als Außenfassade in Erscheinung tritt.

Hier ist die Mehrschichtigkeit der Fassade (äußere vorgestellte Stützenebene – Betonscheiben – dahinterliegende Glasfassadenebene) besonders gut spürbar. Den Kopf dieser „Schiene" bildet der Turm, der die politischen Funktio-nen beherbergt (kleiner und großer Ratssaal, Fraktionsräume), während im Langhaus die Verwaltung untergebracht ist. Der Turm ist mit einem eigenen Treppenhaus und Aufzug unabhängig vom Verwaltungsgebäude für Bürger und Politiker erreichbar.

Im vierten Schiff befinden sich dann die größeren offenen Zonen. Hier wechseln sich Lufträume mit den brückenförmi-gen Ebenen ab, auf denen neben Wartebereichen auch zusätzliche Büroflächen untergebracht sind. Im EG dient diese Zone der Erschließung und der Orientierung, sie wird für Ausstellungen und Informationen genutzt. Im hinteren Bereich liegt das Einwohnermeldeamt.

Das vorherrschende Material, außen wie innen, ist der Sichtbeton für Stützen, Decken, Wände und Boden. In den seitlichen Gängen sind die Decken leiterförmig durchbrochen und mit Glassplatten abgedeckt, so dass zusätzliches Licht bis ins Erdgeschoss geleitet wird. Dieses Material wird ergänzt durch die mit Eisenglimmer gestrichene Metallglasfassade bzw. die Metallgeländer und die hellgrau gebeizten Eichenholzschränke, deren Material den Charakter des eingestellten „Möbels" unterstreicht. Der Charakter des Hauses wird sehr stark bestimmt durch diese drei Baustoffe, deren Materialität unverkleidet zur Geltung kommt und die den Funktionen im Gebäude (tragende Bauteile – Ausbau – Möblierung) entsprechen.

Besonders wichtig in der Konzeption des Rathauses scheint mir der Charakter des Zusammenarbeitens in einer großen Halle zu sein, in einer Atmosphäre, die ebenso geprägt ist durch die Arbeit als auch durch den repräsentativen Charakter der großen, alles umspannenden Halle mit den vielen Durchblicken, Lufträumen, Brücken, Stegen usw.

ARCHITEKTURBÜRO
BÖHM
AUF DEM
RÖMERBERG 25
50968 KÖLN

DAS ERZ UND DER DICHTER

Die Grube Altglück und das Schlösschen Neuglück bei Bennerscheid im 19. Jahrhundert

von
Claudia Maria
Neesen

Zahlreiche Namen von Straßen und Gebäuden, wie beispielsweise die Bennerscheider Straßennamen *Kupferweg* und *Silberweg* oder das Schlösschen *Neuglück*, weisen im so genannten Pleiser Ländchen auf die Vergangenheit einer ehemals intensiven bergbaulichen Nutzung hin, deren Spuren sich heute erst auf den zweiten Blick erkennen lassen. Denn das Gelände ist inzwischen größtenteils von dichtem Wald bedeckt und geprägt „von Hügeln und Einschnitten, die ihren Ursprung in intensivem Bergbau-Betrieb haben".

Das Grubengelände um Bennerscheid bei Oberpleis (Stadt Königswinter) war einst im Besitz der Propstei Oberpleis. Über die Jahrhunderte hinweg ließen die Kleriker Tausende Tonnen an Blei- und

Zinkerz fördern; das eigentliche Zentrum des Abbaus lag gleichwohl im benachbarten *Altglück*, wo möglicherweise schon die Römer Erze abgebaut hatten. Wann genau mit dem Abbau begonnen wurde, ist nicht bekannt, wohl aber findet sich auf einer Karte aus dem Jahr 1789 die Erwähnung des *Alten Silberbergwerks*. Um 1801 förderte die Gesellschaft *Rhodius* die Bodenschätze. Seinen heutigen Namen erhielt das Bergwerk allerdings erst anlässlich eines Besitzerwechsels 1826. Seit Mitte des 19. Jahrhunderts betrieb die belgische Gesellschaft *Société anonyme des mines et fonderies de zinc de la Vieille Montagne* - kurz: *Vieille Montagne (Gruben- und Zinkhüttengesellschaft Altenberg)* - die Ausbeutung der Erzvorkommen in größerem Stil.

Die Wurzeln dieser Gesellschaft, eines der noch heute größten Zinkproduzenten der Welt, gehen auf die Erzlagerstätte *Altenberg* bei Aachen zurück, wo der Grundstoff für die Zinkproduktion, nämlich hochwertige Galmei, gewonnen wurde. Wegen der ungewöhnlich reichen und qualitativ hochwertigen Galmeilagerstätten galt der Altenberg im 19. Jahrhundert als Europas bedeutendstes Abbaugebiet für dieses Erz. Mit dem Ende der Revolutionskriege, die Frankreich siegreich für sich entscheiden konnte, kam das Herzogtum Lüttich und somit auch das Gebiet um die Grube Altenberg unter französische Verwaltung, die auch das französische Bergrecht einführte. 1806 erwarb der Lütticher Chemiker Jean Jacques Daniel Dony (1759-1819) für 50 Jahre dieses Erzabbaugebiet. Nicht zuletzt wegen der Erfindung seines *Lütticher Zinkofens* hatte Dony die Konzession erhalten, wodurch Zinkerz in walzbares Zinkmetall umgewandelt werden konnte. Nun mochte Dony ein brillanter Wissenschaftler sein, als Kaufmann versagte er kläglich.

Das Schlösschen Neuglück von der Straßenseite im Jahr 2002

Schon 1813 musste er seinen größten Gläubiger, den Bankier Hector Chaulez, als Partner ins Unternehmen aufnehmen sowie im gleichen Jahr rund drei Viertel seiner industriellen Besitzungen an Francois Mosselmann abtreten, ohne letztendlich den drohenden Konkurs abwehren zu können. Mosselmann erwarb weitere Anteile an der Mine und somit die Kontrolle über das gesamte Unternehmen. Seine Erbengemeinschaft gründete schließlich 1837 die *Société anonyme des mines et fonderies de zinc de la Vieille Montagne* und führte die Altenberger Stätte zu großer Blüte bis zur Ausschöpfung im Jahre 1885. Zur Sicherung der Erzbasis dehnte die Gesellschaft ihre Bergbauaktivitäten nach 1850 aus: Insbesondere im Osten von Köln (Bensberg) errichtete die *Vieille Montagne* Großgruben zur Gewinnung von Zink-Blei-Erzen, aber auch im Pleiser Ländchen wurden zahlreiche Gruben übernommen.

Mit dem Aufschwung des Metallerzbergbaus um die Mitte des 19. Jahrhunderts beeinflusste die belgische Montangesellschaft die Sozial- und Wirtschaftsstruktur der Region nachhaltig. Sie forcierte entscheidend die Entwicklung des hiesigen Bergbaus und damit die in Gang gesetzte Industrialisierung.

Gleichwohl stellte der Erzabbau Land und Leute auch vor massive Umweltprobleme. Erworben hatte die Gesellschaft die Grube Altglück um 1854. Aus der Anfangszeit sind noch zahlreiche Akten im Archiv des Rhein-Sieg-Kreises erhalten, die viele Details über die Erschließungsgeschichte der Grube verraten. Damals suchte die *Vieille Montagne* beim Königlich *Preußisch-Rheinischen Oberbergamt Bonn* um Genehmigung für eine Erzwäsche auf dieser Grube nach. Gegen dieses Vorhaben setzten sich die betroffenen Anwohner zur Wehr, da sie eine erhebliche Umweltverschmutzung befürchteten. In einem Schreiben des Oberbergamtes vom 17. März 1854 heißt es hierzu:

Aus den s.v.r. [= sub voto remissionis] *ergebenst beigefügten Instructions Akten des König[lichen] Bergamts zu Siegen bitten wir die König[iche] Regierung gefälligst ersehen zu wollen, daß die Gesellschaft Altenberg die Concession nachgesucht hat, auf ihrer Grube Altglück beim Hofe Bennerscheid, Bürgermeisterei Uckerath eine Erzwäsche anlegen und betreiben zu dürfen, daß das Concessionsgesuch vorschriftsmäßig publicirt und die Fol: 13. befindliche Opposition des Jacob Klein & Cons. zu Dahlhausen, wegen behaupteter Benachtheiligung ihrer unterhalb am Hanfbach liegenden Wiesen und Aecker, so wie wegen Behinderung des Bleichens von Leinwand durch die Waschtrüben [...] der Erzwäsche dagegen erhoben ist.*

Schriftstück aus einer Bergbauakte

Die ebenfalls im Besitz der Vieille Montagne befindliche Blei- und Kupfererzgrube „Adler" im Schmelztal bei Bad Honnef. (Lithographie von A. Maugendre, 1855)

Nachdem die Opposition von dem Repräsentanten der Erwerberin im verneinenden Sinne beantwortet worden [...] halten wir eine gemeinschaftliche Prüfung des Widerspruchs an Ort und Stelle für erforderlich und ersuchen die Königl[iche] Regierung ganz ergebenst, einen Commissarius dafür zu ernennen und uns zu bezeichnen, um unseren Commissarius, Bergmeister Kestermann in Siegen zum Zweck der Eignung über die Abhaltung des Termins davon benachrichtigen zu können.

Beim Ortstermin konnten jedoch die vorgebrachten Einwände einvernehmlich geregelt werden. In einem Schreiben vom 4. Juni 1854 berichtete der Bauinspektor König an die *Königliche Regierung zu Köln* hierzu folgendes:

Auf die [...] Verfügung vom 25ten April e. a. [= eiusdem anni] in Betreff der Untersuchung u[nd] Begutachtung der gegen die Erzwäsche auf Grube Altglück (Seitens der Gesellschaft Altenberg) von J[aco]b & Cons. zu Dahlhausen erhobenen Beschwerde beehre ich mich ganz gehorsamst zu berichten: Termin war

auf den 2ten d. M. mit dem Bergmeister Kestermann vereinbart; in demselben fand sich der Bevollmächtigte der genannten Gesellschaft ein, so wie die Opponenten J. Klein & Cons.

Nach einer vorgenommenen Besichtigung der ganzen Anlage wurde eine Vermittelung u[nd] Beseitigung der Opposition dadurch herbeigeführt, daß der Vertreter der Gesellschaft Altenberg zu Protocoll erklärte, für alle durch die Erzwäsche den

Das Haus Altglück

Wiesen, Ländereien etc. erwachsenden Nachtheile, wenn solche überhaupt eintreten sollte, und nach vorheriger Abschätzung volle Entschädigung leisten zu wollen. Mit dieser Erklärung waren die Opponenten befriedigt und haben mit dem Bevollmächtigten der Gesellschaft das Protokoll unterschrieben.

Im April 1857 beantragte die Gesellschaft Altenberg ferner in einem Schreiben an den Bürgermeister Halm von Uckerath einen Sammelteich:

Die Gesellschaft des Altenbergs beabsichtigt zum Betriebe der auf der Grube Altglück in der Gemeinde Wellesberg, Bürgermeisterei Uckerath schon bestehenden Wäsche, Flur IV, an der Dollenbach einen Sammelteich anzulegen.

Ich ermangle nicht unter Beifügung des Situationsrisses in duplo und die dazu nöthige polizeiliche Erlaubniß nachzusuchen und bitte dieselbe geneigtest bewirken zu wollen.

Die Grube Altglück (Lithographie von A. Maugendre, 1855)

Bürgermeister Halm meldete daraufhin wiederum aus Gründen der Umweltverschmutzung Bedenken an:

Meines unmaaßgeblichen Darfürhaltens dürfte es erforderlich sein, daß von Sachverständigen geprüft werde, ob die Klärteiche von solchem Umfange sind, daß sie dem abfließenden Wasser die schädlichen Bestandtheile benehmen. Die Besitzer der an jenem Bach angrenzenden Wiesenparzellen behaupteten wenigstens früher sie würden dadurch Schaden erleiden und da die Anlage jetzt noch großartiger werden dürfte, so könnte dies in Zukunfte in noch höherem Grade der Fall sein.

Das *Königlich Preußische Bergamt* in Siegen teilte in einem Brief vom 29. Mai 1857 an die *Königliche Regierung*, Abteilung des Innern, zu Köln jedoch diese Bedenken nicht:

Da es sich nun im vorliegenden Falle nicht um Vermehrung der Betriebs Apparate, welche eine Erweiterung der Klärvorrichtungen nothwendig machte, handelt,

sondern nur um die polizeiliche Genehmigung zur Anlage eines Sammelteiches, so sind wir der Ansicht, daß diese Genehmigung lediglich im wasserpolizeilichen Interesse ohne vorherige Publication des Vorhabens der Gesellschaft Altenberg von der Königlichen Regierung zu ertheilen sein dürfte.

Zeitweise sollen bis zu 200 Leute beim Altglücker Erzabbau in Lohn und Brot gestanden sein. Im Jahr 1863 wurde mit

Abriss des Hauses Altglück nach dem zweiten Weltkrieg, rechts die Kapelle.

6.000 Tonnen Zinkblende und 200 Tonnen Bleierz die größte Fördermenge erreicht. Das gewonnene Material ließ die Montangesellschaft zur Verhüttung an den Rhein bringen. 1875, möglicherweise als Folge des deutsch-französischen Krieges von 1870/71, wurde die Förderung eingestellt, und auch spätere Versuche, den ehemals florierenden Abbau wiederaufleben zu lassen, blieben erfolglos. Nach der Stillegung der Grube Altglück erwarb ein Industrieller aus dem Bergischen Land den dortigen Grund und Boden und ließ ein Haus für gehobene Ansprüche erbauen; er veräußerte das Anwesen aber bald schon wieder. Die Errichtung einer kleinen Kapelle veranlasste der neue Hausherr. In den folgenden Jahrzehnten wechselten die Besitzer häufig; Ende der 1950er Jahre erwarb Ferdinand Mühlens das Gut vorübergehend.

Die *Société anonyme de la Vieille Montagne* ließ 1855 von dem französischen Landschafts- und Architekturmaler sowie Lithographen Adolphe Maugendre eine fast 50 Blatt umfassende Serie von Lithographien mit dem Titel *Album des usines et etablissements de la Société. Dessiné d'après nature* anfertigen. Der am 21. April 1809 in Ingouville bei Le Havre geborene Künstler stellte in dieser Lithographienserie die verschiedenen Bergwerke und entsprechenden Einrichtungen der Gesellschaft umfassend dar.

Eine dieser Farblithographien des am 21. Januar 1895 in Paris verstorbenen Landschaftsmalers, die das Archiv des Rhein-Sieg-Kreises besitzt, zeigt auch die Bleierz- und Zinkblendgrube Altglück. Die im Original 24 x 30 cm große Ansicht vermittelt wohl eine ungefähre Vorstellung, wie die heute bewaldete Gegend vor rund 150 Jahren ausgesehen haben mag. Im Vordergrund ist die Zinkblendgrube zu sehen; im Übertagebau wird das erzhaltige Gestein abgebaut und von Arbeitern in Schubkarren wegtransportiert.

Die Bergbauhalden im Wald bei Haus Neuglück

Quellen:
ARSK, LSK 1002.

Literatur (Auswahl):
Habel, Bernd: Der Bergbau im unteren Sieggebiet bei Blankenberg, Merten und Eitorf vom 18. bis 20. Jahrhundert. Ein Beitrag zur Wirtschaftsgeschichte des Rhein-Sieg-Kreises. Siegburg 1999.

Kalthoff, Carl Heinz: Erfolg durch geniale Männer und eine schöne Frau. Aus der Gründerzeit der europäischen Zinkindustrie, die Vieille Montagne: belgische Ursprünge des bergischen Bergbaus. In: Rheinisch-Bergischer Kalender 57 (1987), S. 77-86.

Scheuren, Elmar: Bergbau und Poesie im „Pleiser Ländchen". Das Schlößchen Neuglück bei Bennerscheid. In: Jahrbuch des Rhein-Sieg-Kreises 1993, S. 46-49.

Uhlenbroch, Karl-Hermann: Leben in und um Oberpleis. Wissenswertes vom Oberpleiser Hügelland. Hg. v. der Kreissparkasse Oberpleis zur Neueröffnung der Geschäftsstelle am 12. November 1995. Siegburg 1995.

Kurt Roessler: Guillaume Apollinaire im Rhein-Sieg-Kreis, 1901-1902. In: Jahrbuch des Rhein-Sieg-Kreises 2002, S. 112-120.

Der Abbau erfolgte weitgehend im Handbetrieb. In der rechten Bildmitte lässt sich eine aus Fachwerkhäusern bestehende Ansiedlung erkennen.

Aus einem dieser Wohngebäude entstand das spätere Schlösschen Neuglück. Im Hintergrund zieht sich die Bergkette des östlichen Siebengebirges mit den Gipfeln von Löwenburg, Lohrberg und Oelberg hin.

Mit der Geschichte des dortigen Bergbaus hängen ebenfalls, wie bereits erwähnt, die Geschicke des Schlösschens Neuglück zusammen.

Dieser türme- und winkelreiche Bau des ausgehenden 19. Jahrhunderts geht ursprünglich auf die Wohnung eines soge-

nannten Steigers, eines Bergbauingenieurs, der als Aufsichtsperson unter Tage arbeitet, zurück; er wurde über die Jahrzehnte immer weiter um- und ausgebaut.

Mitte des 19. Jahrhunderts erwarb die Kölner Kaufmannsfamilie Hölterhoff das Anwesen, das ihr hauptsächlich als Sommerresidenz diente.

Als Erbe gelangte das Schlösschen in die Hände von Elinor Hölterhoff, die einen Grafen de Milhau heiratete. Die Tochter aus dieser Ehe, Gabrielle, hatte mit dem französischen Dichter Guillaume Apollinaire einen Hauslehrer, der durch seine Prominenz noch heute dem Schlösschen eine Bekanntheit über die Grenzen der Region hinaus verleiht.

Ein Manuskript des Dichters Guillaume Apollinaire

Wirtschaft und Industrie

UNVERGESSENE SCHLEPPSCHIFFFAHRT

ENTSTEHUNG UND UNTERGANG EINER SPEZIELLEN BETRIEBSART DER RHEINSCHIFFFAHRT

VON FRIEDER BERRES

Dämmerung senkt sich über das Rheintal. Ein Geruch von Teer, Dampf und Ruß, den der Westwind über den Rhein weht, ist in die Nase gestiegen. Ein Seitenradschlepper mit fünf Anhangschiffen zieht oberhalb von Bad Godesberg majestätisch am Ufer hoch. Das rhythmische „Klapp Klapp Klapp" der Schaufelräder ist am Ufer von Königswinter leise vernehmbar. Auf der Brücke des Schleppers wird die schwere Schiffsglocke geläutet. Nach Ende des Geläuts und einer kurzen Pause signalisieren drei Doppelschläge: In einer halben Stunde geht der Schleppzug vor Anker. Nach 15 Minuten erneutes Geläut mit zwei Doppelschlägen: nur noch eine Viertelstunde bis zum Ankern.

Der Schleppzug kriecht nur noch bergwärts, das geschäftige „Klapp Klapp Klapp" der Schaufelräder hat aufgehört; sie tasten sich nur noch durch das Wasser. Der Schleppzug verliert immer mehr an Fahrt und verharrt schließlich unterhalb des Fähranlegers am Mehlemer Ufer bei nur noch ganz langsam drehenden Schaufelrädern auf der Stelle.

Am Bug des Räderbootes spritzt Wasser hoch, das Rasseln einer Kette, die durch eine Klüse gleitet, ist zu vernehmen. Der Hauptanker wurde gesetzt. Kurz danach das Gleiche, als ein zweiter Anker (Beianker) ins Wasser rauscht. Während des Ankerfallens wieder Geläut auf der Brücke, gefolgt von einem einfachen Glockenschlag. Auf allen Anhangschiffen sausen die Anker ins Wasser. Sobald Zug auf die Ankerketten kommt, erneutes Rasseln. Zwei oder drei Mal wird Kette nachgesteckt, bis der Anker zuverlässig hält. Vom letzten über das nächste bis zum ersten Anhangschiff wird die kleine Glocke beim Ankerspill, eine bessere Bimmel, angeschlagen. Der Kapitän des Räderbootes, zugleich Schleppzugführer, nimmt zur Kenntnis, dass das Ankermanöver der Anhangschiffe beendet ist.

Das Räderboot entlastet die Schleppdrähte (Stränge), mit denen die Anhangschiffe mit ihm verbunden sind, von Zug. Halten die Anker der Kähne auch jetzt noch? Ja, auch dieser letzte Test verläuft befriedigend. Auf den Anhangschiffen gehen die Reedereiflaggen nieder. Von der Dampfmaschine des Räderbootes wird nicht mehr benötigter Dampf abgelassen, der ohne großes Geräusch einem langen Rohr entweicht und weiß in den Abendhimmel steigt. Der Schleppzugführer beugt sich zum Rudergänger, der ein letztes Mal an diesem Tag das Glockenbändsel der Schiffsglocke ergreift. Fünf Doppelschläge und ein Einzelschlag hallen über den Strom und verkünden den Schiffsführern der Anhangschiffe „Morgen 5.30 Uhr Schleppzug Anker auf!" Die Ankerlichter werden gesetzt. An Deck des Räderbootes tauchen Gestalten in durchschwitzten Unterhemden und mit rußgeschwärzten Gesichtern auf, um die Abendluft zu genießen. Heizer und Maschinisten arbeiteten im Sommer bei Temperaturen bis zu 60° C im Maschinenraum. Jetzt rauchen sie ein Pfeifchen, erzählen etwas, sind aber bald verschwunden. Aus den Kajüten der Schleppkähne schimmert eine Zeit lang schwaches Licht aus Petroleumfunzeln, das aber bald verlöscht. Dunkelheit hat die Dämmerung abgelöst. Ein arbeitsreicher Tag ist für die Leute des Schleppbootes und der Anhangschiffe zu Ende gegangen.

Dieses Schauspiel gab es mit fast täglicher Wiederholung etwa ein Jahrhundert lang bis Ende der 1950er Jahre. Die Strecke unterhalb der Mehlemer Fährstelle bis Rüngsdorf war ein bevorzugter Anker-platz für Schleppzüge. Oft lagen mehrere nebeneinander. Eine Alternative zum Ankern war auf der Königswinterer Seite das Stromstück unterhalb des Kern-bereichs der Stadt bis zur ersten Nieder-dollendorfer Kribbe (Buhne). Da oberhalb von Königswinter der Strom auf beiden Seiten durch Kribben eingeengt wird, wurde dieser Stromabschnitt als Liegemöglichkeit kaum genutzt. Die nächste gute Ankermöglichkeit bot sich für Schleppzüge erst wieder vor Ober-winter. Bis dahin waren es mehr als eine Stunde, denn die Schleppzüge zogen im Mittel nur mit vier km/h oder wenig mehr zu Berg. Um den Ankerplatz Ober-winter zu erreichen, musste das große Gefälle zwischen den Inseln Grafenwerth und Nonnenwerth überwunden werden, damals ein Problem für die Bergfahrt. Hier und am Urmitzer Werth gab es insoweit die größten Schwierigkeiten auf der Strecke Köln - Koblenz. Hier musste sich zeigen, ob die Schleppkraft ausreicht, hier lief die Maschine stets mit Vollkraft. Die Fahrt auf diesen Stromstücken ging meist nur mit Schrittgeschwindigkeit.

Das Geläute am nächsten Morgen ging in umgekehrter Reihenfolge ab 5.00 Uhr. Der dreifache Glockenschlag um 5.30 Uhr, bei dem die Anker gelichtet wurden, bedeutete gleichzeitig „In Gottes Namen". Dieser dreifache Doppelschlag war und ist so etwas wie das „Morgengebet" im „ehrsamen Schifferhandwerk", das im Rheinland vielfach noch in örtlichen Schiffergilden zusammengeschlossen und stark mit dem Leben der katholischen Kirche verbunden ist. Hing der Anker am Bugspriet oder Kran, ohne dass sich bei den damals üblichen Stockankern die beiden Ketten vertört hatten, ging auf den Anhangschiffen die Reedereiflagge hoch und signalisierte dem Schleppzugführer „Klar zur Weiterfahrt". Schon während des Ankerlichtens hatten sich die Schaufelräder wieder so gedreht, dass das Schleppboot keine Fahrt über Grund machte. Jetzt nahm der Schleppzug langsam Fahrt auf, die von den Schaufeln produzierten Wellenberge wurden größer.

Bis zum Ende der Schleppschifffahrt ankerten fast täglich Schleppzüge gegenüber von Königswinter. Aufnahme Mitte der 1950er Jahre.

In der Zeit, als Funksprechkontakt noch ein Fremdwort war, waren Schallsignale mit der Glocke und der Dampfpfeife sowie Sichtzeichen mit Flaggen die einzigen Möglichkeiten einer Verständigung von Schiff zu Schiff. Außerdem war der Sichtkontakt des Schleppzugführers zu den Anhangschiffen unabdingbare Voraussetzung für den Schleppbetrieb. Er stand meist auf der Brücke mit Blick achteraus zu den Anhangschiffen.

Der Schleppzugführer und der Mann am Ruder, im Normalfall der Erste Steuermann, waren in jedem Fall qualifizierte (patentierte) Schiffer, ihre Hilfskraft, der Rudergänger (Zweiter Steuermann) nicht unbedingt.

Ein Berg- und ein Talschleppzug vor dem Drachenfels um 1930.

Um die zeitgerechte Abfahrt morgens zu ermöglichen, hatte der diensttuende Wachmann - einer der Matrosen des Schleppbootes - schon anderthalb Stunden vor dem „Anker auf" einen Maschinisten und zwei Heizer geweckt, damit diese den Druck in den Kesseln so hochfahren, dass die Maschine zum vorgegebenen Zeitpunkt die volle Leistung erbringen konnte.

Diese Hohe Schule des Schleppens wurde nach dem Zweiten Weltkrieg immer noch praktiziert, nicht nur von dampfbetriebenen Seitenradschleppern, sondern auch von Motorschleppern. Aber das Manöver der Räderboote war spektakulärer. Sie waren es, die die Schifffahrt revolutionierten. Sie lösten das über Jahrhunderte gewohnte Bild der Treidelschifffahrt ab.

Nach dem Auftauchen des ersten Dampfschiffes im Jahre 1816 wurde man sich schnell der Möglichkeiten bewusst, die dieses Schiff besitzt. Die ersten Dampfschiffe dienten dem Personenverkehr. Sie führten auch Eilgut mit, denn für dieses gab es keine schnellere Beförderungsmöglichkeit. Eine Zeit lang wurde sogar Post befördert. Die preußische Postverwaltung bediente sich neben den eigenen Postfahrten zu Lande in den Jahren 1840 bis 1859 der neuen Transportmöglichkeiten auf dem Rhein.

Innerhalb kurzer Zeit setzte eine Trennung von Personen- und Güterverkehr ein, wobei hier vor allem die Beförderung von Massengut gefragt war. Schon 1845 konnte man von einem regelmäßigen Schleppbetrieb sprechen. Während Treidelschifffahrt in mehr oder weniger seichter Ufernähe stattfinden musste, konnte sich die dampfbetriebene Schleppschifffahrt vom Ufer lösen und die größeren Tiefen des Stromes ausnutzen. Das erlaubte den Einsatz größerer Schiffsgefäße.

Die 1840er Jahre waren auch sonst eine Zeit des Umbruchs in der Rheinschifffahrt. Der Bau in Holz wurde von Eisen verdrängt, Eisen später von Stahl.

Der Schiffbau ging schneller, der Bau eines eisernen Schleppkahns dauerte nur etwa zwei Monate, der eines hölzernen wesentlich länger. Die Eisenkähne waren leichter und robuster als die in Holz gebauten, ihr Wartungsaufwand war geringer. Vor allem wurden die Schiffsgefäße schlagartig größer, denn ab Mitte des 19. Jahrhunderts begann ein systematischer Ausbau des Fahrwassers, der größere Tauchtiefen der Schiffe zuließ.

Auch die Sozialstruktur in der Rheinschifffahrt wurde verändert. Bisher waren viele Gemeinden entlang des Rheines „Schifferorte". Belegt ist dies für die Siebengebirgsorte Honnef, Königswinter, Niederdollendorf und Oberkassel mit einem Schwerpunkt der Schifffahrt in Königswinter und Niederdollendorf.

Ortsansässige Schiffer nahmen mit eigenen Schiffen am Rheinverkehr teil, sie suchten häufig mit ihren Schiffen die Heimat auf. Sie schafften sich auch eiserne Kähne an, aber keine Gilde oder Zunft, in der die Schiffer eines Ortes damals in der Regel immer noch zusammengeschlossen waren, und schon gar nicht ein einzelner Schiffer konnte sich die Anschaffung eines Schleppers leisten.

Diese Investition vermochten nur finanzstarke Kapitalgesellschaften aufzubringen. Dies waren Reedereien, die es bisher am Rhein zumindest in der neuen Form und vor allem in dieser Fülle nicht gab. Die Namen *Hugo Stinnes, Matthias Stinnes, Franz Haniel, Raab Karcher, Harpen, de Gruyter, Hansen Neuerburg, Hoesch, Neptun, Rhenus, Winschermann & Cie, Stachelhaus & Buchloe, Josef Schürmann, Adolf Linden, Fendel, Braunkohle, Mannheimer Lagerhausgesellschaft* usw. tauchten nach und nach auf, daneben Namen niederländischer (vor allem *Nederlandsche Stoomboot-Maatschappij, Damco* und später *van Ommeren*), französischer und schließlich auch schweizerischer Reedereien. Es gab eine verwirrende Fülle von Reedereien, von denen sich keine einzige bis auf den heutigen Tag retten konnte.

Diese Reedereien ließen nicht nur Schleppschiffe bauen, sondern häufig auch Schleppkähne, zum Teil auf Werften, an denen die Reedereien beteiligt waren. Viele der früher selbständigen Schiffer in den Rheinorten blieben zwar ihrem Beruf treu, waren aber jetzt Angestellte der neuen Schleppschiff-Reedereien und steuerten firmeneigene Schleppkähne.

Dampfbetriebener Seitenradschlepper mit vier Anhangschiffen in Bergfahrt in den 1930er Jahren. Insgesamt gab es 135 dieser heute wie Dinosaurier anmutenden Schiffe auf dem Rhein.

Blick vom Drachenfels auf den Honnefer Inselbereich in den 1950er Jahren. Die acht Anhangschiffe machen deutlich, dass die Länge eines Schleppzuges über 1.500 m betragen konnte.

Die selbständig gebliebenen Schiffer mussten Schleppleistungen der neuen Reedereien in Anspruch nehmen, denn das von Halfen mit Pferden betriebene Geschäft des Treidelns brach in dieser Zeit regelrecht zusammen. Eine der Relaisstationen der Treidelschifffahrt zwischen Köln und Koblenz war Weißenthurm. Der Ort zählte 1810 etwa 800 Einwohner und 235 Treidelpferde. 1860 wurden nur noch 30 Treidelpferde vorgehalten. Verzweifelt hatte sich der Berufsstand der Halfen in verschiedener Form, die bis zur Beschießung von Dampfschleppern reichte, gegen das Aufkommen der neuen Betriebsart in der Schifffahrt gewehrt. Es nutzte nichts, eine neue Zeit war angebrochen. 1900 wurde von der Schifffahrtsverwaltung die Unterhaltung der Treidelpfade aufgegeben, das Schleppen von Schiffen von Land aus fand nicht mehr statt.

Seit den 1920er Jahren hatte die dampfbetriebene Schleppschifffahrt ernsthafte Konkurrenz durch den Dieselmotor erhalten. So wie der Dampfschlepper die Treidelschifffahrt verdrängt hatte, begann jetzt der Dieselschlepper den Dampfschlepper zu verdrängen. Die Schleppleistung der Dieselschlepper wuchs ständig. Höhepunkt dürfte der Vierschraubenschlepper *Unterwalden* von 1949 sein, dessen Maschinen eine Leistung von 4.000 PS erbrachten. Das war mehr als das Doppelte, was ein

moderner Seitenradschlepper leisten konnte. Den längsten Schleppzug, den der Autor erlebt hat, war der Dieselschlepper *Uri* mit elf Anhangschiffen. Welche Last hierbei zu Berg geschleppt wurde - was letztendlich ausschlaggebend war - ist nicht genau zu beziffern, es dürften aber mehr als 10.000 t gewesen sein. Die Dieselschlepper benötigten keine Heizer, sie waren daher gegenüber Dampfschleppern weniger personalintensiv, und die Antriebsanlage hatte weniger Gewicht. Ein Überlebenskampf der Räderboote brach an. In den 1950er Jahren wurden die noch in Betrieb befindlichen kohlebetriebenen Dampf-

schlepper auf Schwerölfeuerung umgestellt, was die Heizer einsparte. Es nutzte nichts. Aber auch für die Dieselschlepper wurde die Situation kritisch. Es tauchten die ersten Schubboote auf. Schleppschifffahrt war „out", Schubschifffahrt war „in". Die Leichter, die von Schubbooten geschoben werden, benötigen keine Besatzung. Die Zusammenstellung eines Schubverbandes erfordert weniger Zeit als das Aufnehmen von Schleppkähnen zu einem Schleppverband (s.u.). Viele Arbeitsplätze in der Binnenschifffahrt gingen verloren, die Umlaufzeiten der Schiffe ließen sich verkürzen.

Neben den Schubbooten breitete sich der Selbstfahrer (einzeln fahrendes Gütermotorschiff) aus. Der Dieselmotor, der für die Verwendung auf dem Wasser immer weiter zum speziellen Schiffsdiesel entwickelt worden war, trat einen regelrechten Siegeszug an. Die Lastkähne verschwanden nach und nach. Dieser Schiffstyp, von dem es eine Unmenge gab, ist gestorben, kein einziger blieb als Denkmal erhalten. Das ist bedauerlich. Er war in vielen Fällen nicht nur Schiff, sondern auch Heimat einer Familie. Das Steuern eines Anhangschiffes war handwerkliches Schippern, das Fahren eines Schubschiffes ist durchrationalisiertes Produzieren von Tonnenkilometern.

Neben den Räderbooten gab es auch dampfbetriebene Schraubenschlepper größeren Formats, die als Streckenschlepper eingesetzt wurden. Ihr Vorteil war eine weniger komplizierte Antriebsanlage, Nachteil der größere Tiefgang.

Ein Seitenradschlepper zieht gegenüber von Königswinter gemächlich bergwärts; Situation in den 1930er Jahren.

Vergammelt, aber gerettet. Die *Fortuna* ist Vertreterin hunderter kleiner Dampfschraubenschlepper, die über ein Jahrhundert überwiegend als Bugsierschlepper oder auch als Streckenschlepper mit einem oder zwei Anhangschiffen ihren Dienst erfüllten. Sie liegt „hoch und trocken" auf dem Freigelände des oberen Museumshafens beim Schiffshebewerk Henrichenburg.

Von der Schleppleistung waren Seitenrad- und Schraubenschlepper gleichwertig. Ein ausgereifter Typ war z.B. die *Ernst Waldhausen* der Reederei *Josef Schürmann* aus dem Jahr 1921. Die Dampfmaschine des 47,0 m langen und 8,7 m breiten Doppelschraubenbootes brachte eine Leistung von 1.400 PS. Der Tiefgang war mit 220 cm etwa 70 cm größer als bei einem Räderboot gleicher Leistung. Bei niedrigeren Wasserständen und auf dem Oberrhein zeigten sich die Vorteile, welche die lange Lebenszeit der Räderboote begründeten.

Neben den Doppelschrauben-Streckenschleppern gab es eine Vielzahl von kleinen Dampfschleppern mit einer Schraube. Sie leisteten überwiegend Dienste bei Verladestellen, wo sie Schleppkähne zum Aus- und Beladen an die Kais bugsierten und sie auf dem Strom so hintereinander legten, dass sie von einem Schleppschiff zu einer Reise aufgenommen werden konnten. Etliche waren auch mit einem oder zwei Anhangschiffen auf der Strecke unterwegs. Ein mittelschwerer Dampfschlepper dieses Typs war etwa 20,0 m lang, 5,5 m breit und hatte einen Tiefgang von 1,7 m. Die Leistung der Maschine lag bei rund 250 PS.

Auch die dampfbetriebene Schifffahrt mit Schraubenschleppern ist sang- und klanglos zu Ende gegangen. Einige wenige kleine Dampfschraubenschlepper blieben als Museumsschiffe erhalten. Das Westfälische Industriemuseum des Landschaftsverbandes Westfalen-Lippe unterhält im Ober- und Unterwasser des Alten

Die dampfbetriebene Rudermaschine der *Oscar Huber* ist Technik der Vergangenheit. Im Vordergrund die mächtige Ruderwelle.

Schiffshebewerks Henrichenburg Museumshäfen. Hier kann man mit der *Nixe*, der *Cerberus* und der *Fortuna* noch Vertreter dieser Spezies in unterschiedlichem Erhaltungszustand sehen.

Wenn man die wenigen Dieselschlepper im Bereich des Binger Fahrwassers außer Betracht lässt, die immer noch als so genannte Vorspannboote in der dortigen Gefällestrecke eingesetzt sind, gibt es heute überhaupt keine Schleppschifffahrt mehr auf dem Rhein. Eine weitere Betriebsart ist gestorben.

Könige der Schleppschifffahrt waren aber immer die Seitenradschlepper, die in den 1950er Jahren nach und nach verschwanden. Ohne den Zweiten Weltkrieg wäre ihr Betrieb wahrscheinlich schon früher zu Ende gegangen. Ein Indiz hierfür ist, dass in den 1930er Jahren kein einziger Neubau mehr erfolgte. 1935 fuhren 135 Seitenradschlepper auf dem Rhein. Da sie mit der reichlich vorhandenen Kohle betrieben wurden, stand in Deutschland in den Jahren 1939 - 1945 der knappe Diesel für andere Zwecke zur Verfügung. Es gab durch Kriegseinwirkungen erhebliche Verluste, nur elf Räderboote waren bei Kriegsende noch schwimmfähig.

Aber viele der gesunkenen oder beschädigten Schiffe waren kurzfristig wieder einsatzbereit. Schon bald verkehrten wieder 76 Räderboote, davon 54 unter deutscher Flagge.

1960 waren nur noch zwei Boote im Einsatz, die *Braunkohle XV - Friedrich Haschke*, die bis 1962 verkehrte, und die *Raab Karcher XIV - Oscar Huber*. 1966 führte sie die letzte kommerzielle Schleppfahrt durch und beendete damit endgültig ein weiteres Kapitel der Rheinschifffahrt. Ihre Rettung ist der Duisburger Initiative *Verein zur Erhaltung des Radschleppdampfers Oscar Huber* zu verdanken, die das Schiff 1968 erwarb. Sie ließ es zu einer Art Fahrgastschiff umbauen, das für 150 Personen zugelassen war. Es verkehrte als Partydampfer, wurde bei Modenschauen sowie für Filmaufnahmen eingesetzt und führte insgesamt 75 derartige Fahrten durch. Zu diesem Zweck war das Achterschiff mit einem Dach aus Plastikmaterial eingedeckt worden. Der Anblick war schrecklich. Er erinnerte an einen reichen Mann, der zum Bettler geworden war. Durch die Einnahmen aus dem neuen Geschäft konnten die hohen Unterhaltungskosten nicht gedeckt werden.

Am 21.09.1971 führte die *Oscar Huber* ihre letzte Fahrt durch. Sie ging in das Eigentum des Binnenschifffahrtsmuseums Duisburg über, welche das Räderboot heute als Museumsschiff vorhält. Dabei wurden zur Vermehrung von Informationsflächen unter Deck die Öltanks ausgebaut, die seit 1954 die Kohlebunker ersetzten. Die *Oscar Huber* ist daher nicht mehr einsatzfähig. Da aber alles andere und besonders die Maschinenanlage original erhalten blieb, ist sie ein technik- und wirtschaftgeschichtliches Denkmal ersten Ranges. Sie ist der letzte Vertreter einer Spezies, die grundlegend die Schifffahrt veränderte.

Der Dieselmotor tat das nicht. Er ersetzte nur eine Antriebsmaschine durch eine leichtere, effizientere, wartungsfreiere und einfacher zu bedienende. Der Erhalt der *Oskar Huber* ist daher hoch einzuschätzen. Stellvertretend für alle Räderboote, die auf dem Rhein verkehrten, sei in kurzen Zügen ihre Ausrüstung und die Art des Schleppbetriebes in früherer Zeit dargestellt.

Der einzige erhaltene Seitenradschlepper *Raab Karcher XIV - Oscar Huber* liegt heute als Museumsschiff im Hafen Duisburg-Ruhrort.

Das Schiff wurde 1921/22 auf der Werft *Ewald Berninghaus* in Duisburg gebaut und lief als *H.P. Disch VIII - Wilhelm von Oswald* vom Stapel. 1940 gelangte es an die Rederei *Raab Karcher* und verkehrte seitdem als *Raab Karcher XIV - Oscar Huber*. Der Namensgeber Oscar Huber war ein Enkel des Mitbegründers der Reederei und von 1910 bis 1940 Geschäftsführer der Firma. Der Rumpf misst 75 m in der Länge; einschließlich Bugspriet und Ruder ist das Schiff 80 m lang, im Deck 9,0 m breit. Mit den 5,60 m breiten Radkästen bringt es das Schiff auf eine Gesamtbreite von 21 m. Wenn es mit 200 t Kohle vollgebunkert war, hatte es einen Tiefgang von 1,50 m.

Mit einer Leistung der Drei-Zylinder-Kolbendampfmaschine von 1.550 PS war die *Oscar Huber* einer der stärksten Radschlepper auf dem Rhein. Wenn man sie mit dem ersten echten Seitenradschlepper, der *Matthias Stinnes I* aus dem Jahr 1843 mit 300 PS vergleicht, erkennt man den Fortschritt in der Entwicklung der Seitenradschlepper. Diese war um 1900 abgeschlossen. Damals war ein Standardtyp gefunden, zu dem auch die *Oskar Huber* zählt. Sie erbrachte eine Schleppleistung von 6.000 t zu Berg, die für fünf bis sieben Anhangschiffe reichte. Bei Vollfahrt wurden jede Stunde 30 Zentner Kohle verfeuert, alle zwei Minuten ein Zentner.

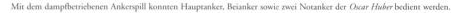

Mit dem dampfbetriebenen Ankerspill konnten Hauptanker, Beianker sowie zwei Notanker der *Oscar Huber* bedient werden.

Der Antrieb der Schaufelräder erfolgte über eine 30 cm starke Welle. Die 5,20 m breiten Schaufelräder besitzen sieben Schaufeln, die bei Vollfahrt mit 33 U/min wühlten. Die Schornsteine, die bei der Durchfahrt von Brücken umgelegt wurden, haben einen Durchmesser von 1,50 m. Das Schiff besitzt vier Buganker, davon drei Stockanker und einen Klippanker. Der Hauptanker hat ein Gewicht von 26 Zentnern, die anderen nicht viel weniger.

Kurbelwelle und Pleuel der dreizylindrischen Antriebsmaschine der *Oscar Huber*.

Die Besatzung rekrutierte sich aus 13 Mann. Im Sommer, wenn zwei weitere Heizer wegen der großen Hitze im Maschinenraum beschäftigt wurden und der Wachwechsel schon nach drei statt nach vier Stunden stattfand, erhöhte sich die Zahl auf 15. Zur Besatzung gehörten Kapitän (gleichzeitig Schleppzugführer), Steuermann, Rudergänger (auch als Zweiter Steuermann bezeichnet), drei Matrosen, zwei Maschinisten, vier oder sechs Heizer und der Menagemann.

Dieser war Koch und auch für die Beschaffung des Proviants zuständig. Nach der Umstellung auf Betrieb mit schwerem Heizöl reduzierte sich die Besatzung auf acht Mann, weil die Heizer und ein Matrose eingespart werden konnten.

Jedes Anhangschiff besaß einen eigenen Schleppstrang. Da die *Oscar Huber* ihre Schleppleistung auf bis zu sieben Anhangschiffe verteilen konnte, besitzt sie auf Vor- und Achterdeck insgesamt sieben Winschen mit Schleppsträngen unterschiedlicher Stärke und Länge.

Die Stränge waren zwischen 200 und 1.350 m lang. Die Stärke bewegte sich zwischen 32 und 20 mm und richtete sich nach der Position des Anhangschiffes im Schleppverband: Die vorderen Schleppkähne bekamen die stärkeren Schleppstränge, das letzte Anhangschiff den Schleppstrang mit der geringsten Stärke. Hieraus ergibt sich, dass die Länge eines Schleppzugs bis zu 1,5 km betragen konnte.

Das Aufnehmen eines Schleppzugs war ein enervierendes Manöver, das viel Zeit in Anspruch nahm. Die einzelnen Schleppkähne waren vorher von kleineren Schleppern auf einer Reede hintereinander auf Position gebracht worden. Das Schleppboot fuhr von unterstrom entlang der ankernden Kähne und übergab zunächst dem letzten Anhangschiff des zu bildenden Schleppverbandes den Schleppstrang, danach den anderen. Bei diesen begann das Geduldsspiel des sog. Strangfischens. Mit einem Wolf, einem kleinen Suchanker, mussten die Stränge der dahinter fahrenden Anhangschiffe gefischt und am Bug im so genannten Brittelhaken, einem großen U-förmigen Eisenhaken an der Backbordseite des Vorschiffs, eingebracht werden. Das war erforderlich, damit die langen Stränge nicht über den Rheingrund schleifen oder in Strombiegungen unter vorausfahrenden Kähnen laufen und möglicherweise in deren Ruder geraten konnten.

Die Strangwinschen der *Oscar Huber* auf dem Vorschiff. Mit einer Leistung von 1.550 PS konnte das Räderboot 6.000 t verteilt auf bis zu sieben Anhangschiffe bergwärts schleppen.

Nur das erste Anhangschiff war von dieser Plage befreit. Es lief *enkel* (allein) und hielt sich steuerbords der Schleppstränge der nachfolgenden Anhangschiffe.

Die Schleppschifffahrt gehört der Vergangenheit an, auf dem Mittelrhein fast auch die Schubschifffahrt, die einst die Schleppschifffahrt verdrängte. Nach Erweiterung der Längenbegrenzung der Rheinschiffe von bisher 110 m auf 135 m verkehren heute einzeln fahrende Motorgüterschiffe mit einem Fassungsvermögen von mehr als 5.000 t. Ein einziges Schiff dieses Typs transportiert heute die Fracht, die vor noch nicht allzu langer Zeit ein Schleppzug mühsam stromauf schleppte.

DIE RAUCHPLAGE – KEHRSEITE DER DAMPFSCHIFFFAHRT

Mit dem Untergang der Schleppschifffahrt geriet ein Problem in Vergessenheit, das mit der dampfbetriebenen Schifffahrt verbunden war: die Rauchplage. Sie war schlimm. Hinzu kam für das Rheintal, dass auch die später entstandenen Eisenbahnen, die entlang beider Ufer verkehren, in der Zeit des Dampfbetriebs in dieser Hinsicht negativ wirkten. Regelrechte Dreckschleudern waren aber die Dampfschiffe der Personen- und Güterfahrt, von denen im Jahre 1911 insgesamt 1.511 auf dem Mittel- und Niederrhein verkehrten.

Bei der Verbrennung von Kohle fallen primär Asche, Schlacke und Rauch an, der überwiegend aus Ruß und Asche besteht. Schlacke und die nicht durch den Schornstein entwichene Asche wurden auf den Schiffen in der Form entsorgt, dass sie über das Ascheloch (Schacht in der Bordwand über dem Wasserspiegel) dem Strom übergeben wurden. Hierüber regte sich niemand auf, wahrscheinlich deshalb, weil die Wasserverschmutzung nicht sonderlich evident wurde.

Ganz anders war es mit dem Rauch, der sich nach einer Untersuchung von Mark Cioc zu einer Rauchplage entwickelte. Unter dieser hatte auch die Bevölkerung im Bereich der aufstrebenden Industriestandorte des Ruhrgebietes zu leiden. Da es bis zum Ersten Weltkrieg technisch kaum möglich und aus ökonomischen Gründen wenig wünschenswert war, der Rauchplage mit Gesetzen und Verordnungen zu begegnen, behalf man sich an Land mit dem Bau immer höherer Schornsteine, die den Rauch nicht konzentriert auf ein kleinräumiges Gebiet niedergehen ließen. Streitigkeiten vor Gericht endeten häufig mit einer derartigen Auflage.

Bei der Schifffahrt war aber die Höhe der Schornsteine begrenzt. Der Rauch, der ihnen entwich, blieb im engen Rheintal hängen. Bis zum Bau der ersten festen Brücken (Köln 1855/59, Mainz 1860/62, Koblenz 1862/64) waren allerdings die Schornsteine der Dampfschiffe höher als bei späteren. Besonders dem Bau der Brücke in Köln, der ersten festen Brücke am Ober- und Mittelrhein seit der Römerzeit, waren langwierige Verhandlungen voran gegangen, nicht we-

Zwei Seitenradschlepper ziehen in den 1930er Jahren unter starker Rauchentwicklung vor der Kulisse des Siebengebirges bergwärts. Die Rauchentwicklung hatte sich eine Zeit lang zu einer Rauchplage entwickelt, unter der besonders die ufernahen Rebanlagen zu leiden hatten.

gen der Höhe der Schornsteine der Dampfschiffe, sondern wegen der Masten, die noch alle Schiffe trugen. Selbst die frühen dampfbetriebenen Seitenradschlepper *(Matthias Stinnes I,* Baujahr 1843, *Die Ruhr,* Baujahr 1845) und auch Personendampfer hatten noch Segeleinrichtungen. Ob man der neuen Technik nicht voll vertraute oder die Windkraft bei günstiger Gelegenheit zusätzlich zu der noch geringen Leistung der Dampfkraft ausnutzte, bleibt dahingestellt. Festzuhalten ist, dass seit dem Bau der ersten festen Brücke in Köln die Schiffe Vorrichtungen zum Legen der Masten und Schornsteine besitzen mussten. Für die Umrüstung wurden eine Zeit lang Entschädigungen gezahlt.

Auch das Stromstück unterhalb von Königswinter bis zur ersten Dollendorfer Buhne war ein beliebter Liegeplatz für Schleppzüge. Im Vordergrund die Slipanlage der Bootswerft Jean Stauf.

Jedenfalls ist erstaunlich, wie lange an der Ausnutzung der Windkraft festgehalten wurde. Selbst die Ende des 19. Jahrhunderts in Königswinter gebauten Lokalboote, die von Petroleummotoren angetrieben wurden, besaßen zum Teil noch Segeleinrichtung.

Kurioserweise hatte der Rheintourismus einen entscheidenden Anteil an der Rauchplage, denn die Zahl der Personendampfschiffe und der beförderten Personen wuchs unaufhaltsam. Allein die *Köln-Düsseldorfer Deutsche Rheindampfschiffahrt AG*, bis heute kurz *KD* genannt, bzw. eine ihrer Vorläuferinnen, die *Preußisch-Rheinische Dampfschiffahrts-Gesellschaft (PRDG)*, die 1827 mit 18.000 Reisenden den Verkehr zwischen Köln und Mainz begonnen hatte, beförderte 1913 trotz der Konkurrenz von einem Dutzend anderer Reedereien 1,9 Millionen Personen. Der Rheintourist war somit gleichzeitig Verursacher und Betroffener der Umweltbelastung. Während er sich durch Verzicht auf eine Dampferfahrt der Rauchplage entziehen konnte, waren die Bewohner des Rheintals dieser wehrlos ausgeliefert. Je nach Windrichtung half oft nur die Flucht ins Haus und das Schließen der Fenster. Es gründeten sich Bürgerinitiativen, die den Oberpräsidenten der Rheinprovinz nachdrücklich auf diesen Übelstand hinwiesen und um Abhilfe baten. Im Brief einer Gruppe aus Düsseldorf aus dem Jahre 1911 ist man erzürnt, dass sich die Dampfer geradezu ein Vergnügen daraus machen, besonders vor Städten und beim Unterfahren von Brücken die Kessel besonders stark zu feuern.

Während hier eine Minderung der Lebensqualität hingenommen werden musste, wuchs sich die Rauchplage für die Winzer zu einer Existenzgefährdung aus. *Der Verband preußischer Weinanbaugebiete* hebt nach Cioc in einem Schreiben vom 29.03.1912 an den Oberpräsidenten Freiherrn von Rheinbaben die Schädigungen „am Mittelrhein, und zwar namentlich am Siebengebirge" hervor.

Auch in der Gegend von Bingen, wo die Dampfschiffe zur Bewältigung des übergroßen Gefälles in der Binger-Loch-Strecke Vollkraft fahren mussten, gab es größere Schädigungen als sonst. Betroffen waren Weinberge in Ufernähe.

Lastschiffe auf dem Rhein, 2002

Es war ein Nebenprodukt des Rauchs, die schwefelige Säure, welche die Schäden verursachte. Die Blätter verfärbten sich bräunlich, fielen vorzeitig ab und hemmten damit das Wachstum der Trauben, die ihrerseits Qualität einbüßten. - Das Problem des *sauren Regens* blickt auf eine längere Geschichte zurück als allgemein bekannt ist.

Dem Oberpräsidenten als Klagemauer für die meisten Eingaben standen aber nur geringe Einwirkungsmöglichkeiten zur Verfügung. Von den vorhin erwähnten rund 1.500 Dampfern auf dem Mittel- und Niederrhein fuhren nur 477 unter preußischer Flagge, und von diesen hatte wiederum nur ein Drittel eine Rauchverbotsklausel in ihrer Genehmigungsurkunde. Eine Regelung für die gesamte Dampfschifffahrt wäre nur über die *Zentralkommission für die Rheinschifffahrt (ZKR)* zu erreichen gewesen. Da dieses mit Vertretern aller Rheinanliegerstaaten besetzte Gremium nur einstimmige Beschlüsse ihren Regierungen empfehlen konnte, schied dieser Weg aus, denn ein Konsens für dieses spezielle Problem war aufgrund unterschiedlicher Interessenlage nicht zu erwarten.

Das Hauptübel war, dass es keine praktikable Technik zur Verringerung der Rauchentwicklung gab.

Die dampfbetriebene *Nixe* verrichtete als Bereisungs- und Schleppschiff Dienst bei der Wasser- und Schifffahrtsverwaltung. Sie liegt im unteren Museumshafen des alten Schiffshebewerkes Henrichenburg.

Rheinbaben wurde dennoch aktiv. Es war ein Weg der kleinen Schritte, der die Interessen aller Beteiligten im Auge behielt. 1911 schlug er den Regierungen von Preußen, den Niederlanden und Bayern (wegen der Pfalz) Maßnahmen über Mindestanforderungen für die Maschinen beim Bau neuer und beim Umbau alter Schiffe vor, forderte eine generelle Ausbildung der Heizer und eine Kontrolle über die in Dampfschiffen verheizte Kohle. Außerdem sollten in bestimmten Fällen Strafgelder verhängt werden. Daneben schlug er Belohnungen für technologische Verbesserungen zur Verminderung des Rauchausstoßes oder für die Entwicklung von Diesel- und Benzinmotoren vor, die für die Schifffahrt geeignet sind.

Die erstgenannten Vorschläge Rheinbabens wurden 1913 vom preußischen Staat per Gesetz umgesetzt, andere Staaten folgten. Eine neue Generation von Dampfmaschinen entstand, die Klagen von Bürgern und Winzern wurden weniger. Dass die Rauchbelastung und

die Abgabe von schwefeliger Säure nicht völlig beseitigt werden konnten, liegt systembedingt im Dampfbetrieb. Rheinbabens weiterer Vorschlag dürfte dazu beigetragen haben, dass der 1911 von Carl Benz vorgestellte spezielle Dieselmotor für die Schifffahrt weiterentwickelt wurde, bis er die erforderliche Zuverlässigkeit erreichte. Dass sich diese Entwicklung ziemlich lange hinzog, ist wohl einerseits den vorhanden Ressourcen an einheimischer Kohle zuzuschreiben - verschiedene Reedereien besaßen Kohlegruben oder waren an solchen beteiligt -, andererseits dem Beharren auf einer Antriebsart, an die man gewöhnt war. Ihre Hochblüte erlebte die Dampfschifffahrt auf dem Rhein 1930 mit einer Flotte von 1.835 Schiffen.

Nichts ist beständiger als der Wandel: Treidelschifffahrt, dampf- und motorbetriebene Schleppschifffahrt sowie in einem gewissen Umfang die Schubschifffahrt gehören der Vergangenheit an. Wird die Rheinschifffahrt eine weitere Betriebsform entwickeln?

Zum Nachlesen

Böcking, Werner: Die Geschichte der Rheinschiffahrt, Moers 1981
Cioc, Mark: Die Rauchplage am Rhein vor dem Ersten Weltkrieg; in: Beiträge zur Rheinkunde, Heft 51/1999, Koblenz 1999
Doetsch, Rainer: Vom Radschlepper zum Koppelverband; in: Beiträge zur Rheinkunde, Heft 49/1997, Koblenz 1997
Ley, Anne: Museum der Deutschen Binnenschiffahrt Duisburg-Ruhrort, Führer durch die Ausstellung, 1. Auflage, Duisburg 2000
Renker, Hans: Raddampfer auf dem Rhein nach 1945; in: Beiträge zur Rheinkunde, Heft 45/1993, Koblenz 1993
Schierk, Hans-Fried: Technikgeschichte der Eisenbahnlinienübergänge über den Rhein im 19. Jahrhundert, in: Beiträge zur Rheinkunde, Heft 33/1981, Koblenz 1981
Tromnau, Gernot: Museum der Deutschen Binnenschiffahrt Duisburg-Ruhrort, Monatsheft Juli 1989, Braunschweig 1989
Weber, Heinz: Die Anfänge der Motorschiffahrt im Rheingebiet, Kleine Binnenschiffahrtsbibliothek, Band 1, Duisburg-Ruhrort 1978
ders.: Die Vorgeschichte der Dampfschiffahrt und der erste Dampfer auf dem Rhein; in: Beiträge zur Rheinkunde, Heft 33/1981, Koblenz 1981
Winterscheid, Theo: Die Post begab sich aufs Wasser, in: Beiträge zur Rheinkunde, Heft 53/2001, Koblenz 2001
Berres, Frieder: 2000 Jahre Schiffahrt am Siebengebirge, Band 6 der Editionsreihe *Königswinter in Geschichte und Gegenwart*, Königswinter 1999

TEE

TEE AUS DEM RHEIN-SIEG-KREIS IN ALLER MUNDE

VON BIRGIT ROHN

Wenn Dir kalt ist, wird Tee Dich erwärmen. Wenn Du erhitzt bist, wird er Dich abkühlen. Wenn Du bedrückt bist, wird er Dich aufheitern. Wenn Du erregt bist, wird er Dich beruhigen. (William Gladstone, brit. Premierminister, 19. Jh.)

Tee ist eines der beliebtesten Getränke. Viele wissen ihn zu schätzen. Der Pro-Kopf-Verbrauch in Deutschland lag im Jahr 2001 bei annähernd 250 g, das sind ca. 21 Liter Tee. Im internationalen Vergleich rangieren die Deutschen damit im Mittelfeld. Ganz andere Dimensionen hat der Teedurst bei der Nummer Eins im europäischen Teekonsum. Mit über 3 kg pro Kopf sind die Iren nach wie vor unschlagbare Teetrinker. Doch der Nummer zwei, den Briten, können zumindest die Ostfriesen fast das Teewasser reichen: Mit einem Verbrauch von über 2,6 kg

pro Kopf trugen sie entscheidend dazu bei, dass Norddeutschland auch 2001 beim Teekonsum an der Spitze lag.

Was hat das alles mit dem Rhein-Sieg-Kreis zu tun? Wenig, auf den ersten Blick. In der Teetrinker-Statistik fällt die Region an Rhein und Sieg nicht weiter auf. Ganz anders aber in der Teeverarbeitung und im Teehandel. Im Meckenheimer Gewerbegebiet hat der deutsche Marktführer seinen Sitz: Tee-Gschwendner. Hier in der Zentrale arbeiten 70 Mitarbeiterinnen und Mitarbeiter. Insgesamt rund 1.000 Menschen sind in der Gruppe beschäftigt, die deutschlandweit mit 115 Fachgeschäften (und 15 im Ausland) vertreten ist und 2000 einen Gruppenumsatz von etwa 125 Millionen DM erzielte. Grund genug, einmal hinter die Kulissen zu schauen.

DIE TRADITION DES TEES

Die Deutschen entdeckten das aromatische Getränk erst spät. Da reichte der Teegenuss in China schon Jahrtausende zurück. Die Seefahrt brachte die getrockneten Blätter des Teestrauchs nach Europa.

In China, der Heimat des Tees, wurde das Getränk bis zum achten Jahrhundert als Suppe zubereitet, später setzte sich der Pulvertee durch. Der Teeanbau, wie man ihn heute kennt, wird seit rund 5.000 Jahren im Reich der Mitte betrieben. Das Land mit der ältesten Teetradition hat auch die größte Bandbreite an unterschiedlichen Teesorten vorzuweisen. Japan, heute eine der großen Teenationen, kam wie Europa erst relativ spät zum Tee. Zwar finden sich erste Belege bereits im achten Jahrhundert, aber erst 700 Jahre danach entwickelte sich Tee in diesem Land zum Volksgetränk.

Die Holländer kauften schließlich 1610 die ersten Blätter aus China ein und waren somit auch die Ersten im europäischen Importgeschäft. Das neue Getränk erfreute sich in den Niederlanden schon nach kurzer Zeit großer Popularität. Es war dann auch ein holländischer Arzt, der Mitte des 17. Jahrhunderts Tee am brandenburgischen Hof bekannt machte. Zuerst nahmen ihn jedoch nur Apotheken in ihr Sortiment auf. Nach weiteren 200 Jahren hatte sich dann der Tee zum populären Getränk gemausert.

DER TEEMARKT

Tee ist das weltweit am häufigsten konsumierte Getränk. Die Weltproduktion lag 2001 bei drei Mio. Tonnen. Etwas mehr als die Hälfte blieb zum Eigenverbrauch in den Erzeugerländern, gut 46 % gingen in den Export. Die Hauptlieferanten des deutschen Teemarktes waren (in dieser Reihenfolge) Indien, Sri Lanka, Indonesien und China. Rund 60 % der Teeimporte kamen aus diesen Ländern. Etwas mehr als 44.000 Tonnen Tee wurden 2001 importiert, gut 22.000 Tonnen Tee aber auch veredelt und erneut ausgeführt, vornehmlich in EU-Länder. Abzüglich von Lagerbeständen lag der Eigenverbrauch an Tee bei ca. 19.400 Tonnen.

Nach wie vor führen hierzulande Früchte- und Kräutertees die Beliebtheitsskala an, vor Schwarz- und Grüntees. Unter den aromatisierten Tee ist der Earl Grey seit Jahrzehnten Spitzenreiter, nur Vanille kann sich noch mit dem Klassiker messen. Über 100 verschiedene Aroma-Tees werden derzeit im Handel angeboten. Der anhaltende Wellness- und Gesundheitstrend verstärkt die Nachfrage nach Kräuter- und Früchtetees. Hier sind vor allem die traditionellen Tees wie Fenchel oder Pfefferminze wieder im Kommen. Besonders hoch in der Gunst der Verbraucher liegen Rooibush- und Honeybushtee. Diese Sorten enthalten kein Koffein und sind ein idealer Durstlöscher.

Wo kaufen die Deutschen ihren Tee? Die Tee-Fachgeschäfte bilden mit einem Anteil von 16,5 % des Gesamtkonsums die zweitstärkste Vertriebsgruppe hinter dem Lebensmittel-Einzelhandel mit 58 %. Die Fachhandelskette TeeGschwendner konnte bis heute ihren Marktanteil auf 33 % ausbauen und damit die Marktführerschaft übernehmen.

TEE-GSCHWENDNER

Angefangen hat alles 1976 in Trier. Hier gründeten Albert und Gwendalina Gschwendner zusammen mit Alberts Bruder Karl ein Teefachgeschäft. Dieser erste Anlauf scheiterte jedoch am Standort.

Das Konzept wurde neu überdacht. Tee sollte nicht nur als Getränk, sondern als „Erlebnis" angeboten werden. Drei wichtige Merkmale zeichnen das Konzept aus: Der Erlebniseinkauf in bester Lage mit erweitertem Sortiment und einem ausgedehnten Serviceangebot. Der Erfolg ließ nicht lange auf sich warten. „Das Geschäft boomte, jeder Kunde brachte gleich einen neuen Kunden mit," erinnert sich Albert Gschwendner. Die Folge: Er gründete mit seinem Bruder einen Tee-Import und Großhandel. Weitere Filialen folgten.

Mit dem Einstieg ins Franchising beginnt 1982 die bundesweite Expansion. „Nur auf diesem Weg ließ sich die Motivation der Verkäufer in den einzelnen Läden so erhöhen, dass trotz der räumlichen Distanz zur Zentrale unser Konzept auch umgesetzt wurde," so Albert Gschwendner. Die Systemzentrale mit Sitz in Meckenheim koordiniert den Wareneinkauf, die Belieferung und überregionale Werbemaßnahmen.

Der Franchise-Partner profitiert von den Leistungen der Gruppe, arbeitet aber vor Ort als selbständiger Unternehmer. In Fachseminaren in der Systemzentrale werden die Partner geschult und hospitieren bei erfahrenen Franchise-Nehmern. Hier vertiefen die Existenzgründer nicht nur ihre Kenntnisse in punkto Warenkunde, sondern trainieren auch die umfassende Beratung.

Seit 1999 rückt ein neuer Marktauftritt die Kernkompetenz von TeeGschwendner noch deutlicher in den Vordergrund. Das Konzept will eine zukunftsweisende „Erlebniswelt rund um den Tee" schaffen, mit klar definierten Servicebereichen in den Fachgeschäften, die nicht mehr *Der Teeladen* heißen, sondern den Namen *TeeGschwendner* tragen. *Flagship-Stores* in den Großstädten sollen die Marktpräsenz weiter ausbauen. Teezubehör wird im Laden auf das Wesentliche reduziert. Auch online kann der Verbraucher per Mausklick seinen Tee ordern.

In den Teeanbaugebieten Asiens haben sich Albert Gschwendner und Thomas Holz, der Geschäftsführer Handel und Produktion, auch als Importeure und Direkteinkäufer einen Namen gemacht. „Wir zahlen seit Jahren Spitzenpreise an die Erzeuger, weil wir uns vor allem an der Qualität orientieren." Kein Wunder, dass seit 1993 in Darjeeling sogar ein Bereich des Teegartens Puttabong den Namen Gschwendner trägt.

Im Juli 1992 ersteigerte Albert Gschwendner in Kalkutta mehr als zwei Zentner des Darjeeling Puttabong SFTGFOP 1 Classic, des besten und teuersten Tees der Welt. Dafür zahlte er den Rekordpreis von 10.001 Rupien oder 550 DM pro Kilogramm. Dies war sogar dem indischen Fernsehen eine Reportage wert, in der größten Zeitung des Landes wurde das Ereignis auf Seite eins gemeldet. Der Spitzentee war in Deutschland bereits wenige Wochen später ausverkauft.

Mehr als 250 Sorten losen Tees stehen den Kunden neben 36 Sorten Teebeutel bei TeeGschwendner zur Auswahl. Dazu gehören klassische Darjeeling- und Assam-Gartentees ebenso wie aromatisierte Mischungen und erfrischende Kräuter- und Früchtetees. Über 80 Tees sind von den Teespezialisten selbst entworfen.

In der Systemzentrale sind hochmoderne Anlagen zur Teemischung, das Zentrallager und die Verwaltung untergebracht. Seit September 2000 werden im eigenen Labor die Produkte analytisch überprüft. „Nur so lässt sich Jahr für Jahr eine gleichbleibend hohe Qualität gewährleisten," erklärt Thomas Holz. Der Teetester ist für Handel und Produktion verantwortlich, er hat das letzte Wort: Durch Schmecken, Sehen und Riechen bestimmt er, ob die jeweilige Mischung den Qualitätsansprüchen genügt.

Auf der ganzen Welt gibt es Tausende von Teesorten, die sich je nach Pflanze, Herkunft, Klima, Anbau, Pflück-, Ernte- und Verarbeitungsmethoden unterscheiden. Thomas Holz findet aus einer Flut von Mustern die richtigen heraus. Eine ganze Reihe von Kriterien wie Geschmack, Geruch, Blattbeschaffenheit oder Farbe des Aufgusses „liest" er im Kontext der Herkunftsländer und beurteilt so Qualität und Preis. Sieht man ihn in der Meckenheimer Zentrale an der langen Teeverkostungstheke riechen, schlürfen, spucken und in Windeseile sein Urteil bilden, beginnt man zu ahnen, womit er die Qualitäten herausfiltert, die dann Jahr für Jahr gleichbleibend in unserer Tasse landen: mit „Scharf-Sinn" und einer hochsensiblen Zunge. Diese „Haus-Aufgaben" bilden die Grundlage eines weiteren Aufgabenfeldes des auch international renommierten Tee-Tasters (so der Fachjargon): Für Auslandskontakte und Verhandlungen mit Teehändlern braucht der gelernte Bankkaufmann neben einem großen Erfahrungsschatz Verhandlungsgeschick und (mal kein Zungen-, sondern) Fingerspitzengefühl.

«Tee im Büro»

Genau **das Richtige** vor der ersten Sitzung um 9.

Und durch nichts zu ersetzen, wann immer Sie im Büro

schnell und unkompliziert eine **kreative Pause**

einlegen möchten: Eine Tasse Tee **vom Feinsten**

im richtigen Moment ist das Geheimnis eines guten Arbeitstages.

Denn jeder **neue Tag** gehört den Geniessern.

Probieren Sie's aus!

„Wie kannst Du de Jupp in de Lehre nehmen?", wurde Schreinermeister Netterscheidt vorwurfsvoll gefragt, als er dem 20-jährigen Josef Kläser eine Lehrstelle gab. Das war 1927, und der heute 95-jährige Josef Kläser schmunzelt immer noch, wenn er von seinen Anfängen als Treppenbauer erzählt. Diesen Beruf zu ergreifen war zwar in dem kleinen Ort Fritzdorf (heute ein Teil der Gemeinde Wachtberg) die normalste Sache der Welt, da sich dort schon Mitte des 19. Jahrhunderts eine Treppenbauerkolonie gebildet hatte. Doch Josef Kläser kam aus der örtlichen Bäckerfamilie, und man gab ungern das sehr spezielle, ein wenig geheimnisumwitterte Treppenbauerwissen an Außenstehende weiter, die zu einer Konkurrenz heranwachsen konnten.

Treppauf– Treppab

Die Kunst des Treppenbauens beherrschen die Fritzdorfer seit mindestens 150 Jahren

VON BARBARA HAUSMANNS

GENERATIONSFOLGEN

Für Josef Kläser ist die Geschichte gut ausgegangen: Er machte erfolgreich seine Lehre, wurde Meister und eröffnete 1947 seinen eigenen Betrieb im benachbarten Arzdorf, das zum selben Kirchspiel wie Fritzdorf gehört. Auch mit 95 schaut der älteste Treppenbauer der Region noch täglich in die Werkstatt und macht sich nützlich. Er kann die Arbeit nicht sein lassen und ist heute froh, dass er sich als junger Mann gegen seinen Vater durchgesetzt und nach der „aufgezwungenen" Bäckerlehre seine Liebe

Der 95jährige Schreinermeister Josef Kläser mit Meisterbrief von 1950

zum Holz doch noch zu seinem Beruf gemacht hat. Heute führt sein Sohn Ulrich Kläser, der zudem stellvertretender Obermeister der Tischlerinnung Bonn/ Rhein-Sieg ist, die Firma. Und der Enkelsohn ist auch schon im Geschäft.

Diese stetige Generationenfolge der Kläsers findet sich allerdings heutzutage längst nicht mehr jedem Betrieb.

Rainer Netterscheidt steht zwar auch schon in der vierten Generation in seinem Fritzdorfer Treppenbauerbetrieb, doch ihm wird kein Familienmitglied folgen.

Sein Großvater war es übrigens, der „de Jupp" 1927 als Lehrling aufgenommen hatte.

Im Fachwerkensemble der ehemaligen Gaststätte „Zur Linde" hat sich einer der Treppenbauer in Arzdorf eingerichtet.

Schreinermeister Herbert Conzen beim Vorbereiten einer Treppenstufe.

Auch die Firma Treppenbau Schulte, die seit Generationen von der Familie Netterscheidt in Arzdorf geführt wurde, ist jetzt in andere Hände übergegangen. Seit kurzem ist dort Herbert Conzen, der ebenfalls in Arzdorf gelernt hat, der neue Chef. Der junge Meister versteht sich als echter Dorfschreiner und repariert auch ein kaputtes Stuhlbein oder fertigt ein Holzspielzeug zu Weihnachten, wenn die Kunden das wünschen.

Die Nachfrage nach diesem Service steigt und bestätigt Herbert Conzen in seinem Konzept, neben dem Treppenbau diese anderen „Dienstleistungen" anzubieten.

Natürlich beherrscht jeder der Fritz- und Arzdorfer Treppenbauer auch alle anderen Fertigkeiten, die zum Tischlerhandwerk gehören. Sie können Fenster und Türen bauen, einen Schrank oder Tisch fertigen und alle die Arbeiten leisten, die im Innenausbau mit Holz zu tun haben.

Neben den schon genannten gibt es schließlich noch zwei weitere Treppenbauerunternehmen in Fritzdorf: den Betrieb des Obermeisters der Tischlerinnung Bonn/Rhein-Sieg, Peter Schmitz, und die Firma Netterscheidt und Seidel. Insgesamt arbeiten noch rund 20 Treppenbauer in beiden Orten, die zusammen nur 1.200 Einwohner zählen. Diese Konzentration ist sicherlich nicht nur für unsere Region ungewöhnlich.

BOOMZEITEN NACH DEM ZWEITEN WELTKRIEG

Nach dem Zweiten Weltkrieg waren die Treppenbauer sogar noch prägender für das örtliche Handwerk gewesen. Damals gab es noch zwölf Betriebe mit ungefähr 60 Mitarbeitern, wie sich Obermeister Peter Schmitz erinnert, der 1958 seine eigene Werkstatt in Fritzdorf gründete. In diesen Jahren boomte der Siedlungsbau und brachte viele Aufträge für die Treppenbauer. So erhielt Josef Kläser gemeinsam mit einem Bonner Unternehmen einen Großauftrag in Bad Neuenahr. 44 Holztreppen lieferte er für die neu entstandenen Besatzungsbauten der

Briten. Doch schon wenige Jahrzehnte später sind es nur noch acht Betriebe, die 1974 in der Festschrift zur 1.200-Jahr-Feier Fritzdorfs mit der „Spezialität Treppenbau" werben.

Neben den fehlenden Nachfolgern aus der Familie macht den heutigen Tischlern, zu denen die Treppenbauer gerechnet werden, die industrielle Fertigung von Treppen zu schaffen. Qualitativ kann die Treppe aus dem Bau- oder Großmarkt natürlich nicht mit der handgefertigten Maßarbeit aus Fritzdorf mithalten. Aber das merkt der Kunde erst nach einiger Zeit, wenn Schäden auftreten und die Mängel sichtbar werden. Spätestens dann reut ihn der billige Einkauf ohne die Beratung und den Sachverstand des Handwerkers, so die Erfahrung der Treppenbauer.

TRADITION SEIT MEHR ALS 150 JAHREN

Nachgewiesen ist dieses hochspezialisierte Handwerk in Fritzdorf seit Mitte des 19. Jahrhunderts. Die Pfarrchronik des Ortes, die inzwischen leider verschollen ist, vermerkt 1851 drei Brüder mit dem Namen Drodten, die sich auf den Treppenbau spezialisierten. Warum sich die Drodtens, die bereits länger als Schreiner im Ort arbeiteten und möglicherweise schon zehn Jahre zuvor die Fritzdorfer Kirche mit neuen Bänken ausgestattet hatten, dem Treppenbau verschrieben, bleibt unklar. Möglicherweise hatten sie dieses spezielle Wissen aus ihrer früheren Heimat mitgebracht. Oder ein besonderer Bedarf tat sich damals auf. Ob er beispielsweise aus einem Bauboom in der Umgebung oder der Sanierung eines der umliegenden Schlösser herrührte, muss noch geklärt werden.

Die relativ ruhige regionale Bevölkerungsentwicklung im 19. Jahrhundert reicht allein nicht als Erklärung aus. So lebten in Fritzdorf und Arzdorf um 1861 knapp 800 Einwohner in etwa 130 Häusern. Jahrzehnte vorher und nachher blieben die Einwohnerzahlen stabil.

Die Drodtens jedenfalls erkannten die neuen Chancen richtig und leiteten eine für Fritzdorf wunderbare Entwicklung ein. Es entstanden weitere auf Treppenbau spezialisierte Werkstätten, die bald 40 Männer beschäftigten. Neben der Landwirtschaft wurde der Treppenbau für lange Zeit zum wichtigsten Erwerbszweig.

Nachfahren der Drodtens leben heute noch im Ort und auch das Haus, in dem alles angefangen hat, steht noch. Doch der letzte Treppenbauer des Clans ist inzwischen auch schon im Ruhestand.

HANDWERK AUF HOHEM NIVEAU

Die Fritzdorfer erreichten schnell ein qualitativ hohes Niveau mit ihren Arbeiten – ihre Treppen wurden über die Region hinaus bekannt. Ihren hohen handwerklichen Standard konnten sie über die Jahrzehnte halten. Zufriedene Kunden empfehlen die Fritzdorfer und Arzdorfer Betriebe seit Generationen weiter.

Besonders schöne Treppen werden möglich, wenn die Treppenbauer schon früh in die Hausplanung miteinbezogen werden. Dann können sie ihre ganze Kunst auf die richtigen Proportionen und die optimale Funktionalität konzentrieren und müssen nicht auch noch Planungsfehler ausgleichen.

Da die Zeit der über viele Stockwerke reichenden Holztreppen in Mehrfamilienhäusern vorbei ist, fertigen die Treppenbauer heute in der Regel Treppen für Privathäuser. Die liefern sie normalerweise in einem Radius von bis zu 100 Kilometern aus. Diese zumeist ein- bis zweigeschossigen Treppen sind häufig in die Wohnräume integriert und werden von den Hausbewohnern wie ein Möbelstück betrachtet. Damit steigen auch die Ansprüche an dieses auffallende „Möbel" – die Optik erhält neben der sachgerechten Verarbeitung eine entscheidende Bedeutung.

Vor einigen Jahrzehnten, als die meisten Häuser Zentralheizungen bekamen und die Treppen eben nicht mehr nur im unbeheizten Flur oder Treppenhaus standen, gab es auf einmal Probleme. Viele Treppen zeigten Risse, weil das verarbeitete Holz zu feucht für die Heizungsluft

Auch bei Treppen, die so alt sind wie Josef Kläser, lohnt sich die Aufarbeitung durch den Treppenbauer.

war. Heutzutage passiert das schon lange nicht mehr, weil das Holz vor der Verarbeitung erst einer Lufttrocknung und dann noch einer so genannten Kammertrocknung unterzogen wird. Dadurch sinkt der Feuchtigkeitsgehalt auf circa 10 Prozent.

HOLZ AUS DER REGION

Materialübergreifende Treppen mit Anteilen von Holz, Metall oder Glas sind für die heutigen Treppenbauer Standard. Wurden früher normale Treppen aus Buche gefertigt (die heute beliebte und vielfach verwendete Eiche war ein Luxusprodukt, das z. B. in Schlössern oder großen Bürgerhäusern verwendet wurde), finden heute unterschiedliche Harthölzer neben diesen beiden Holzarten Verwendung. Ahorn und Esche werden gerne verbaut, langsam gibt es auch wieder einen Markt für Tropenhölzer aus zertifiziertem Anbau.

Das vorbehandelte und kammergetrocknete Holz, das dem heutigen Wohnungsklima ohne Risse standhält, beziehen die Treppenbauer zumeist aus der Region von großen Holzhandlungen. Früher kamen die geschnittenen Bretter aus den örtlichen Sägewerken, von denen in Fritzdorf nur eins überlebt hat. Bis in die 60er Jahre des letzten Jahrhunderts betrieb zum Beispiel Josef Kläser noch ein eigenes Sägewerk, das vor allem Holz des nahe gelegenen Kottenforstes verarbeitete.

Mehr als 75 Jahre: örtlicher Holzlieferant Schmitz

Aufträge zu solchen Prachttreppen sind eher selten geworden.

GUTE ARBEIT HAT IHREN PREIS

Für eine normale Geschosstreppe – so schätzt Peter Schmitz – braucht man 100 Arbeitsstunden. 5.000 bis 6.000 Euro muss man für dieses handwerkliche Spitzenprodukt dann schon hinlegen. Nach oben gibt es kaum Grenzen – der Preis orientiert sich an Umfang, Ausführung und z. B. der Verarbeitung der Holzstäbe. Bei Kläsers verlässt ungefähr jede Woche eine Treppe den Betrieb, die komplett in der Werkstatt entsteht und vor Ort montiert wird. Treppenbauerarbeit ist immer noch Knochenarbeit. Die oft einseitige Stellung an den Maschinen und das schwere Heben belasten die Wirbelsäule und die Gelenke. Trotz einiger halbautomatischer Maschinen, die dem Treppenbauer sein Handwerk heute körperlich etwas leichter machen, muss er immer noch einen großen Anteil Handarbeit leisten. Neben der Anfertigung neuer Treppen reizt auch immer die

Sanierung und Wiedererschaffung alter Stiegen und Prachttreppen. Rainer Netterscheidt erinnert sich gerne an einen Auftrag aus den 70er Jahren, wo er aus 15 Kubikmeter Eichenholz nach historischen Vorlagen die Treppen der Bad Godesberger Redoute nachbaute. Auch Peter Schmitz freut sich immer wieder über Aufträge aus den umliegenden Schlössern und Landsitzen. Seine Firma wird häufig angefragt, wenn Treppen in einem denkmalgeschützten Gebäude saniert werden müssen.

Ulrich Kläser hat schon mancher knarrenden Treppe in Bonner Bürgerhäusern des 19. Jahrhunderts das ursprüngliche Aussehen wiedergegeben. Die komplette Sanierung einer solchen Treppe über drei Etagen kann für den Treppenbauer über 1.000 Stunden Arbeit bringen - und für den Kunden eine Rechnung von über 50.000 Euro. Diese oft hundertjährigen Treppen sind Opfer der modernen Heiztechniken - nach ihrer Restaurierung halten sie gut und gerne weitere 50 Jahre und noch länger.

TRICKS UND KNIFFE

Jeder Fritzdorfer Treppenbauer hat so seine eigenen Tricks und Kniffe. Die Kollegen erkennen die Arbeiten des anderen an den kleinen Besonderheiten. Der eine hat ein spezielles Faible für anspruchsvolle Drechslerarbeiten, der andere macht besonders gute Schlitz- und Zapfverbindungen zwischen Handlauf und Pfosten. Für den erfahrenen Schreiner Peter Schmitz sind die gute Ausführung des Antrittspfosten und der ersten Stufen die Visitenkarte des Treppenbauers. Natürlich muss auch der Rest stimmen: der Aufbau aller anderen Stufen und die Form des Handlaufs. Vielleicht ist nicht jedem Fritzdorfer oder Arzdorfer Treppenbauer die Scalologie – die Wissenschaft vom Treppenbau – mit all ihren gelehrten Theorien vertraut, aber ihr von Generation zu Generation mündlich weitergegebenes Wissen lässt sie einfach gute Treppen bauen.

Sie beherrschen die Kunst, den Weg von unten nach oben und umgekehrt so perfekt in Holz zu gestalten, dass jeweils zweimal Steigung und einmal Auftritt sich im gleichmäßigen Rhythmus zwischen den Geschossen verteilen. Das Verziehen der Treppen ist die Kunst, die bequemes Gehen ermöglicht auf einem ästhetisch ansprechenden Produkt. Meister ihres Faches sind sie jedenfalls alle und jeder hat seine Nische gefunden, um sich aus der Konkurrenz mit etwas Besonderem herauszuheben.

Treppenbauen ist kein fester Bestandteil der Tischlerausbildung, doch in Fritzdorf und Arzdorf werden die meisten Lehrlinge natürlich in die Kunst des Treppenbauens eingeweiht. Fünf bis sechs Jahre brauchen sie, um richtig fit zu werden. Sie müssen dem Meister oder dem Gesellen oft und lange über die Schulter schauen, bevor sie ihr erstes eigenes Stück angehen können. Die normale dreijährige Lehrzeit reicht dazu jedenfalls nicht aus. Und dann – nach vielen hundert Stunden des genauen Hinguckens und später des Mitmachens – gibt es wieder eine neue Generation, die die Geheimnisse des Treppenbauens kennt – wie schon Josef Kläser vor 75 Jahren und all die anderen vor ihm in Fritzdorf.

Zwischen Handarbeit und moderner Technik:
Der langjährige Obermeister Peter Schmitz, links
und sein Altgeselle, rechts.

146

Motor für IT-Innovationen
in
den Kreis- und Rathäusern

Der Zweckverband GKD ist eine Körperschaft des öffentlichen Rechts. Verbandsmitglieder sind der Rhein-Sieg-Kreis und der Oberbergische Kreis sowie die 32 Städte und Gemeinden beider Kreise.

Das Dienstleistungsangebot deckt den Bereich der Informations- und Kommunikationstechnik für Kommunalbehörden ab. Seit mehr als 30 Jahren ist eine hohe Kompetenz in der kommunalen Datenverarbeitung aufgebaut worden. Die Ausrichtung auf die jeweils aktuelle Entwicklung der IuK-Technologie sowie die Orientierung an der Verwaltungswissenschaft, an nationalen und internationalen Projekten sind die Leitlinie unserer Tätigkeit. Aktuell wird der seit einiger Zeit zu beobachtende Prozess der Bürgerfokussierung des kommunalen Verwaltungshandelns durch die Einführung moderner Softwareprodukte tatkräftig gefördert. E-Government ist für uns kein Schlagwort. Wir arbeiten an der praktischen Umsetzung.

Unsere wesentlichen Dienstleistungsfelder sind

- Zentrale Datenverarbeitung (Produktion)
- Bereitstellung Fachanwendungssoftware
- Netzbetrieb
- Benutzerservice und Fachanwendungsbetreuung

- Schulung
- Beschaffung und Vertrieb von Hard- und Software
- Softwareentwicklung
- Vermittlung von Leistungen auf dem Gebiet der Sprachkommunikation

Wenn Sie mehr wissen möchten, finden Sie im Internet unter www.gkd-rso.de weitere Informationen.

»FRAU UND BERUF«
oder eher
»FRAU UND FAMILIE«
oder doch lieber
»FRAU, BERUF UND FAMILIE«?

von Anita Halft und Irmgard Schillo

Immer mehr Mütter versuchen den Spagat zwischen Kind und Karriere. Sechs von zehn Müttern mit minderjährigen Kindern, sagen die Zahlen des Statistischen Bundesamtes (2001), sind derzeit erwerbstätig. 97 Prozent aller Karrieremänner sind verheiratet und haben sogar überdurchschnittlich viele Kinder. Dagegen haben 40 Prozent aller Frauen, die Karriere machen, keine feste Partnerschaft und keine Kinder. (Elke Müller-Mees, 1993)

95 Prozent der unter 25-Jährigen in Deutschland wünschen sich ein Leben mit Kindern. Dennoch wird vorausgesagt, dass die Zahl der Kinder um etwa ein Viertel zurückgehen wird. Haupthindernis bei der Verwirklichung ihrer Kinderwünsche ist für viele Menschen - vor allem für Frauen -, dass sie Beruf und Familie nur schwer bis gar nicht vereinbaren können. Die steigende Zahl der Partnerschaften ohne Kinder - inzwischen etwa 30 Prozent - belegt das.

In anderen europäischen Ländern werden mehr Kinder geboren, weil Frauen auch mit Familie berufstätig sein können. Norwegen hat mit durchschnittlich 1,86 Kindern pro Familie die höchste Geburtenrate und gleichzeitig mit 75,3 Prozent die höchste Erwerbsbeteiligung von Frauen, gefolgt von Dänemark und Finnland. Deutschland nimmt mit durchschnittlich 1,37 Kindern und nur 62,1 Prozent Frauenerwerbsquote den viertletzten Platz ein.

Ein vielfach auftretendes Problem ist, dass gut ausgebildete Frauen ihre Fähigkeiten aufgrund ihrer Familiensituation nicht voll ausnutzen können. Gerade in führenden Positionen haben Männer noch Vorrang vor ihren weiblichen

Kolleginnen trotz gleicher Qualifikation. Frauen verzichten oft auf einen höher qualifizierten Arbeitsplatz, da sie auch der Mutterrolle gerecht werden wollen. Scheinbar müssen Frauen sich entscheiden. Eine Konsequenz: Je höher das Einkommen und der Bildungsabschluss von Frauen, desto weniger Kinder haben sie.

Weiterhin bestehen in Deutschland erhebliche Unterschiede in der Berufs- und Einkommenssituation von Frauen und Männern. Eine in Vollzeit beschäftigte Frau erreichte 1997 in Westdeutschland durchschnittlich knapp 75 Prozent des durchschnittlichen Einkommens eines Mannes, in Ostdeutschland waren es knapp 94 Prozent.

Mit der Familiengründung laufen die beruflichen Entwicklungen von Frauen und Männern also auseinander. Somit stellt sich die Frage, wie Familie und Arbeitswelt für Frauen und Männer besser in Einklang gebracht werden können.

Familie und Beruf ist für Männer selbstverständlich und für Frauen ist die Vereinbarkeit ein Balanceakt ohne Netz und doppelten Boden. Denn: Familien- und Erziehungsarbeit ist immer noch Frauenarbeit und die Flucht der Männer vor Kochtöpfen und Kleinkindern die Regel. Es ist wichtig, auch bei Männern Bewusstsein dafür zu schaffen, dass sie als Väter für ihre Kinder genauso verantwortlich sind wie die Mütter. Die Väter gilt es zu motivieren, eine aktive Vaterschaft zu leben, Verantwortung zu übernehmen und den Alltag mit den Kindern sinnvoll mitzugestalten. Die Vision ist, dass sich etwas Grundsätzliches ändern möge bei der Verteilung der bezahlten und unbezahlten Arbeit.

Die Studie *Junge Frauen - junge Männer* des Bundesministeriums für Familien, Soziales, Frauen und Jugend zeigt, dass die Chancengleichheit in der jungen Generation noch nicht verwirklicht ist. Obwohl Männer wie Frauen für gleiche Teilhabe an der Familienarbeit plädieren, ist die Bereitschaft junger Männer eher gering, ihre beruflichen Pläne zugunsten familiärer Aufgaben zurückzustellen. Rund 45 Prozent der 16- bis 23-jährigen Männer stimmen der Aussage zu: „Wenn Kinder da sind, soll der Mann arbeiten gehen und die Frau zu Hause bleiben und die Kinder versorgen". Dabei äußern zwei Drittel der unter 30-jährigen Frauen den Wunsch, dass Erziehungsurlaub für Männer selbstverständlicher werde.

In der Studie *Null Zoff & voll busy* (Universität Siegen) gaben 56 Prozent der jungen Menschen an, dass das persönliche Vorbild Orientierung gibt. Unter den Vorbildern stehen bei Mädchen die eigenen Mütter und Sängerinnen ganz vorne, bei den Jungen erfolgreiche Sportler. Die Väter folgen mit deutlichem Abstand. Ein Grund mehr für Mütter und Väter, die Erziehung der Kinder gemeinsam umzusetzen.

Wo finden Eltern Unterstützung und Hilfe bei der Organisation der Kinderbetreuung?

Für Familien, die Ernst machen wollen mit der gemeinsamen Kindererziehung, haben sich mit dem *Gesetz über die Elternzeit* die Rahmenbedingungen verbessert. Erwerbstätige Väter und Mütter, die ihr Kind selbst betreuen und erziehen, haben Anspruch auf Elternzeit (ehemals Erziehungsurlaub). Dabei können sie bis zu 30 Stunden (vorher 19 Stunden) in der Woche neben der Elternzeit arbeiten. Die Vorteile der gesetzlichen Änderungen werden Müttern und Vätern in der Broschüre *Elternzeit: Teilen macht Freude* aufgezeigt, die die Regionalstelle Frau & Beruf herausgegeben hat.

Neben den Angeboten der Kindergärten, Kinderhorte, betreuenden Grundschulen gibt es im Rhein-Sieg-Kreis ein *Netzwerk der familiären Tagesbetreuung*, das eng mit dem Jugendamt des Rhein-Sieg-Kreises zusammenarbeitet. Das Netzwerk führt Kurse zur Qualifizierung von Tagespflegepersonen durch. Vor Ort in den Vermittlungsstellen sind Ansprechpartnerinnen, die bei der Vermittlung von Tagesmüttern und -vätern unterstützen. Hier erhalten Eltern eine Hilfe bei der Suche nach einer guten, zuverlässigen Betreuungsmöglichkeit für ihr Kind. Das Jugendamt des Rhein-Sieg-Kreises stellt eine Informationsbroschüre mit den Adressen der Vermittlungsstellen zur Verfügung.

Je höher die Ausbildung der Frauen, um so größer sind ihre Chancen auf dem Arbeitsmarkt. Wo finden Frauen und Mädchen Anregungen und Unterstützung bei ihrem beruflichen Werdegang?

Zum Beispiel bei der Regionalstelle Frau & Beruf Bonn/Rhein-Sieg mit ihrem Büro in Siegburg. Insgesamt gibt es in Nordrhein Westfalen 48 dieser Regionalstellen, die als Marktführerinnen für das Thema „Frau und Beruf" Ansprechpartnerinnen für Frauen, Unternehmen, Institutionen, Kammern, Lehrkräfte usw.

Die Fotos auf dieser und auf der folgenden Seite sind Momentaufnahmen aus Aktionstagen zur Berufsorientierung.

in allen Fragen der Erwerbstätigkeit von Frauen sind. Ihr Angebot umfasst die persönliche Beratung, Informationsveranstaltungen, Herausgabe von Broschüren, Pressearbeit usw. – eben alles, womit Mädchen und Frauen auf ihrem beruflichen Weg begleitet und Unternehmen und andere Institutionen in ihren Aktivitäten für eine Chancengleichheit von Frauen im Beruf unterstützt werden können.

Den Regionalstellen Frau & Beruf sind die Aufgabenfelder Berufswahlorientierung/Nachwuchsförderung, Hilfen beim Wiedereinstieg in den Beruf nach einer Familienphase, betriebliche Frauenförderung und die Unterstützung von Frauen, die sich selbständig machen wollen, übertragen. Bei der Ausgestaltung orientieren sie sich an den regionalen Anforderungen und Gegebenheiten. So sind Aktivitäten, um Mädchen und Frauen für eine Ausbildung bzw. Tätigkeit im IT-Bereich zu motivieren, in unserer Region selbstverständlich.

Noch immer entscheiden sich zwei Drittel der jungen Frauen für eine Ausbildung in zehn Berufen, schwerpunktmäßig im Sozial- und Dienstleistungsbereich. Dies sind oft Berufe mit eher niedrigen Einkommen und wenig Aufstiegschancen. Durch Informationsveranstaltungen und Broschüren motiviert die Regionalstelle junge Mädchen, auch in eher untypische Berufsfelder zu schnuppern. Die jährlich neu aufgelegte Praktikumsliste unter dem Titel *Mädchen zum Praktikum willkommen* leistet

hier eine wertvolle Hilfestellung. Die Resonanz der Schülerinnen auf den *Girls Day 2002* zeigte das Interesse von jungen Frauen an gewerblich-technischen Berufen und zeigte auch das Interesse von Unternehmen an dieser Personalressource der Zukunft.

Nach wie vor sind es vorwiegend die Mütter, die für die Erziehung der Kinder ihre Berufstätigkeit unterbrechen. Nach einer Familienphase unterstützt die Regionalstelle Berufsrückkehrerinnen auf ihrem Weg zurück ins Berufsleben. Arbeitsabläufe, Anforderungen haben sich geändert, aber auch häufig die Interessen der Frauen. Kinderbetreuung und Zeitmanagement sind notwendig; evtl. ist auch der ursprünglich erlernte Beruf nicht mehr „up to date".

In einem persönlichen Beratungsgespräch wird geklärt, inwieweit der Arbeitsmarkt an den „neuen" Neigungen und Fähigkeiten Interesse hat. In der Informationsbroschüre *Ich komme zurück - Ein Leitfaden für Berufsrückkehrerinnen* sind die ersten Schritte beschrieben, gibt es wertvolle Hinweise, Tipps, Anregungen und wichtige Adressen. Veranstaltungen zu diesem Thema runden das Angebot ab.

Frauen haben immer häufiger den Wunsch, sich selbständig zu machen: „Warum für andere arbeiten, wenn frau es für sich selbst tun kann?" Unter der Überschrift *Selbst ist die Frau* bietet die Regionalstelle zahlreiche Veranstaltungen an, die helfen, den Schritt in die Selbständigkeit gut vorzubereiten und

das Unternehmen aufzubauen. In einer Erstberatung wird das Gründungskonzept intensiv unter die Lupe genommen und besprochen. Ein spezieller *Wegweiser für Existenzgründerinnen* dient als „Leitfaden" in der Gründungsphase. Durch regelmäßige Fachvorträge werden Einzelthemen intensiv behandelt.

Die Gründung eines eigenes Unternehmens wirft viele spezielle Fragen auf, die von der Regionalstelle natürlich nicht alle beantwortet werden können. Daher hat sie bereits vor fünf Jahren ein *Beraterinnen-Netzwerk für Existenzgründerinnen* ins Leben gerufen. So gibt es die notwendigen Informationen von Fachfrauen, die um die spezielle Situation von Gründerinnen wissen.

Ganz wichtig sind der Regionalstelle Netzwerke. Auf ihre Initiative hin treffen sich seit drei Jahren einmal monatlich Unternehmerinnen in Siegburg und daneben gibt es noch einen Erfahrungsaustausch für Existenzgründerinnen, der vor über einem Jahr eingerichtet wurde.

Neben den Angeboten für die Frauen sucht die Regionalstelle den Kontakt zu Unternehmen, um für Praktikums- und Ausbildungsplätze für Mädchen zu werben, aber auch um beispielsweise bei der Frage von flexiblen Arbeitszeitmodellen oder Führungsseminaren für Frauen zu unterstützen.

Ein weitgespanntes Netz von Kooperationen hilft der Regionalstelle, mit nur wenig Personal an vielen Orten im Rhein-Sieg-Kreis präsent zu sein.

IHRE KREISSPARKASSE.
FÜR DIE UMWELT. FÜR DIE ZUKUNFT.

Immer für Sie da!

Kreissparkasse
im Rhein-Sieg-Kreis

Wir engagieren uns für den Schutz der Umwelt im Rhein-Sieg-Kreis.

SMK
EIN PROJEKT DER KREISSPARKASSE
ZUR LOKALEN
ARBEITSMARKTFÖRDERUNG

VON CHRISTOPH HELLMANN

Der Rhein-Sieg-Kreis hat das Thema „Arbeit" in den Mittelpunkt seines Jahrbuchs 2003 gestellt - ein Thema, das auch für die Kreissparkasse von vielschichtiger Bedeutung ist. Selber Arbeitsplätze anzubieten ist dabei ein Aspekt, der für alle Unternehmen gilt. Selber daran mitzuwirken, dass außerhalb des eigenen Unternehmens neue Arbeitsplätze entstehen, ist ein weiterer Gesichtspunkt. Hierbei nimmt die Kreissparkasse eine Vorreiterrolle unter den Kreditinstituten im Rhein-Sieg-Kreis wahr.

Der Rhein-Sieg-Kreis steckt mitten in einem wirtschaftlichen und strukturellen Umbruch. Die Auswirkungen des Umzuges von Parlament und dem Kernbereich der Regierungsfunktionen nach Berlin sowie die auch in unserer Region nach wie vor zu hohe - wenn auch deutlich unter dem Bundesdurchschnitt liegende - Arbeitslosigkeit stellen zentrale Herausforderungen dar. Diese zu bewältigen ist nicht nur Aufgabe der Politik, sondern zunehmend auch der Wirtschaft.

Als regional ausgerichtetes Kreditinstitut geht die Kreissparkasse hier mit gutem Beispiel voran. Ausgehend von einer ihrer zehn Unternehmensleitlinien („Als kommunales Kreditinstitut bekennen wir uns zum öffentlichen Auftrag der Sparkassen und übernehmen Verantwortung für die Entwicklung unserer Heimat an Rhein und Sieg"), hat sie mit *SMK - Selbstständigkeit mit Konzept* in den vergangenen Jahren in Kooperation mit dem Arbeitsamt Bonn dreimal ein Projekt für arbeitslose Fach- und Führungskräfte aus der Region durchgeführt.

SELBSTÄNDIG ZURÜCK INS ERWERBSLEBEN

SMK richtete sich an arbeitslose Fach- und Führungskräfte aus dem Rhein-Sieg-Kreis, die aufgrund ihres hohen Lebensalters, ihrer individuellen Gehaltsvorstellungen oder sogar aufgrund ihrer „Überqualifizierung" keinen Weg zurück in den Arbeitsmarkt fanden. Ziel war es, das aufgrund der Arbeitslosigkeit brach liegende Potenzial der Teilnehmer zu nutzen. Voraussetzung für die Teilnahme waren bereits vorhandene grobe Geschäftsideen der Bewerber, die dann im Projektverlauf „zur Marktreife" gebracht werden sollten. So wurden beispielsweise Fragen des Unternehmensprofils, der Produktions- und Absatzstrategie oder des Kapitalbedarfs geklärt. Die Projektteilnehmer wurden dabei aktiv begleitet und unterstützt durch fachliche Qualifizierung zu betriebswirtschaftlichen Fragestellungen und umfassende Existenzgründungsberatung.

Um die Erfolgschancen des Projektes zu maximieren, hat die Kreissparkasse mit namhaften Kooperationspartnern zusammengearbeitet. Bei der dritten Auflage von *SMK* waren dies die Unternehmensberatung Schüller & Partner, das Arbeitsamt Bonn, die Wifo Bonn und Rhein-Sieg, weitere Experten wie Steuerberater oder Fachanwälte für Arbeitsrecht sowie die Existenzgründungsspezialisten der Kreissparkasse. Die Kosten von 45.000 Euro wurden von der Kreissparkasse und dem Arbeitsamt Bonn übernommen, so dass für die Teilnehmer des Projektes keine Kosten anfielen. Darüber hinaus hat die Kreissparkasse die notwendigen Rahmenbedingungen wie Räumlichkeiten, Arbeitsmaterialen, Verpflegung etc. unentgeltlich zur Verfügung gestellt.

HOHE ERFOLGSQUOTEN

Über 90 Prozent der Teilnehmer der bisherigen *SMK*-Auflagen haben das Projekt mit konkreten Geschäftsplänen beendet oder sogar bereits in der Projektphase ihr eigenes Unternehmen gegründet. Aufgrund dieser hohen Erfolgsquoten plant die Kreissparkasse jetzt die vierte Runde von *SMK*. Das Ziel bleibt dabei dasselbe:

Unternehmen sollen gegründet werden mit der Folge einer neuen Beschäftigung für den Projektteilnehmer und - bei einer positiven Geschäftsentwicklung - weiteren neuen Arbeitsplätzen in unserer Region. Somit unterstützt die Kreissparkasse mit *SMK* die Existenzgründungs- und Wirtschaftsförderungsaktivitäten im Rhein-Sieg-Kreis, wovon letztlich die Allgemeinheit profitiert.

Happy Birthday zum Zweiten!

BAD HONNEF IST HOCHSCHULSTADT

DIE INTERNATIONALE FACHHOCHSCHULE BAD HONNEF · BONN - TOURISMUS STUDIEREN IM HERZEN EUROPAS

von
Heike Pohlscheidt

Studenten schätzen das Campusfeld, die Symbiose von alten und neuen Gebäuden.

Der Start in eine internationale Traumkarriere beginnt seit September 2000 für viele künftige Tourismusfachleute in Bad Honnef. Hier bietet die *Internationale Fachhochschule Bad Honnef · Bonn* als erste englischsprachige Hochschule für Dienstleistungsmanagement in Deutschland drei- und vierjährige akademische Studiengänge in den Fachrichtungen Hotelmanagement, Touristikmanagement und Luftverkehrsmanagement an. Das anspruchsvolle Konzept der FH - Internationalität, kompaktes Fachwissen und hoher Praxisbezug - spiegelt sich in dem ebenso außergewöhnlichen wie zeitgemäßen Studienprogramm wider:
Neben der Möglichkeit des Doppelabschlusses - Diplom-Betriebswirt (FH) und Bachelor - zählen hierzu In- und Auslandspraktika, Auslandsjahr mit Bachelor-Abschluss, international renommierte Dozenten und Praxisangebote auf dem Campus (drei Restaurationsbetriebe). Englisch ist Unterrichtssprache, als weitere Fremdsprachen werden wahlweise Spanisch, Italienisch, Französisch und Chinesisch gelehrt.

Mit heute schon 270 Studierenden aus aller Welt und einem umfangreichen Netzwerk aus Fachleuten im Tourismus hat sich die staatlich anerkannte private Fachhochschule bereits nach kurzer Zeit einen Namen in der Branche gemacht. Das dienstleistungsorientierte Studium in dem neuen Kompetenzzentrum am Rhein dient somit nicht nur der internationalen Ausbildung der Studierenden sondern unterstützt ebenso den Tourismus und die Dienstleistungswirtschaft im regionalen Umfeld und trägt damit aktiv zum Strukturwandel der Region bei.

oben: Luftbild von Bad Honnef

links: Das alte St. Anno Gebäude
beherbergt heute Vorlesungs- und
Verwaltungsräume
und das Restaurant.

rechts: Der historische Turm.

RÜCKBLICK

Nach der staatlichen Anerkennung der
FH im September 1999 und der positiven Beurteilung durch den Wissenschaftsrat hat sich der Koordinierungsausschuss nach der Ausgleichsvereinbarung für die Region Bonn für eine
finanzielle Förderung durch den Bund
im Rahmen des Berlin/Bonn-Gesetzes
ausgesprochen. Ausschlaggebend für diese Entscheidung waren die bilinguale
Ausbildung, Auslandsstudienaufenthalte
an Partneruniversitäten in Europa und
Übersee sowie die praktische Ausbildung
auf dem Campus und Praktika im In-
und Ausland.

Im Herbst 2000 wurden die Gelder des
Bundesbauministeriums bewilligt. Der
Rhein-Sieg-Kreis und die Stadt Bad
Honnef bürgten - die *Internationale
Fachhochschule Bad Honnef · Bonn* konnte das Projekt Bauphase starten!

Das 25.000-qm-Areal des St. Anno Geländes mitten in Bad Honnef sollte der
neuen Hochschulstadt zukünftig für bis
zu 700 Studierende einen adäquaten
Standort bieten. Während der Baumaßnahmen wurde die Hochschule in spe
vorübergehend im örtlichen Feuerschlösschen untergebracht.

Hier öffneten pünktlich zum 1. September 2000 die Pforten zum Studienbeginn
der „Pioniere".

Seitdem ist die Entwicklung der *Internationalen Fachhochschule Bad Honnef ·
Bonn* nicht mehr aufzuhalten und nach
nur knapp zehnmonatiger Bauphase
konnte der Campus bezogen werden.

links: Ehrengäste und Veranstalter
bei der offiziellen Eröffnung,
v.l.n.r. Rektor Prof. Dr. Peter Thuy,
Präsidentin Antoinette Klute-Wetterauer,
Landrat Frithjof Kühn,
Ministerpräsident Wolfgang Clement,
Kanzlerin Hella Ackermann.

unten: Blick in das Spiegelzelt während der Eröffnungsfeier

DIE ERÖFFNUNG

Zur offiziellen Campus-Eröffnung am 11. Januar 2002 in einem großen Spiegelzelt waren 400 geladene Gäste aus Politik und Tourismuswirtschaft erschienen.

Die Eröffnungsworte sprach Ministerpräsident Wolfgang Clement, der betonte, dass sich der Tourismus-Sektor auch in Nordrhein-Westfalen zu einem der bedeutendsten Wirtschaftsfaktoren entwickele und die Region überdies das Zeug zur „wichtigsten Kongressregion überhaupt" habe.

Landrat Frithjof Kühn gratulierte den Studierenden für ihre gute Wahl zur „herausragenden Ausbildung hier in Bad Honnef" und auch Ministerialdirigent Klaus Westkamp vom Bundesbauministerium bestätigte das Konzept der Fachhochschule: „Die Mittel des Bundes sind hier gut angelegt."

Nach der feierlichen Übergabe einer Fahne der Stadt Bad Honnef durch die stellvertretende Bürgermeisterin Gerda Seidel und weiteren Grußworten durch Freunde und Förderer der FH wurden per Video die Partneruniversitäten *Coastal Carolina* und *Northern Arizona* zugeschaltet. Eine anschließende Talkrunde zwischen Vertretern der Studierenden,

Ministerpräsident Wolfgang Clement und Vertretern der IHK sowie der Tourismus- und der Hotelbranche beendete den Festakt. Anschließend stellten bei einer zweitägigen Bildungsmesse zahlreiche Unternehmen aus dem Tourismusbereich Berufe und Perspektiven dieser Branche vor. Den Abschluss bildete eine rauschende Ballnacht am 12. Januar – der erste Hochschulball – mit Tombola, deren Erlös an die Fördergesellschaft der Hochschule ging.

DER CAMPUS

Das alte Schulhaus und der historische St. Anno Turm geben dem modernen Campus heute eine besondere Mischung aus Tradition und Innovation. Die Gebäude wurden vollständig restauriert und mit modernster Technik ausgestattet. Im Erdgeschoss des alten Schulhauses wacht der Schweizer Spitzenkoch Bruno Straub - von seinen Studenten liebevoll „Chef Bruno" genannt - über die profes-

Kulinarische Genüsse in gepflegter Atmosphäre.

oben: Die Hochschulleitung, v.l.n.r. Kanzlerin Hella Ackermann, Gründungsrektor Prof. Dr. Peter Thuy, Präsidentin Antoinette Klute-Wetterauer.

links: St. Anno Park Restaurant am Abend.

unten: Studierende in der Bibliothek.

sionell eingerichtete Küche. Hier lehrt er die Praxis der internationalen Küche und kreiert Gaumenfreuden für die Gäste des *St. Anno Park Restaurants.* Dieses campuseigene Restaurant mit Blick auf den Park dient den Studierenden des Fachbereichs Hotelmanagement zur praktischen Ausbildung und ist seit September 2001 auch für die Öffentlichkeit geöffnet.

Die Cocktailbar *Charly's Lounge* mit Blick auf die Dächer der Stadt steht den Studenten der FH und ihren Gästen im gläsernen Neubau zur Verfügung. Hier befinden sich auch die zweistöckige Bibliothek und das Auditorium.

Via Funk-LAN haben die Studierenden die Möglichkeit, sich auf dem gesamten Campus über ihre Laptops ins Campus-Intranet und ins Internet einzuloggen, zu recherchieren oder Vorlesungsskripte abzurufen. Eine eigene Mensa gibt es ebenfalls: Das *Bistro Take Off* wird von Studenten geführt und gerne besucht.

Hier trifft man sich zum Lunch und zum kleinen Snack zwischendurch. Für bargeldlosen Zahlungsverkehr auf dem Campus wurde der Studentenausweis als Chipkarte eingeführt.

Das große Interesse zukünftiger Studenten und potentieller Partner gibt dem Konzept der FH recht. Präsidentin Antoinette Klute-Wetterauer, Gründungsrektor Professor Peter Thuy und

Kanzlerin Hella Ackermann sind sehr zufrieden mit der Entwicklung der *Internationalen Fachhochschule Bad Honnef · Bonn.* Man ist sich einig: „Die Unterstützung aller Freunde und Förderer der FH hat uns die Möglichkeit gegeben, die Vision eines zukunftsweisenden Kompetenzzentrums im Herzen Europas verantwortungsbewusst zu realisieren. Wir setzen alles daran, diesen Weg weiter zu beschreiten."

»EHRE, WEM EHRE GEBÜHRT«

DER VERDIENSTORDEN DER BUNDESREPUBLIK DEUTSCHLAND

VON
KARIN LUDWIG

Das Große Verdienstkreuz mit Stern und Schulterband   Die Sonderstufe des Großkreuzes   Das Großkreuz

Das Jahr 2001 wurde von den Vereinten Nationen zum „Internationalen Jahr der Freiwilligen" ausgerufen. Besondere Aufmerksamkeit sollte dabei auf die vielen Bürgerinnen und Bürger gerichtet werden, die ihre Freizeit oder auch ihr ganzes Leben voll in den Dienst ihrer Mitmenschen stellen. Als Projektbeitrag zum Internationalen Jahr der Freiwilligen hat der Rhein-Sieg-Kreis den *Förderpreis für das soziale Ehrenamt* ins Leben gerufen, um den unverzichtbaren Beitrag des Ehrenamts für eine lebendige Demokratie und den sozialen Zusammenhalt stärker als bisher anzuerkennen und den Ehrenamtlichen zu danken.

Ihren 50. Geburtstag feierte im gleichen Jahr eine andere Auszeichnung, die verdiente Persönlichkeiten für ihr besonderes Engagement um das Allgemeinwohl offiziell ehrt: Der Verdienstorden der Bundesrepublik Deutschland!

1951 stiftete der damalige Bundespräsident Theodor Heuss die höchste Auszeichnung der Bundesrepublik Deutschland, in dem Ansinnen, „verdienten Männern und Frauen des deutschen Volkes und des Auslandes Dank und Anerkennung sichtbar zum Ausdruck zu bringen. Er wird verliehen für Leistungen, die im Bereich der politischen, der

wirtschaftlich-sozialen und der geistigen Arbeit dem Wiederaufbau des Vaterlandes dienten". Heute, da der Krieg und Wiederaufbau längst Geschichte sind, würdigt der Bundespräsident mit dem Verdienstorden Frauen und Männer, die sich um das Gemeinwohl besonders verdient gemacht haben. Soziales, kulturelles, karitatives oder geistiges ehrenamtliches Engagement, auf das unsere Gesellschaft heute mehr denn je angewiesen ist, sind ausschlaggebende Gründe für eine Verleihung.

Prinzipiell kann jeder jeden oder jede für die Verleihung des Verdienstordens formlos vorschlagen, wenn er der Meinung ist, dass der oder die Vorgeschlagene sich auszeichnungswürdige Verdienste erworben hat. Von der Ordensanregung bis zur abschließenden Entscheidung über eine Verleihung und die Aushändigung der Ordensinsignien vergeht erfahrungsgemäß eine Zeitspanne von einigen Jahren, da zahlreiche Stellen und Referenzpersonen um eine Stellungnahme zu der Ordensanregung gebeten werden. Umfassende und aussagekräftige Informationen müssen zusammengetragen und ausgewertet werden, damit alle Verdienste ausreichend gewürdigt werden können

und ein vollständiges Bild über die ehrenamtliche Arbeit gegeben wird.

Den Verdienstorden der Bundesrepublik Deutschland gibt es in fünf Stufen – von der Verdienstmedaille bis hin zum Großen Verdienstkreuz mit Schleife und Stern. Die meisten Geehrten unseres Kreises erhalten das Verdienstkreuz der zweiten Stufe, das Verdienstkreuz am Bande.

Nicht jede Anregung führt auch zu einer Verleihung des Verdienstordens. Manchmal sind die ordensrechtlichen Voraussetzungen (noch) nicht erfüllt, manchmal eignen sich die Verdienste eher für

eine Ehrung mit dem Landesorden oder mit einer kommunalen Auszeichnung. Ebenso wie die Gründe für eine Ablehnung durch das Bundespräsidialamt vielfältig sein können, so ist auch die Ablehnung der Annahme des Ordens durch den Ausgezeichneten selber unterschiedlicher Natur. Manch einer möchte sich vielleicht nicht mit einer Auszeichnung des Staates identifizieren; viel häufiger aber ist der Ausgezeichnete der Meinung, dass seine ehrenamtlichen Tätigkeiten als Ausdruck eines verantwortungsvollen und engagierten Handelns und Lebens selbstverständlich sein sollten und nicht einer Ordensverleihung bedürfen.

Das Verdienstkreuz am Bande (Damenausführung)

Das Große Verdienstkreuz (Herrenausführung)

Das Große Verdienstkreuz (Damenausführung)

Nachfolgend möchte ich Ihnen die Bürgerinnen und Bürger des Rhein-Sieg-Kreises vorstellen, die in der Zeit vom 1.7.2001 bis zum 30.6.2002 mit dem Verdienstorden der Bundesrepublik Deutschland, dem Landesorden Nordrhein-Westfalen oder dem Rheinlandtaler des Landschaftsverbandes Rheinland für ihre Verdienste um das Allgemeinwohl ausgezeichnet wurden, sofern die Aushändigung der Ordensinsignien durch Herrn Landrat Frithjof Kühn vorgenommen wurde oder uns bekannt geworden ist.

August 2001

Bereits 1987 wurde *Herr Peter Josef Linden* aus Troisdorf für sein ehrenamtliches Engagement um das Vereinsleben des 1. FC Spich mit der Verdienstmedaille ausgezeichnet. Sein weiteres kontinuierliches und unermüdliches Wirken wurde am 1. August durch die Verleihung der nächst höheren Stufe, dem Verdienstkreuz am Bande, erneut honoriert. Besondere Verdienste hat er sich durch die von ihm initiierten Baumaßnahmen wie die Anlage eines Rasenspielfeldes, den Bau einer Zisterne für eine autarke Brauchwasserversorgung des Platzes und den Neubau des Vereinsheimes erworben. Weitere Schwerpunkte seines Ein-

satzes waren die Unterstützung der Jugendarbeit und die Betreuung und Einbindung älterer Vereinsmitglieder in die Vereinsaktivitäten.

Herr Hubert Josef Schlösser aus Meckenheim wurde am 27. August für die jahrzehntelange Vertretung der Interessen der Landwirte und der Landwirtschaft unserer Region in zahlreichen Gremien mit dem Verdienstkreuz am Bande geehrt. Seine Kompetenz und sein Wissen haben maßgeblich zur Entwicklung der rheinischen Landwirtschaft und zum Wohle dieses Berufsstandes beigetragen. Neben allem hat er sich auch im Pfarrgemeinderat der Katholischen Kirchengemeinde St. Jakobus der Ältere in Meckenheim-Ersdorf und im Sportclub

Altendorf-Ersdorf verantwortlich engagiert.

Die jahrelange Tätigkeit von *Herrn Franz-Joachim Thür* aus Königswinter in verschiedenen kommunalen Gremien wurde am 29. August mit dem Verdienstkreuz am Bande ausgezeichnet. Er war kommunalpolitisch in verschiedenen Bereichen im Rat der Stadt Königswinter und im Vorstand der SPD-Fraktion sowie im Kreistag des Rhein-Sieg-Kreises tätig und hat sich besonders für die Förderung des Fremdenverkehrs und die Wohnungsbaupolitik eingesetzt. Daneben arbeitete er im Vorstand der Gustav-Kettel-Stiftung mit, die begabte und förderungswürdige Menschen während ihrer Ausbildung unterstützt.

Das Verdienstkreuz am Bande (Herrenausführung)

Das Verdienstkreuz 1. Klasse (Damenausführung)

Die Verdienstmedaille

September 2001

Den Rheinlandtaler des Landschaftsverbandes Rheinland erhielt *Herr Harald Patzke* aus Windeck bei einer Feierstunde im Siegburger Kreishaus für seine auszeichnungswürdigen Verdienste auf dem Gebiet der Heimatgeschichte und der Bodendenkmalpflege aus der Hand von Herrn Winfried Schittges, Vorsitzender der Landschaftsversammlung Rheinland, am 6. September. Er war maßgeblicher Initiator für den Ausbau der Grube Silberhardt in Windeck-Öttershagen zu einem Besucherbergwerk und die Anlage eines Bergbauwanderweges rund um dieses Gelände.

Über Jahre hat *Herr Oberst a. D. Adolf Schmitt* aus Meckenheim die Arbeit des Rates der Stadt Meckenheim mitgestaltet und war Vize-Bürgermeister seiner Heimatstadt. Neben seinem Amt als Vorsitzender der dortigen CDU-Fraktion hat er auch ehrenamtlich im WEISSEN RING mitgearbeitet. Für sein Engagement wurde er am 10. September mit dem Verdienstorden des Landes Nordrhein-Westfalen geehrt.

Herr Josef Kleinschnittger aus Lohmar wurde am 13. September für seine Verdienste um das Allgemeinwohl mit dem Verdienstkreuz am Bande ausgezeichnet.

Ebenfalls im September wurde der bekannte *Boxer Henry Maske* aus Much für sein vorbildliches gesellschaftliches Engagement mit dem Verdienstkreuz am Bande durch Herrn Bundespräsidenten Rau ausgezeichnet. Mit seinem Namen und mit eigenen finanziellen Mitteln hilft er mit dem „Henry-Maske-Fond" jungen Menschen, die sich in sozial schwierigen Situationen befinden und wirbt in zahlreichen Aktionen für ein weltoffenes Deutschland ohne rechte Gewalt.

Am 11. September wurde *Herr Maximilian Schäfer* aus Windeck für über 50 Jahre Engagement im Fußballsport mit dem Verdienstkreuz am Bande geehrt. Neben der Sportentwicklung im Rhein-Sieg-Kreis hat er sich besonders für die Förderung von Kindern und Jugendlichen eingesetzt. Seine fundierten Fachkenntnisse brachte er ebenso in seine Tätigkeit als Mitglied des Rates der Gemeinde Windeck mit ein. Weiterhin war er Gründungsmitglied der Dorfgemeinschaft Mauel und hat sich um den aktiven Fortbestand dieser Gemeinschaft sehr verdient gemacht.

Das Verdienstkreuz am Bande erhielt *Herr Karl Theodor Schäfer* aus Bornheim für seine jahrzehntelange Tätigkeit im Rat der Stadt Bornheim und im Ortsverband Bornheim-Roisdorf der CDU am 17. September. Darüber hinaus war er 20 Jahre lang Ortsvorsteher von Roisdorf. Die Anlage eines Dorfplatzes in Roisdorf und die Pflege und Erweiterung des Ehrenmales der Verstorbenen des Ersten und Zweiten Weltkrieges in seinem Heimatort gehen auf seine Initiative zurück.

Oktober 2001

Am 26. Oktober überreichte Bundestagspräsident Wolgang Thierse in Berlin das Große Verdienstkreuz an *Herrn Prof. Dr. Horst Ferdinand* aus Sankt Augustin. Die Auszeichnung galt nicht nur seiner langjährigen unmittelbaren Tätigkeit im Dienste des Deutschen Bundestages, insbesondere auf europäisch-interparlamentarischer Ebene, sondern auch seinem Wirken als Autor vieler Publikationen, die die Arbeit des Deutschen Bundestages und seiner markantesten Mitglieder der Öffentlichkeit nahe brachten.

November 2001

Herr Heinrich Ollig aus Siegburg erhielt am 2. November das Verdienstkreuz 1. Klasse für seine Verdienste zum Wohle und zum Erhalt der Fischerei und des Umweltschutzes in Würdigung seines Lebenswerkes als Erstauszeichnung. In vielen Institutionen und Gremien hat er seine Arbeit und seinen Sachverstand eingebracht und war einer der Mitbegründer der Naturschutzarbeit im Rhein-Sieg-Kreis. Besonders hat er sich um die Wiedereinbürgerung des Lachses in der Sieg und ihrem Einzugsgebiet im Rahmen des internationalen Programms „Lachs 2000" verdient gemacht. Herr Ollig verstarb im Juli 2002.

Ein weiterer bekannter Sportler aus dem Rhein-Sieg-Kreis wurde am 6. November mit dem Verdienstkreuz am Bande ausgezeichnet. *Herr Hein(z) Mück* aus Sankt Augustin wurde mit dieser Auszeichnung geehrt, weil er sich nicht nur als aktiver Boxsportler in den fünfziger und sechziger Jahren, sondern auch in anderen Bereichen ausgezeichnet hat. Mehrere Jahrzehnte war er im Vorstand des Siegburger Box Club tätig und hat die erfolgreiche Nachwuchsarbeit nachhaltig mitgeprägt. Seit vielen Jahren ist er als Sankt Martin unermüdlich bei den einzelnen Festumzügen aktiv und als Herold bei den alljährlichen Prinzen- und Kinderprinzenempfängen des Rhein-Sieg-Kreises im Siegburger Kreishaus bekannt. Weiterhin engagiert er sich auch bei Gewaltpräventionsprojekten in den Grundschulen unserer Region.

Das Große Verdienstkreuz mit Stern (Herrenausführung)

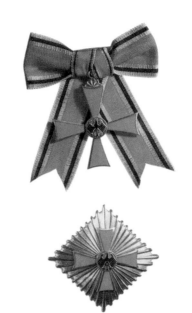

Das Große Verdienstkreuz mit Stern (Damenausführung)

Januar 2002

Seit 23 Jahren ist *Herr Karl-Heinz Kerstholt* aus Rheinbach bereits Mitglied im Rat der Stadt Rheinbach und seit 30 Jahren Mitglied beim Deutschen Jugendrotkreuz. Sein Einsatz für Völkerverständigung und Toleranz war die Basis für eine langjährige Freundschaft von deutschen und finnischen Jugendlichen über das Jugendrotkreuz. Die Vertretung der Interessen und Belange der Kinder und Jugendlichen zieht sich durch sein gesamtes ehrenamtliches Engagement. So war er nicht nur Mitbegründer der Kinder- und Jugendinitiative Merzbach sondern auch des Stadtjugendrings in Rheinbach. Hierfür wurde er am 14. Januar mit dem Verdienstkreuz am Bande ausgezeichnet.

Ebenfalls im Januar erhielt *Herr Karl-Heinz Schoer* aus Sankt Augustin das Verdienstkreuz am Bande. Er war fast 50 Jahre im Auswärtigen Dienst tätig und arbeitete in zahlreichen Auslandsvertretungen rund um den Erdball. Er war jahrelang bei den Vereinten Nationen in New York eingesetzt und hat die dortigen deutschen Bereiche reorganisiert. Im Rahmen der Ausbildungs- und Entwicklungshilfe baute Herr Schoer in Zusammenarbeit mit dem iranischen Erziehungsministerium und der Sporthochschule Köln eine Sporthochschule in Teheran auf.

Das langjährige Ratsmitglied der Stadt Bornheim, *Herr Jakob Weber* aus Bornheim, wurde am 31. Januar 2002 mit dem Verdienstkreuz am Bande geehrt. Neben seinen kommunalpolitischen Aktivitäten ist er in der Arbeiterwohlfahrt im Ortsverband Bornheim verantwortlich aktiv und hat mit großem Erfolg maßgeblich daran mitgewirkt, neue Einrichtungen und Initiativen wie die Kleiderstube in Bornheim-Merten, den Fahrten- und Einkaufsdienst und die Seniorenstube in Bornheim zu schaffen. Weiterhin ist er Seniorenbeauftragter des SPD-Stadtverbandes Bornheim und Mitglied in der Freiwilligen Feuerwehr Bornheim.

Februar 2002

Nachdem ihm bereits 1983 für sein ehrenamtliches Engagement um die waidgerechte Jagd und seinen unermüdlichen Einsatz für Wild und Natur das Verdienstkreuz am Bande verliehen wurde, erhielt *Herr Josef Feld* aus Lohmar am 14. Februar in Würdigung seines Lebenswerkes das Verdienstkreuz 1. Klasse im Wege der Höherstufung aus der Hand von Landrat Frithjof Kühn. Fast 40 Jahre lang hat er bis ins hohe Alter in den verschiedensten Gremien die Interessen der Jägerschaft vertreten, sich für den Erhalt der frei lebenden Tiere und die Verbesserung ihrer Lebensgrundlagen insbesondere des Rotwilds verdient gemacht und den jägerischen Nachwuchs ausgebildet.

Am 20. Februar erhielt *Herr Fred Wegner* aus Neunkirchen-Seelscheid die Verdienstmedaille für seine ehrenamtliche Mitarbeit in mehreren Ortsgruppen der Deutschen Lebensrettungsgesellschaft. Er war als Ausbilder maßgeblich an der Entwicklung der Wasserwacht Neunkirchen-Seelscheid und des Kreisverbandes Rhein-Sieg e. V. beteiligt. Im kommunalpolitischen Bereich engagierte er sich im Arbeitskreis „Gemeindeentwicklung" des CDU-Ortsverbandes, im Planungsbeirat der Gemeinde Neunkirchen-Seelscheid und als sachkundiger Bürger im Planungs- und Umweltausschuss des Gemeinderates.

März 2002

Die musikalischen Aktivitäten von *Herrn Helmut Walterscheid* aus Hennef wurden am 14. März mit der Aushändigung des Verdienstkreuzes am Bande gewürdigt. Bereits 1974 wurde er Vorsitzender des Männer-Gesang-Vereins Concordia 1882 Hennef/Sieg e. V., gründete 1977 den Hennefer Frauenchor und war mehrere Jahre Kreisgeschäftsführer des Sängerkreises Rhein-Sieg e. V.. Besonderes Engagement zeigte Herr Walterscheid bei der Organisation und Durchführung zahlreicher anspruchsvoller Konzerte und Benefizveranstaltungen zugunsten notleidender Menschen. Darüber hinaus war er im Kirchenvorstand der Katholischen Kirchengemeinde zur schmerzhaften Mutter Marien Bödingen und im Polizei-Sport-Verein Siegburg aktiv.

April 2002

Mit dem Verdienstkreuz am Bande wurde *Hilmar Freiherr von der Recke* aus Meckenheim am 10. April im Haus der Begegnung der Lebensgemeinschaft Eichhof in Much für seine Verdienste um die Entstehung dieser anthroposophisch orientierten Lebensgemeinschaft geehrt. Über 60 erwachsenen behinderten Menschen wird hier eine dauerhafte und kontinuierliche Lebensform geboten, die ein weitgehend normales Leben, Wohnen und Arbeiten gemeinsam mit nichtbehinderten Menschen ermöglicht. Freiherr von der Recke ist nicht nur hier die treibende und gestaltende Kraft, sondern hat auch den Verein Gemeinsam Leben Lernen e. V. in Meckenheim mit dem Ziel eines gemeinsamen Schulunterrichtes für behinderte und nichtbehinderte Kinder mit gegründet und war dort führend tätig.

Herr Elmar Josef Deutsch aus Sankt Augustin erhielt am 12. April das Verdienstkreuz 1. Klasse aus der Hand des Ministerpräsidenten des Landes Sachsen-Anhalt Dr. Reinhard Höppner für seinen großen Einsatz für den Neuaufbau der chemischen Industrie in Mitteldeutschland durch ein amerikanisches Unternehmen. Sein Engagement für die nachhaltige Förderung der deutsch-amerikanischen Wirtschaftsbeziehungen setzte er durch die Wahrnehmung von ehrenamtlichen Funktionen in der Amerikanischen Handelskammer um. Daneben war er in den Gremien des Verbandes der chemischen Industrie aktiv und hat die Weiterentwicklung des Umweltschutzes im Verband der Kunststofferzeuger mit gefördert.

Am 25. April konnte Landrat Frithjof Kühn *Herrn Kreisdirektor a. D. Günter Brahm* aus Sankt Augustin das Verdienstkreuz am Bande aushändigen. Er hat das Amt eines Kreisdirektors mit Sachverstand und Kompetenz über achtzehn Jahre lang wahrgenommen und die weitere Entwicklung und die Interessenvertretung des Rhein-Sieg-Kreises sehr engagiert betrieben. In der Europa Union Deutschland hat er sich für die Förderung der europäischen Einigung eingesetzt und in den neuen Bundesländern 1991 durch zahlreiche Schulungskurse und Fortbildungsseminare am Aufbau demokratischer Verwaltungsstrukturen mitgewirkt.

Mai 2002

Am 15. Mai erhielt *Herr Dierk Martin Volker Bernhardt* aus Neunkirchen-Seelscheid das Verdienstkreuz am Bande. Sein langjähriger Einsatz in der städtebaulichen Entwicklung als Vorsitzender des Umlegungsausschusses der Stadt Troisdorf wurde so geehrt. Mit der Bodenneuordnung wurde durch sein Wirken neues Bauland zeitnah ausgewiesen und die Stadt Troisdorf kann heute eine qualitativ hohe Infrastruktur vorweisen. In der Troisdorfer Leichtathletikgemeinschaft 1966 e. V. war er erfolgreicher Stabhochsprungtrainer und verhalf zahlreichen Sportlern zu vorderen Plätzen auf den Landesbestenlisten.

Juni 2002

Mit dem Verdienstkreuz am Bande wurde *Herr Egon Gustav Gräser* aus Königswinter für sein jahrzehntelanges ehrenamtliches Engagement am 3. Juni ausgezeichnet. Die Bandbreite seines tatkräftigen Handelns reichte dabei vom sportlichen Bereich u. a. als Übungsleiter und Vorstandsmitglied im Turnverein Königswinter von 1885 e. V., Kampfrichter bei nationalen und internationalen Sportfesten und Länderkämpfen und der Abnahme des Sportabzeichens bis hin zu seinen vielfältigen Aktivitäten bei der Deutschen Lebensrettungsgesellschaft und dem Deutschen Roten Kreuz.

BLICK
ZURÜCK

2002 2002 2001 2002 2001 2002 2001 2001

CHRONIK VOM 1. JULI 2001 BIS 30. JUNI 2002

von Susanne Werner

juli 2001

Die Regionalverkehr Köln GmbH (RVK), das größte kommunale Busunternehmen der Region, feiert ihr 25-jähriges Bestehen. Gegründet wurde das Unternehmen 1976 von Bahn und Post und ist seit 1995 im Besitz von sieben kommunalen Verkehrsunternehmen, darunter SWB und RSVG.

Der erste Jahresbericht des „Job-Centers 2000", das seit einem guten Jahr als gemeinsames Projekt des Kreissozialamtes und der Siegburger Dienststelle des Arbeitsamtes Bonn tätig ist, liegt vor. Von März 2000 bis März 2001 besuchten 588 Menschen die Beratung, 592 waren im gleichen Zeitraum Ziel der anschließenden Vermittlungsbemühungen der Siegburger „Tertia Training und Consulting GmbH". 202 der Arbeits-

suchenden fanden einen Arbeitsplatz, 36 eine berufliche Weiterbildungsmöglichkeit.

Der Vorstand des Verschönerungsvereins für das Siebengebirge (VVS) mit Königswinters Altbürgermeister Herbert Krämer als Erstem Vorsitzenden ist einstimmig im Amt bestätigt worden. Dem VVS gehören nunmehr 842 Mitglieder an.

Im vergangenen Schuljahr drückten 73.173 Mädchen und Jungen an 189 Schulen im Kreisgebiet die Schulbank, was im Vergleich zum vorherigen Schuljahr einen Zuwachs um ein Prozent bedeutet. Der Jungen- und Mädchenanteil hält sich im Rhein-Sieg-Kreis ungefähr die Waage, jedoch sind die Mädchen auf den Gymnasien und Realschulen mit 54,6 beziehungsweise 51,3 Prozent stärker vertreten.

Das Geschäftsjahr 2000 endet für die Rhein-Sieg-Abfallwirtschaftsgesellschaft (RSAG) mit einem positiven Ergebnis. Der Gesamtumsatz aus der Geschäftstätigkeit liegt mit 114,4 Millionen Mark um 1,8 Millionen Mark über dem des Vorjahres. Das Jahresergebnis zeigt einen Überschuss von 1,2 Millionen Mark.

Die Qualität der offenen Kinder- und Jugendarbeit in den Kommunen verbessern und das Angebot möglichst eng am tatsächlichen Bedarf ausrichten: Dies ist das Ziel des neuen Jugendhilfeplans, den Landrat Kühn der Öffentlichkeit vorstellt. Der Plan dokumentiert eine Bestandsaufnahme der Kinder- und Jugendarbeit in den 14 Kreiskommunen, die über kein eigenes Jugendamt verfügen, in der Zeit von 1996 bis 1999. Er wurde von Kreisjugendamt und Jugendhilfeausschuss erstellt.

Gutachter stellen den aktuellen Bericht zur Bodenrichtwertkarte für den Rhein-Sieg-Kreis vor. Demnach ist Siegburg das teuerste Pflaster im Kreisgebiet: Der durchschnittliche Grundstückspreis betrug dort im vergangenen Jahr 600 Mark pro Quadratmeter. Die preiswertesten Grundstücke gab es in Windeck mit im Schnitt 120 Mark pro Quadratmeter. Im vergangenen Jahr wechselten 6.847 Grundstücke im Rhein-Sieg-Kreis den Besitzer. Das sind 16 Prozent weniger als im Jahr 1999.

Petra Kalkbrenner wird zur neuen Beigeordneten der Gemeinde Swisttal gewählt. Sie tritt ihr Amt im Rathaus zum 1. Oktober an.

Von links nach rechts: Dr. Sackstedt, Landrat Kühn, Dr. van den Driesch und Dezernent Jäger

Der Leiter des Kreisveterinäramtes Dr. Axel Sackstedt geht in Pension. Sein Nachfolger ist Dr. Hanns van den Driesch, der bereits seit 1991 Sackstedts Stellvertreter war.

Ernst Patt tritt in den Ruhestand. Er hat seit 1986 die Außenstelle des Siegburger Berufskollegs des Rhein-Sieg-Kreises in Eitorf geleitet. Seine Nachfolge treten Claudia Wiemann und Dietmar Tendler an.

Horst Becker wird gleichberechtigt neben der Landtagsabgeordneten Sybille Hausmann (Kreis Düren) zum Vorsitzenden des Bezirksverbandes Mittelrhein der Grünen gewählt.

Landrat Frithjof Kühn gratuliert Wilhelm Herbrecht zu einem nicht alltäglichen Jubiläum: Herr Herbrecht ist seit 25 Jahren Mitglied des Kreistages, ist hier unter anderem im Sozialausschuss

tätig und hat das Amt des Vorsitzenden des Behindertenausschusses inne.

Der ehemalige Niederkasseler Stadtdirektor Karl-Josef Arnold, der von 1970 bis 1990 die Verwaltung geleitet hatte, stirbt im Alter von 69 Jahren.

Karl-Heinz „Charly" Graff, der Dezernatsleiter im Abteilungsstab der Kreispolizeibehörde, geht in den Ruhestand. Ihn löst nun Karl-Otto Stiefelhagen, ebenfalls „Charly" genannt, als Dezernatschef ab.

Das Projekt „Der Riss im Himmel", das 2000 zum 300. Geburtstag des Kurfürsten Clemens August stattfand, wird mit dem „Rheinland Award 2001" für den Bereich der touristischen und kulturellen Projekte und Veranstaltungen ausgezeichnet. Die Jury hob besonders die regionale Zusammenarbeit des Landschaftsverbandes Rheinland mit den Städten Köln, Bonn, Brühl und Jülich hervor. Im Rhein-Sieg-Kreis war Schloss Miel Ausstellungsort.

Der Gewinner des Fotopreises des Rhein-Sieg-Kreises 2000, Det Kraus aus Münster, erhält für seine „Virtugrafien" die Siegerurkunde aus der Hand von Landrat Frithjof Kühn. Der Preis ist mit 3.000 Mark dotiert.

Das neue Gleis 1 der Linie 66 im Siegburger Bahnhof ist vorläufig fertig und wird von Landrat Kühn offiziell eröffnet. Die Bahnlinie verkehrt im 10-Minuten-Takt und befördert so täglich auf 250 Hin- und Rückfahrten rund 45.000 Fahrgäste auf 5.000 Kilometern.

Am 27. Juli feiert der frühere Oberkreisdirektor Dr. Walter Kiwit seinen 70. Geburtstag. Im Rahmen eines Empfangs im Siegburger Stadtmuseum begeht der Jubilar seinen Ehrentag gemeinsam mit seiner Familie, Freunden und Weggefährten.

Von rechts nach links: Landrat Kühn, Frau Kiwit, Dr. Kiwit, Ehrenlandrat Dr. Möller

Im Foyer des Siegburger Kreishauses ist eine Wanderausstellung über Kleinwale zu sehen. „Ascobans", was für „Abkommen zur Erhaltung der Kleinwale in der Nord- und Ostsee" steht, informiert mit Texten, Bildern und einem Videofilm über die gefährdeten Meeressäuger, die zur Gattung der Zahnwale gehören.

Von einem Privatgrundstück in Bröleck ist Öl in die Bröl gelangt. Rund 70 Wehrleute aus Ruppichteroth, Hennef und Neunkirchen rücken aus und errichten Ölsperren, um die Bröl zu reinigen.

Sie ist 110 Tonnen schwer, 98 Meter lang, 2,5 Meter breit und hat eine Tragkraft von 125 Tonnen: die neue Siegbrücke bei Hennef-Weingartsgasse wird offiziell eingeweiht. Die vielen Bürgerinnen und Bürger testen bereits bei der Einweihungsfeier die Belastbarkeit von 500 Kilogramm pro Quadratmeter.

Auch das neue Café Koko in der Troisdorfer Poststraße wird eröffnet. Der Standort und die Ansiedlung dieser Drogenberatungsstelle waren im Vorfeld von Bürgern und Anwohnern vehement kritisiert worden. Auf rund 380 Quadratmetern werden den Klienten Gespräche und kulturelle Veranstaltungen, aber auch Duschen und Waschmaschinen angeboten.

Die letzten Schienen der ICE-Neubaustrecke zwischen Siegburg und Frankfurt am Main sind verlegt.

Den ersten Spatenstich zum Airport-Gewerbepark Junkersring, der zwischen Troisdorf-Kriegsdorf und Troisdorf-Spich auf einem Gelände von 200.000 Quadratmetern entstehen soll, führt Bürgermeister Manfred Uedelhoven mittels einer Baggerschaufel aus.

Vom 16. bis 23. Juli tagt im Bonner Maritim-Hotel die Klimakonferenz der Vereinten Nationen „COP 6". Am Rande der Gipfelkonferenz finden verschiedene Demonstrationen diverser Gruppen statt, die jedoch überwiegend gewaltfrei verlaufen.

Seit dem 11. Juli ist die Fusion der Fraunhofer-Gesellschaft mit der GMD auch rechtlich vollzogen. Am bisherigen GMD-Standort Birlinghoven sollen auch zukünftig mindestens 700 Menschen beschäftigt sein.

Eingang zum Café Koko

Schloss Birlinghoven

ICE-Trasse bei Königswinter-Stieldorferhohn

Die Siegbrücke bei Hennef-Weingartsgasse

Seit der Gründung…

... im Jahr 1953
versorgt der
Wahnbachtalsperrenverband
die Region Bonn, Rhein-Sieg-Ahr mit
gutem wohlschmeckendem
Trinkwasser.
Durch die Entwicklung
von neuen
biologisch-physikalischen
Aufbereitungsverfahren,
eine Phosphateliminierung
vor der Talsperre und
einen nachhaltigen Gewässerschutz
in den Einzugsgebieten
konnte die Trinkwasserproduktion
optimiert werden;
damit wurde der Verband
weltweit für seine Arbeit bekannt.

WTV

neue TAS 2002 -
Neubau
Trinkwasseraufbereitungsanlage
Siegelsknippen 2002

alte TAS 1958 -
Trinkwasseraufbereitungsanlage
Siegelsknippen 1958

Filterhalle 1958 -
Filterhalle der
Trinkwasseraufbereitung
Siegelsknippen 1958

Dammanschüttung 1955 - Bau der
Talsperre 1955

DAS HISTORISCHE DATUM:
1932
AUFLÖSUNG DER KREISE RHEINBACH UND WALDBRÖL VON VOLKER FUCHS

-Vor 70 Jahren, am 1. Oktober 1932, trat in der preußischen Rheinprovinz eine umfassende kommunale Gebietsreform in Kraft, von der auch das Gebiet des heutigen Rhein-Sieg-Kreises betroffen war. Im Regierungsbezirk Köln ergaben sich dabei die folgenden Veränderungen: Die Aufteilung des Kreises Rheinbach auf die benachbarten Kreise Bonn und Euskirchen sowie die Zusammenlegung der Kreise Gummersbach und Waldbröl einerseits und Mülheim/Rhein und Wipperfürth andererseits. Die dadurch geschaffenen Außengrenzen der Kreise hatten bis zu den umfangreichen Raumordnungsprogrammen des Landes Nordrhein-Westfalen in den 60er und 70er Jahren Bestand.

Der Grund für die 1932 erfolgte Neugliederung ist weniger in einer strukturellen Reform wie noch wenige Jahre zuvor im Regierungsbezirk Düsseldorf zu suchen, sondern vielmehr in den wirtschaftlichen Zwängen. Auslöser war die seit 1929 andauernde Weltwirtschaftskrise; steigende Arbeitslosenzahlen, eine allgemeine Verarmung der Bevölkerung und eine drastische Verschlechterung der Finanzlage veranlassten die Reichsregierung *(Notverordnungen zur Sicherung von Wirtschaft und Finanzen)*, aber auch die preußische Staatsregierung zu entsprechenden Maßnahmen. So wurde in der *Zweiten Preußischen Sparnotverordnung* vom 23. Dezember 1931 die Verminderung der Anzahl der Landkreise zur Sicherung des Haushalts und zur Vereinheitlichung der öffentlichen Verwaltung vorgeschrieben. In der Verordnung über die Neugliederung von Landkreisen

vom 1. August 1932, veröffentlicht in der *Preußischen Gesetzsammlung*, wurden die konkreten Grenzänderungen, die Rechtsfolgen und das Auseinandersetzungsverfahren festgelegt:

§ 106. In den Landkreis Euskirchen wird der Teil des Landkreises Rheinbach eingegliedert, der besteht aus den dem Amte Ollheim zugehörigen Landgemeinden Müggenhausen, Straßfeld und Esch und aus den den Ämtern Cuchenheim und Münstereifel (Ld.) zugehörigen Landgemeinden.
§ 107. In den Landkreis Bonn wird der Teil des Landkreises Rheinbach eingegliedert, der nicht in den Landkreis Euskirchen einzugliedern ist. [...]
§ 109. In den Landkreis Siegkreis wird der Teil des neuzubildenden Agger-Wiehl-Kreises eingegliedert, der aus den dem Amte Dattenfeld zugehörigen Landgemeinden besteht. [...]
§ 111. Die bisherigen Landkreise Mülheim a. Rhein, Wipperfürth, Gummersbach, Waldbröl und Rheinbach werden aufgelöst.

Im Kreis Rheinbach wurde man von der Entwicklung überrascht. Vertrauend auf die Formulierung, dass eine Auflösung von Kreisen nur dann erfolgen könne, wenn die Interessen der Bevölkerung nicht beeinträchtigt würden, wurde in einer einstimmigen Resolution des Kreistages vom 3. August 1932 schärfster Einspruch erhoben: Die durch eine sparsame Wirtschaft bisher erträglich gehaltenen Steuerlasten würden größer, außerdem gestalte sich durch die Verlegung des Verwaltungssitzes der Behördenverkehr schwieriger.

1816
gegr.

|||||| Kreis Siegburg
≡≡≡ Kreis Uckerath

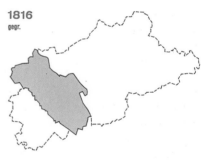

1816
gegr.

Landkreis Bonn

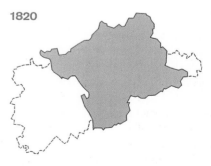

1820

Vereinigung der Kreise Siegburg und Uckerath

Auch befürchtete man bei dem überwiegend agrarischen Charakter des Kreises Nachteile für die Belange der Landwirtschaft. In einer *Denkschrift gegen die Aufteilung des Kreises Rheinbach* wurden diese Positionen noch einmal unter bevölkerungspolitischen, wirtschaftspolitischen, verkehrspolitischen und kommunalpolitischen Gesichtspunkten ausführlich dargelegt. Doch alle Argumente und Proteste - Resolutionen der betroffenen Amts- und Gemeindevertretungen, Unterschriftenlisten der Bevölkerung, Zeitungsartikel und Leserbriefe - waren vergebens, die einmal beschlossene Aufteilung war nicht mehr rückgängig zu machen. Als Landrat des Kreises Rheinbach hatte seit 1918 Dr. Friedrich Knoll amtiert. Am Ende der letzten Kreistagssitzung am 21. September 1932 sprach das Kreistagsmitglied Dr. Hans Reichard, gleichzeitig Bürgermeister der Stadt Rheinbach, Knoll den Dank sowohl der Kreistagsmitglieder wie auch der gesamten Einwohnerschaft des Kreises für seine langjährige verdienstvolle Tätigkeit in diesem Amt aus.

Für den Kreis Waldbröl waren die Gerüchte von einer Zusammenlegung mit dem Kreis Gummersbach nicht neu, denn sie bewegten bereits seit dem Ende des Ersten Weltkrieges die Gemüter. Und auch hier löste die Verkündigung wie in den allermeisten der betroffenen Kreise lebhafte, aber dennoch wenig Erfolg versprechende Proteste aus, da das preußische Innenministerium nicht gewillt war, von seiner eingeschlagenen Linie abzurücken. Eine Delegation des Kreises wurde in Berlin noch nicht einmal empfangen. Letzter Landrat des Kreises Waldbröl war (seit 1919/20) Dr. Otto Eichhorn, der dann zum Landrat des Kreises Verden a.d. Aller ernannt wurde. Dr. Gustav Haarmann, seit 1911 Landrat des Kreises Gummersbach, wurde zum ersten Landrat des neu geschaffenen Oberbergischen Kreises - der zunächst Agger-Wiehl-Kreis heißen sollte - berufen, bevor er schließlich von 1933 bis 1936 dieses Amt im Landkreis Bonn bekleidete.

Gegen die Aufteilung des Kreises Waldbröl und die Zuteilung zum Kreis Gummersbach erhoben auch die Vertreter des Amtes Dattenfeld und der beiden amtsangehörigen Gemeinden Dattenfeld und Rosbach heftigen Widerspruch, da in wirtschaftlicher und geographischer

Dr. Gustav Haarmann,
1911-1932
Landrat des
Kreises Gummersbach,
1932-1933
des Oberbergischen Kreises
und 1933-1936
des Landkreises Bonn

Dr. Friedrich Knoll,
letzter Landrat
des Kreises Rheinbach
1918-1932

Hinsicht „kein Zusammenhang zwischen den Sieggemeinden und dem Kreis Gummersbach" bestehen würde und die Lebensinteressen des Amtes gewahrt bleiben müssten. Daher wurde mit der Eingliederung des Amtes Dattenfeld in den Siegkreis, die diesem einen Zuwachs von etwa 7.700 Einwohnern brachte, den Wünschen der Bevölkerung in diesem Einzelfall Rechnung getragen. Aber trotz der Trennung sind auch heute noch die in über einem Jahrhundert gewachsenen Verbindungen gerade des Rosbacher Teiles der heutigen Gemeinde Windeck nach Waldbröl vorhanden. Dies betrifft Behördenzuständigkeiten wie die des Amtsgerichtes oder des Grundbuchamtes, das Kreiskrankenhaus sowie den alle 14 Tage stattfindenden Vieh- und Krammarkt. Und auch in umgekehrter Richtung gilt dies für Pendler aus dem Raum Waldbröl durch den Bahnanschluss in Schladern.

Am 1. Oktober 1932 endete nach über 115 Jahren die Geschichte der beiden Landkreise Rheinbach und Waldbröl. Doch abgeschlossen war das Kapitel damit nicht. Akten im Archiv des Rhein-Sieg-Kreises dokumentieren die langwierigen Verhandlungen über das Vermögen und die Schulden der aufgelösten Kreise bzw. der abgetretenen Gemeinden, die in den folgenden Monaten zwischen dem Landkreis Bonn und dem Kreis Euskirchen sowie zwischen dem Siegkreis und dem Oberbergischen Kreis stattfanden.

Für den Siegkreis und den Landkreis Bonn war dies die letzte große Gebietsänderung bis zur kommunalen Gebietsreform 1969, als der Landkreis Bonn aufgelöst und dessen Gebiet der Stadt Bonn bzw. dem Siegkreis zugeordnet wurde, der seitdem Rhein-Sieg-Kreis heißt.

1887

Die Stadt Bonn scheidet aus dem Kreisgebiet aus

1904

Der Landkreis Bonn gibt Poppelsdorf, Endenich, Kessenich und Dottendorf an die Stadt Bonn ab

1932

Der Landkreis Bonn gibt Wesseling und Keldenich ab
und erhält einen Teil des aufgelösten Kreises Rheinbach

1969

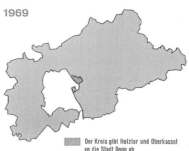

Der Kreis gibt Holzlar und Oberkassel an die Stadt Bonn ab

Der Kreis wird um Teile des Landkreises Bonn und Euskirchen erweitert
und erhält den Namen Rhein-Sieg-Kreis

Landrat Kühn stellt das Regenrückhaltebecken bei Königswinter-Ittenbach vor.

Die Delegation des Rhein-Sieg-Kreises beim Besuch in Kreisau.

Im Zuge der ICE-Neubaustrecke ist das Regenrückhaltebecken bei Königswinter-Ittenbach auf das Vierfache vergrößert worden. Landrat Frithjof Kühn stellt in seiner Eigenschaft als Vorsitzender des Wasserverbandes Rhein-Sieg-Kreis das ca. 2,6 Millionen Mark teure Hochwasserschutz-Projekt am Zusammenfluss von Rottbach, Elsterbach und Döttscheider Bach vor.

Mehr als 93,09 Millionen Mark wurden im vergangenen Jahr an Landesfördermitteln für Wirtschafts- und Infrastrukturprojekte im Rhein-Sieg-Kreis bewilligt. Wie die veröffentlichte Bilanz zeigt, sind dadurch Gesamtinvestitionen in Höhe von rund 176,1 Millionen Mark ausgelöst worden. Insgesamt kamen 241 Projekte in die Förderung.

Seit Mai 1999 ist bei der Kreisverwaltung die „Bekämpfungsgruppe Schwarzarbeit" tätig. Landrat Kühn belegt nun deren erfolgreiche Arbeit: Bisher sind rund 800 Fälle aufgegriffen worden, 500 Ermittlungsverfahren haben sich ergeben und 164 Personen sind wegen illegalen Aufenthaltes auf Baustellen festgenommen worden. Die rechtskräftig verhängten Bußgelder belaufen sich seit 1999 auf 1,4 Millionen Mark.

Der Zweckverband Gemeinsame Kommunale Datenverarbeitung (GKD) Rhein-Sieg / Oberberg schließt die ersten drei kreisangehörigen Kommunen an das neue kreisweite Hochgeschwindigkeitsnetz „RegioNet Speed" an. Das Glasfasernetz ermöglicht Übertragungsgeschwindigkeiten, die um das 32-fache höher sind als bei ISDN.

Nachdem im Februar dieses Jahres der Rhein-Sieg-Kreis und der polnische Kreis Boleslawiec (Bunzlau) ihre partnerschaftlichen Beziehungen in Siegburg offiziell besiegelt haben, wird der Partnerschaftsvertrag nun in Polen bekräftigt. Zu diesem Zweck reist auf Einladung des Landrates des Kreises Boleslawiec, Piotr Roman, eine Delegation um Landrat Frithjof Kühn, die aus Mitgliedern der Kreistagsfraktionen, der Bundesheimatgruppe Bunzlau und Mitarbeitern der Kreisverwaltung besteht, vom 16. bis 19. August nach Polen.

Das Nachtflug-Problem am Flughafen Köln/Bonn – Konrad Adenauer bleibt wichtiges Thema. Unter Berufung auf eine Stellungnahme aus der EU-Kommission in Brüssel lehnen es das Bundes- und das Landesverkehrsministerium ab, die Nachtflüge von Fracht-Jumbos und Passagierflugzeugen über dem Köln/Bonner Luftraum zu verbieten. Dieses partielle Nachtflugverbot war Bestandteil einer im Juni 1996 verabschiedeten Landtagsentschließung, wonach der Nachtflugverkehr in Köln/Bonn durch ein 22-Punkte-Programm geregelt werden sollte. Lediglich 20 Punkte wurden weitgehend umgesetzt, das Verbot des Frachtverkehrs von Fliegern mit einem Abfluggewicht von mehr als 340 Tonnen und die Einführung einer Kern-

ruhezeit im Passagierluftverkehr jedoch nicht. Landrat Frithjof Kühn schickt umgehend einen Protestbrief an Herrn Minister Schwanhold und bittet, ein allgemeines oder partielles Nachtflugverbot durch Beschränkung der Zahl und der Lautstärke der Flugzeuge zu prüfen.

Der Aufsichtsrat der Strukturförderungsgesellschaft Bonn/Rhein-Sieg/Ahrweiler beschließt, die bisher nebenamtliche Doppelspitze zum 1. Januar 2002 durch einen hauptamtlichen Geschäftsführer zu ersetzen. Dieser soll per Ausschreibung gesucht werden.

Den Auftakt für das umfangreiche Abnahme- und Zulassungsprogramm der ICE 3 - Trasse bildet die erste Messfahrt auf der Neubaustrecke Köln-Frankfurt/Main. Ein aus zwei Mess- und einem Begleitwagen sowie zwei Loks bestehender Zug befährt die Neubaupiste erstmals in einem Stück.

Die Landräte Frithjof Kühn und Piotr Roman bekräftigen den Partnerschaftsvertrag in Boleslawiec.

August 2001, Umwelt und Natur

Bereits Ende letzten Jahres hatte Adolf Graf von Nesselrode seine Unterschrift unter einen Vertrag gesetzt, nach dem 650 Hektar seines Waldes an der Bröl zwischen Schreckenberg und Büchel, die derzeit unter Landschaftsschutz stehen, bis 2004 unter Naturschutz gestellt und in das Flora-Fauna-Habitat-Gebiet (FFH) einbezogen werden. Hierüber informieren Vertreter der Vertragspartner Land Nordrhein-Westfalen und Rhein-Sieg-Kreis sowie die Forstverwaltung und Graf Nesselrode die Öffentlichkeit.

August 2001, was sonst vor Ort geschah

Von den zur Zeit 1056 Arbeitsplätzen im Degussa-Werk Lülsdorf werden 120 wegfallen, die sozialverträglich abgebaut werden sollen. Dennoch will der Betrieb bis zum Jahr 2004 rund 30 Millionen Euro in Modernisierungen und Produktionserweiterungen investieren.

Aus für das Technologie-Transfer- und Innovationszentrum Bonn (TTIB). Das Unternehmen, das 1998 mit Ausgleichsmitteln des Bundes gegründet worden war, um junge Firmen zu fördern und den Technologieaustausch zwischen Hochschule und Wirtschaft zu unterstützen, ist nach Auslauf des Förderzeitraumes nicht in der Lage, sich selbst zu tragen.

Neues Rathaus in Hennef.

Die neue Realschule in Neunkirchen-Seelscheid.

In Neunkirchen-Seelscheid eröffnet mit Schuljahresbeginn die neue Realschule. 89 Jungen und Mädchen werden eingeschult, müssen jedoch ein Jahr lang in provisorischen Klassenzimmern im Antoniuskolleg lernen, bis der Neubau der Realschule fertig gestellt ist.

Radio Bonn/Rhein-Sieg baut seine Reichweite im Verbreitungsgebiet weiter aus. 133.000 Menschen in Bonn und im Rhein-Sieg-Kreis hören täglich die Musik des Senders. Dies entspricht einer Reichweitesteigerung von 4,4 Prozent-Punkten gegenüber dem Jahr 2000.

Seit dem Bau vor gut zwei Jahren ist der Estrich im Hennefer Rathaus feucht, als Folge bildeten sich Schimmelpilze. Um diesen Mangel zu beseitigen wird der Fußboden in der Eingangshalle mit Spezialgeräten, die warme Luft in den Boden pusten, getrocknet.

Die neuen Auszubildenden der Kreisverwaltung.

September 2001

53,6 Prozent der 575.000 Bürgerinnen und Bürger des Rhein-Sieg-Kreises treiben regelmäßig Sport. Dies ist das Kernergebnis des Sportverhaltensberichtes, den der Kreissportbund – finanziell unterstützt von der Sparkassenstiftung, dem Rhein-Sieg-Kreis sowie dem Land Nordrhein-Westfalen - initiiert hat. 56 Prozent der Aktiven treiben Sport in Eigeninitiative, 29,2 Prozent sind im Verein organisiert und 11,8 Prozent besuchen kommerzielle Studios.

Veröffentlichung des Sportverhaltensberichts.

Insgesamt 21 junge Menschen, 13 Frauen und 8 Männer, haben zum 1. August beziehungsweise 1. September ihre Ausbildung in der Kreisverwaltung Siegburg begonnen. Um die Berufschancen zu verbessern, bildet der Kreis wieder doppelt so viele Kräfte aus, wie er Nachwuchs benötigt.

Teilnehmer der Petersberger Perspektiven 2001.

Vor 50 Jahren legte der Deutsche Bundestag mit der Verabschiedung des so genannten Montanmitbestimmungsgesetzes den Grundstein für die betriebliche Mitbestimmung. „Mitbestimmung in Deutschland – Modell für Europa" lautet daher das Thema des dritten Symposiums „Petersberger Perspektiven", das vom Rhein-Sieg-Kreis in Kooperation mit der Stiftung Bundeskanzler-Adenauer-Haus, der Stiftung Haus der Geschichte der Bundesrepublik Deutschland und dem Gästehaus des Bundes auf dem Petersberg veranstaltet wird.

Den Einleitungsvortrag des Symposiums hält Günther Schulz, Professor für Verfassungs-, Sozial- und Wirtschaftsgeschichte an der Uni Bonn. Auf dem Podium diskutieren der NRW-Minister für Arbeit und Soziales Harald Schartau, Friedhelm Ost, MdB, Dr. Klaus Stammen, Präsident der Industrie- und Handelskammer Bonn/Rhein-Sieg, Ernst Breit, Vorsitzender des Deutschen Gewerkschaftsbundes a.D. sowie der Vizepräsident der Europäischen Gemeinschaften a.D. Dr. Fritz Hellwig über den Vorbildcharakter des deutschen Modells für Europa.

Die Folgen der Terroranschläge auf das World-Trade-Center in New York am 11. September sind auch im Rhein-Sieg-Kreis spürbar. Viele Veranstaltungen mit belustigendem Charakter werden abgesagt oder frühzeitig abgebrochen, so auch Pützchens Markt. Die Bürgerinnen und Bürger bringen ihre Betroffenheit und ihr Mitgefühl für die Opfer in Kondolenzlisten, die im Kreishaus und vielen Rathäusern ausliegen, zum Ausdruck. Die Kirchen im Kreisgebiet rufen zum Gebet für die Opfer und deren Angehörige auf. Schweigeminuten werden abgehalten.

Der Johanniterorden verkauft 75,1 Prozent der Gesellschaftsanteile der Johanniter Kinderklinik an die Asklepios Kliniken GmbH. Eine Beteiligung der Fresenius AG – wie ursprünglich geplant – steht nun nicht mehr zur Debatte. Der Rhein-Sieg-Kreis hatte die Klinik den Johannitern seinerzeit unentgeltlich überlassen und hat das Recht, auch bei einer Übertragung auf Dritte mitzubestimmen. Daher beruft sich der Kreis auf eine Klausel, nach der bei einem Übergang an einen anderen Gesellschafter die Klinik wieder an den Rhein-Sieg-Kreis zurückfällt.

„Mischer" der Trinkwasseraufbereitungsanlage in Siegburg-Siegelsknippen

Der Wahnbachtalsperrenverband (WTV) stellt seine neue Trinkwasseraufbereitungsanlage in Siegburg-Siegelsknippen anlässlich eines Tages der offenen Tür der Bevölkerung vor. Das Besondere: Die Desinfizierung des Wassers geschieht nicht chemisch mit Chlor, sondern physikalisch mit ultraviolettem Licht. 780.000 Menschen in der Region werden vom WTV versorgt.

Der Verkehrsverbund Rhein-Sieg (VRS) bestätigt die Planungen, die S-Bahnlinie 13 über Oberkassel hinaus bis nach Linz zu verlängern. Die Streckenführung und die Frage einer Anbindung des Bonner „Bundesviertels" über die Bonner Südbrücke ist umstritten.

September 2001,
Namen und Personen

Der Rat der Stadt Meckenheim hat Ulf Hürtgen zum neuen ersten Beigeordneten gewählt. Der 31-jährige nimmt seinen Dienst im Rathaus am 1. 11. auf.

Emil Eyermann, der stellvertretende Kreisgeschäftsführer des Deutschen Roten Kreuzes, geht in den Ruhestand und hat mit seinem 63. Geburtstag noch einen zweiten Grund zum Feiern. 21 Jahre hat der Hennefer Vize-Bürgermeister und Kreistagsabgeordnete die stellvertretende Geschäftsführung inne gehabt.

Dieter Heuel,
Vorsitzender der CDU-Kreistagsfraktion

Peter-Ralf Müller,
Vorsitzender der SPD-Kreistagsfraktion

Horst Becker, Vorsitzender der
Kreistagsfraktion Bündnis 90 / Die Grünen

Klaus Nowak, Vorsitzender der
FDP-Kreistagsfraktion

Die CDU-Kreistagsfraktion wählt ihren Fraktionsvorstand für den Rest der Legislaturperiode und spricht erneut ihrem Vorsitzenden Dieter Heuel das Vertrauen aus. An der Spitze der SPD-Kreistagsfraktion gibt es einen Wechsel: Peter-Ralf Müller löst Rainer Novak als Fraktionsvorsitzender ab. Nach wie vor im Amt sind der Vorsitzende der Kreistagsfraktion Bündnis 90/ Die Grünen Horst Becker und der Vorsitzende der FDP-Kreistagsfraktion Klaus Nowak.

Die „Galitzyaner Klezmorim" im Foyer des Kreishauses, im Hintergrund Bilder der Künstler aus der Gruppe „Der blaue See".

September 2001, Kunst und Kultur

Die „Galitzyaner Klezmorim", Absolventen der Krakauer Musikhochschule, lassen Klezmer, die Musik der früheren Ostjuden, bei Konzerten im Foyer des Kreishauses, im Siegburger Stadtmuseum und in Windeck-Herchen wieder lebendig werden.

Vier Künstler aus der Gruppe „Der blaue See", Bewohner des Hauses Hohenhonnef, das geistig behinderte Menschen betreut, zeigen ausgewählte Arbeiten im Foyer des Siegburger Kreishauses. Die großformatigen und farbenfrohen Werke ziehen viele Besucher an.

Die Teilnehmer und Veranstalter des AIMA-Kongresses vor der Klosterruine Heisterbach.

September 2001, Was sonst vor Ort geschah

Im Rahmen eines Kongresses der AIMA (Association Internationale des Musées d´Agriculture) besuchen 50 Museumsdirektoren aus aller Welt die Kulturlandschaft Heisterbacher Tal im Siebengebirge. Vertreter der Stiftung Abtei Heisterbach begrüßen die internationalen Gäste und erläutern in der historischen Zehntscheune das Projekt „Heisterbacher Tal".

Bürgermeister Helmut Meng legt den Grundstein für die Erweiterung des Neunkirchener Rathauses. Nach dessen Fertigstellung voraussichtlich im Juli 2002 werden alle Dienststellen der Gemeindeverwaltung, die bisher auf verschiedene Standorte verteilt sind, unter einem Dach arbeiten können.

Die Heinrich-Hanselmann-Schule des Rhein-Sieg-Kreises für geistig Behinderte in Sankt Augustin feiert ihr 25-jähriges Bestehen. Aktuell kümmern sich 48 Pädagogen in 12 Klassen um 133 geistig behinderte Schülerinnen und Schüler.

Die Rhein-Ruhr-Region möchte sich um die Ausrichtung der Olympischen Sommerspiele 2012 bewerben. Als Zentrum der Spiele ist im Konzept der Olympia-Rhein-Ruhr-GmbH der Raum Düsseldorf, Duisburg, Essen vorgesehen, die verschiedenen Sportstätten werden jedoch in der ganzen Region verteilt sein. Das Nationale Olympische Komitee (NOK) wird im November 2002 über eine Bewerbung für 2012 entscheiden.

Auf 438 Quadratmetern entstehen neue Räume für die Schülerinnen und Schüler der Alfred-Delp-Realschule in Niederkassel-Mondorf. Der erste Spatenstich für die Erweiterung der Klassenräume wird feierlich durchgeführt.

Das Freiwilligen-Zentrum Siegburg veranstaltet auf dem Siegburger Marktplatz ein großes Dankeschön-Fest für ehrenamtlich tätige Menschen. Landrat Frithjof Kühn zeichnet stellvertretend einige Ehrenamtliche aus.

Mit einer neuen Offensive wollen die Kommunen des Kreises versuchen, mehr Sozialhilfeempfänger wieder in Arbeit zu bringen. Der Vertrag für das neue Projekt „Integrierte Hilfe zu Arbeit" wird von Landrat Kühn sowie den Bürgermeistern von Troisdorf und Eitorf unterzeichnet. Die Grundidee bildet die gezielte Fortbildung der Mitarbeiterinnen und Mitarbeiter der kommunalen Sozialämter.

Leitende Verwaltungsmitarbeiter des Partnerkreises Boleslawiec / Polen (Bunzlau) sind im Rhein-Sieg-Kreis zu Besuch, um sich über die Arbeit der Kreisverwaltung zu informieren und den Partnerschaftsvertrag auch im Bereich der Verwaltung mit Leben zu füllen. (Foto rechts)

Oktober 2001

Der Rat der Stadt Siegburg stimmt für die Übernahme des Siegburger Krankenhauses durch den Bad Homburger Fresenius-Konzern. Nachdem im November auch der Aufsichtsrat des Krankenhauses grünes Licht gibt, teilt sich der Betrieb in die Immobiliengesellschaft „Krankenhaus Siegburg GmbH", die die unbeweglichen Güter sowie die Kreditschulden verwaltet und das „Klinikum Rhein-Sieg", das Allgemein-Krankenhaus, Herzzentrum und Altenheim betreibt und hierfür Pacht bezahlt. Die Stadt kann ihre Bürgschaftsverpflichtungen abgeben, wird jedoch für die Vertragslaufzeit von 30 Jahren jährlich einen Investitionskostenzuschuss von drei Millionen Mark an das Klinikum leisten, wobei nach Ablauf des Vertrages noch nicht alle Schulden beglichen sein werden. Der Vertrag wird im Dezember 2001 notariell geschlossen.

Zeichen des Strukturwandels in der Region: Das größte aus Bonn/Berlin-Ausgleichsmitteln finanzierte Projekt, das Forschungszentrum Caesar am Rande der Rheinaue in Bonn-Plittersdorf, feiert Richtfest. Ein Festakt auch in Alfter: Der Grundstein für das neue Werkhaus der Alanus Hochschule, welches auch mit Hilfe von Ausgleichsmitteln des Bundes realisiert werden kann, wird gelegt. Ferner weiht das Fraunhofer-Institutszentrum in Sankt Augustin-Birlinghoven seinen Neubau ein. Auf Schloss Birlinghoven stehen nun den Mitarbeiterinnen und Mitarbeitern mehr als 3.000 Quadratmeter zusätzliche Bürofläche zur Verfügung.

Der Fachkräftemangel in der Region Bonn/Rhein-Sieg verschärft sich weiter. Zu diesem Ergebnis kommt eine Umfrage der Industrie- und Handelskammer Bonn/Rhein-Sieg (IHK) unter ihren Mitgliedsunternehmen. Jedes siebte Unternehmen hat mehr offene Stellen als im Vorjahr, jedes fünfte gleich viele unbesetzte Stellen wie in 2000. Lediglich 8,5 Prozent der Unternehmen meldeten weniger offene Stellen. Haupthindernisse für die Einstellung neuer Mitarbeiter ist laut IHK die mangelnde Qualifikation beziehungsweise fehlende Berufserfahrung der Bewerber.

Seit 20 Jahren gibt es im Rhein-Sieg-Kreis die Arbeit der Gehörlosenhilfe. So lange besteht nun schon die ehrenamtliche Dolmetschertätigkeit für Gehörlose und seit 15 Jahren existiert die Troisdorfer Kontakt- und Informationsstelle für Gehörlose. Aus diesem Anlass informiert eine Ausstellung im Foyer der Siegburger Kreishauses über die Welt der Gehörlosen und das Engagement vieler Helfer in diesem Bereich.

Vertreter mehrerer Städte und Gemeinden des Kreises geben den Startschuss für die „Rhein-Sieg US Lease Gesellschaft". Hennef, Siegburg, Eitorf, Bad Honnef, Königswinter und der Aggerverband wollen nun Klärwerke und Teile des Kanalnetzes an US-Investoren vermieten und zurückmieten und über dieses so genannte „Cross Border"-Geschäft an den Steuervorteilen, die die US-Firmen hierdurch nutzen können, teilhaben.

Stefan Hahn wird vom Gemeinderat zum neuen Beigeordneten der Gemeinde Wachtberg gewählt. Der 33-Jährige tritt sein Amt zum 1. Januar 2002 an. Die Beigeordnetenstelle war seit der Wahl des damaligen Beigeordneten Hans-Jürgen Döring zum Bürgermeister vor zwei Jahren vakant.

Der Rat der Stadt Troisdorf wählt Hans-Jürgen Heinen zum dritten Beigeordneten. Er ist nun mit Wolfgang Pietrek und Heinz Eschbach der Dritte im Bunde der Troisdorfer Beigeordneten.

Als Nachfolger von Karl-Heinz Enderes tritt Hans-Joachim Henke das Amt des Kreisgeschäftsführers der CDU an.

Tilman Flaig ist neuer Geschäftsführer der Tourismus & Congress GmbH Region Bonn/Rhein-Sieg/Ahrweiler (T & C). Der 44-jährige Nachfolger von Hans Helmut Schild tritt am 15. Oktober seinen Dienst an.

Auf zusammen 80 Dienstjahre bringen es Verkehrsdezernent Fred Merklinghaus und der Leiter der Hennefer Polizeiwache, Kurt Schmitz. Die beiden Ersten Polizeihauptkommissare werden von ihrem obersten Dienstherrn Landrat Frithjof Kühn in den Ruhestand verabschiedet.

Die Vorgebirgsschule Alfter – Schule für Geistigbehinderte des Rhein-Sieg-Kreises – feiert ihren 20. Geburtstag. Die große Jubiläumsfeier steht unter dem Motto „Zirkus". Die Schülerinnen und Schüler zeigen Akrobatik und Jonglage.

Für rund 225.000 Mark errichtet der Rhein-Sieg-Kreis den Anbau der Schule für Geistigbehinderte in Windeck-Rossel, in dem auch ein spezieller Erlebnisraum, der die Sinne der geistig behinderten Schülerinnen und Schüler schärfen soll, untergebracht ist.

Eine 100 Kilogramm schwere Bombe aus dem zweiten Weltkrieg wird in Köhlershohn (nördlicher Kreis Neuwied) unmittelbar an der Grenze zum Rhein-Sieg-Kreis gefunden. Der Kampfmittelräumdienst sprengt die Bombe, was zu einer einstündigen Sperrung der Autobahn 3 zwischen Bad Honnef und Neuwied führt. 250 Menschen werden evakuiert.

Auch im Rhein-Sieg-Kreis herrscht Alarmbereitschaft nach den Terroranschlägen des 11. September. Ein verdächtiger Brief, aus dem weißes Pulver rieselt, löst vor dem Hintergrund der in den USA aufgetauchten Milzbranderreger im Briefzentrum Troisdorf-Spich einen Großeinsatz der Polizei aus. Im Postleitzahlbereich 53 werden einige zehntausend Briefe zunächst zurückgehalten. Glücklicherweise stellt sich die ominöse Substanz als ungefährlich heraus; es handelt sich auch hier wie in allen anderen Fällen um das Werk eines „Trittbrettfahrers".

Vom 21. September bis 9. Oktober findet zum dritten Mal das Internationale Beethovenfest Bonn statt. Die Platzausnutzung bei den insgesamt 49 Konzerten in Bonn und der Region beträgt 75 Prozent. Der – im Vergleich zum Vorjahr – geringfügig schwächere Publikumszuspruch löst Diskussionen aus; er lässt sich auch mit den Folgen der Terroranschläge vom 11. September erklären.

Bereits zum 25. Mal finden in Wachtberg-Adendorf die Töpfertage statt. Die Töpfereien des Ortes öffnen wieder einmal ihre Tore für die interessierten Besucher. Die stellvertretende Bürgermeisterin Ursula Perkams informiert in ihrer Einführung über die Geschichte des Töpferhandwerks in Adendorf.

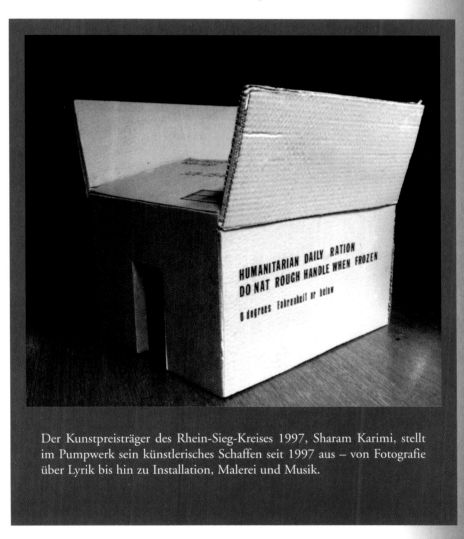

Der Kunstpreisträger des Rhein-Sieg-Kreises 1997, Sharam Karimi, stellt im Pumpwerk sein künstlerisches Schaffen seit 1997 aus – von Fotografie über Lyrik bis hin zu Installation, Malerei und Musik.

Das Jahr 2001 war das Internationale Jahr der Freiwilligen. Aus diesem Anlass lautete das Thema des Fotowettbewerbs des Rhein-Sieg-Kreises 2001 „Das Ehrenamt". Die Teilnehmerinnen und Teilnehmer waren dazu aufgefordert, die für die Öffentlichkeit meist unsichtbaren freiwilligen sozialen und wirtschaftlichen Leistungen als unverzichtbaren Bestandteil der Gesellschaft zu fokussieren. Die Gewinner des Wettbewerbs seien hier kurz vorgestellt.

Aus der Begründung der Jury zur Prämierung der Preisträger:

Den 1. Preis (3.000 Mark) vergibt die Jury an Johannes Bergmann aus Bonn, der in seiner Fotosequenz „Zu-spruch" die ehrenamtliche Betreuung alter Menschen im Heim Sankt Konstantia in Königswinter-Oberpleis thematisiert. Bergmanns Bilder gelingen in der Erfahrung ihrer eindringlichen fotografischen Nachsicht sensible Hinweise auf den Dialog zwischen hilfsbedürftigen Menschen und ihren ehrenamtlichen Betreuern, den der Fotograf Bergmann als „Zu-Spruch" in spürbarer Dankbarkeit interpretiert.

Jaroslav Vincek

DAS EHRENAMT
FOTOWETTBEWERB DES RHEIN-SIEG-KREISES 2001

Den 2. Preis (2.000 Mark) vergibt die Jury an Jaroslav Vincek aus Swisttal, der in seiner Momentaufnahme „Es werde hell" einen Mönch zeigt, der im Begriff ist, einen dunklen Röntgenraum zu betreten. Die Aufnahme ist im Moment vor dem Anknipsen der Raumbeleuchtung festgehalten. Vincek will mit seiner Aufnahme aus dem Brüderkrankenhaus des Ordens der Barmherzigen Brüder

Hans Lottermoser

Kurt Hilberath

von Maria-Hilf aufzeigen, dass Mönche ihr Leben lang freiwillig und ohne Lohn kranken Menschen helfen. Ihm gelingt dies durch eine klare Komposition und die originelle Wirkung seines Motivs.

Den geteilten 3. Preis teilt die Jury zwischen Kurt Hilberath aus Wachtberg und Dr. Hans Lottermoser aus Bonn.

Die Fotosequenz Hilberaths zeigt in gestalterischer Klarheit Bilder von Ausbildung und Alltag der Freiwilligen Feuerwehr und des Technischen Hilfswerks der Region.

Lottermosers Bildserie „Essen auf Rädern" zeigt in origineller Weise die Mobilität zeitgemäßer Seniorenbetreuung auf Skateboards und Inlineskates.

Johannes Bergmann

Johannes Bergmann

178

Der Rhein-Sieg-Kreis verleiht aus Anlass des Internationalen Jahrs der Freiwilligen erstmals einen mit 5.000 Mark dotierten Förderpreis für das soziale Ehrenamt (Abb. oben). Drei Gruppen werden wegen ihres besonders vorbildlichen Einsatzes bedacht: Die Eheleute Ingeborg und Fritz von Westermann aus Rheinbach, die sich seit 1975 um die Wiedereingliederung Strafgefangener bemühen sowie die Frauenselbsthilfegruppe nach Krebs in Siegburg, Sankt Augustin und Troisdorf. Ferner würdigt Landrat Frithjof Kühn die Arbeit der Ökumenischen Initiative zur Begleitung Schwerkranker, Sterbender und Trauernder aus Sankt Augustin. Ein mit 500 Mark dotierter Sonderpreis geht an den Lohmarer Verein „Campus 15 - Jugend wagt den Frieden", der Sommercamps für Jugendliche aus ehemaligen Kriegsgebieten organisiert.

Barbara Genscher, Schirmherrin der Deutschen Herzstiftung, eröffnet im Foyer des Siegburger Kreishauses die Gesundheitsaktion „Herzinfarkt – Schlaganfall" (Abb. oben). Die Besucher der Aktion, die von Ärzten und Apothekern im Kreis, der Herzstiftung und dem Kreisgesundheitsamt getragen wird, können sich rund um das Thema informieren und einen kostenlosen Gesundheitscheck durchführen lassen.

Der Stadtrat wählt Manfred Catrin zum neuen Troisdorfer Vizebürgermeister. Die Neubesetzung war notwendig geworden, nachdem Klaus-Werner Jablonski sein Amt niedergelegt hatte, um Ivo Hurnik im Fraktionsvorsitz nachzufolgen.

Norbert Eckschlag ist der neue Geschäftsführer des Wahnbachtalsperrenverbandes (WTV). Der bisherige stellvertretende Geschäftsführer wird von der Verbandsversammlung zum Nachfolger des im April des Jahres ausgeschiedenen Wolfram Such gewählt.

25 Jahre lang war Stefan Frechen Mitglied des Verwaltungsrates der Kreissparkasse. Für seine Verdienste im Ehrenamt verleiht ihm der Rheinische Sparkassen- und Giroverband die „Dr.-Johann-Christian-Eberle-Medaille".

Ehrenlandrat Dr. Franz Möller wird auf der Mitgliederversammlung des ifu-Instituts für Städtebau, Wohnungswirtschaft und Bausparwesen in Berlin erneut einstimmig zum Vorsitzenden des Kuratoriums gewählt. Er leitet das Kuratorium bereits seit 1995.

Zum Abschluss der fünften Frauenkulturtage des Rhein-Sieg-Kreises wird im Foyer des Kreishauses die Ausstellung „Starke Frauen" eröffnet (Abb. unten). 77 Portraits stellen Frauen aus aller Welt – auch aus dem Kreisgebiet – vor, die sich durch Leistung und Engagement auf unterschiedlichsten Gebieten ausgezeichnet haben.

Der Brunnen am Verschönerungsweg auf der Margarethenhöhe in Königswinter plätschert wieder. Dank einer kräftigen Finanzspritze der Sparkassenstiftung des Rhein-Sieg-Kreises konnte der Verschönerungsverein für das Siebengebirge (VVS) die bislang verstopften Rohre sanieren lassen. Und noch mehr Positives hat der VVS zu vermelden: zum siebten Male erhält er für den Naturpark Siebengebirge das Europadiplom. Zum ersten Mal erhielt das Siebengebirge 1971 diese hohe Auszeichnung des Europarates.

Die Naturparks Bergisches Land, Kottenforst-Ville und Siebengebirge laden zu den ersten „Naturparkgesprächen" in das Gästehaus der Bundesrepublik Deutschland auf dem Petersberg ein. Ziel ist es, in Kooperation Wissen und Erkenntnisse um die Natur zu erhalten, die Arbeit in den Naturparks in Zusammenhang mit dem ganzen Ökosystem zu stellen und dieses Wissen in praktisches Handeln umzusetzen. Im Mittelpunkt stehen Vorträge von Fachleuten.

Einen Vertrag zur „Herstellung einer submontanen Heidelandschaft" unterschreiben Bad Honnefs Bürgermeister Peter Brassel, die Vertreter des Rhein-Sieg-Kreises, Dieter Joest und Dr. Wolf Lopata, sowie Bernd Schwontzen vom Eitorfer Forstamt. Im ehemaligen Aegidienberger Gemeindewald auf der Fläche des südlichen Dachsberges wollen die an dem Vertrag Beteiligten wieder eine Heidefläche entstehen lassen, wie sie früher im Kreisgebiet weit verbreitet war.

Die Mitarbeiterinnen der Schwangerschaftkonfliktberatung Siegburg feiern mit rund 70 Gästen das 25-jährige Bestehen. Seit nunmehr einem Vierteljahrhundert steht das Diakonische Werk im Kirchenkreis An Sieg und Rhein Schwangeren in Notsituationen zur Seite.

Rund 400 Heeres- und Marinesoldaten des Wachbataillons der Bundeswehr in der Siegburger Brückbergkaserne ziehen nach Berlin um. Nun sind hier nur noch 400 Uniformierte untergebracht – einst waren es 1.100. Die verbleibenden Soldaten sollen den Protokollbedarf des Verteidigungsministeriums auf der Hardthöhe abdecken. Beim feierlichen Abschiedsappell verleiht NRW-Ministerpräsident Wolfgang Clement dem Wachbataillon das Fahnenband des Landes.

Der Verein „Frauen helfen Frauen Troisdorf/Much" eröffnet feierlich sein neues Frauenhaus. An den Kosten für Umbau und Einrichtung des Hauses beteiligten sich der Rhein-Sieg-Kreis mit 25.000 Mark, die Kreissparkasse mit 10.000 Mark und die VR Bank Rhein-Sieg mit 5.000 Mark. Landrat Kühn bringt in seinem Grußwort anlässlich der Eröffnung die besondere Verbundenheit des Kreises mit dem autonomen Frauenhaus zum Ausdruck.

Das Berufskolleg des Rhein-Sieg-Kreises in Hennef verfügt nun über einen neuen Fachraum für IT-Anwendungsentwicklung, der offiziell eingeweiht wird. Der Rhein-Sieg-Kreis investierte 127.000 Mark in die Ausstattung. Die Schüler des Berufskollegs legten die Leitungen selbst und bauten die Tische.

Beim ersten Ingenieurtag in der Fachhochschule Bonn-Rhein-Sieg können Studenten und Nachwuchskräfte Kontakte mit Firmen aus der Region knüpfen. Über 30 Unternehmen werben und informieren über Perspektiven für angehende Ingenieure.

Zudem fördert die Fachhochschule Bonn-Rhein-Sieg junge Unternehmen auf ihrem Weg in die Selbstständigkeit. Hierzu wird der „Gründercampus" ins

Die Polizeiwache in Siegburg

Leben gerufen, ein Konzept, das Absolventen der FH bei der Existenzgründung unter die Arme greift. Die Jungunternehmer können Räume der FH zu günstigen Konditionen mieten und weiterhin die Infrastruktur der Hochschule nutzen. Mehr als 20 Unternehmen sind bisher schon aus der FH hervorgegangen.

Die Landesregierung verschiebt den geplanten Neubau der Siegburger Polizeiwache auf unbestimmte Zeit. Das Projekt wird wegen der angespannten Haushaltslage von der Prioritätenliste gestrichen. Die Polizisten sind ob dieser Entscheidung erschüttert. Das Gebäude ist in einem extrem maroden Zustand, die Diensthabenden arbeiten seit längerem schon mit zahllosen Provisorien und in bedrückender Enge.

Im Troisdorfer Tunnelstück der neuen ICE-Strecke sind bisher 33.000 Kubikmeter Beton gegossen und 4.000 Tonnen Stahl verbaut worden. Nunmehr werden die letzten Gleislücken geschlossen und auch im Troisdorfer Tunnel die Schienen verlegt.

Bereits seit Juni des Jahres arbeiten die 50 Beschäftigten der Kreishandwerkerschaft Bonn/Rhein-Sieg in den neuen Räumen der Geschäftsstelle in Sankt Augustin. Nunmehr wird das neue Domizil feierlich eingeweiht. Auf rund 1.800 Qua-

dratmetern im Neubau an der Grantham-Allee lenkt die Kreishandwerkerschaft nun die Geschicke von allen 24 Innungen unter einem Dach.

20 Jahre Paul-Moor-Schule in Königswinter-Oberpleis. Die Sonderschule für geistig Behinderte des Rhein-Sieg-Kreises ist in ihrer Art einzig im Kreis und bereitet ihre Schülerinnen und Schüler auf das Berufsleben vor. Auch der angeschlossene heilpädagogische Kindergarten des Rhein-Sieg-Kreises besteht seit 20 Jahren. Mit einem Fest werden diese Jubiläen gefeiert.

Die Entschärfung einer Zehn-Zentner-Bombe im Rheinbacher Norden klappt nahezu reibungslos. Anwohner und Insassen der Justizvollzugsanstalt Rheinbach werden evakuiert, Straßen gesperrt und der ÖPNV umgeleitet.

Das neue Hennefer Stadtviertel „Quartier Chronos", zwischen Sieg und Frankfurter Straße gelegen, wird feierlich eingeweiht. Auch Regierungspräsident Jürgen Roters zählt zu den Festrednern.

Meckenheim darf sich nun „Fahrradfreundliche Stadt" nennen. Damit ist Meckenheim als 31. Kommune in die Arbeitsgemeinschaft „Fahrradfreundliche Städte und Gemeinden in Nordrhein-Westfalen" aufgenommen.

AUF DEM PETERSBERG WURDE EINMAL MEHR GESCHICHTE GESCHRIEBEN…

VON THOMAS WAGNER

ZUKUNFT AFGHANISTANS WURDE IN KÖNIGSWINTER VERHANDELT.

Die Nachrichtenagenturen und die regionale sowie überregionale Presse verkündeten am 22. November 2001: „Afghanistan-Konferenz auf dem Petersberg." Damit war das amtlich, was sich die Vertreter der Vereinten Nationen von Anfang an gewünscht hatten: Die Konferenz zur politischen Neuordnung und Zukunft Afghanistans sollte im Gästehaus des Bundes auf dem Petersberg in Königswinter stattfinden und nicht in Berlin.

Am Dienstag, dem 27. November 2001 beginnen dann die Beratungen der vier afghanischen Delegationen unter der Ägide der UN. Höchste Sicherheitsvorkehrungen rund um den bewährten Konferenzstandort prägen das Bild; eine Stadt im Ausnahmezustand, auf die die ganz Welt schaut und hofft, dass auf dem symbolträchtigen Petersberg als genius loci vieler weltpolitisch bedeutender Entscheidungen eine friedliche sowie stabile Zukunft für Afghanistan verhandelt wird.

Der Landrat des Rhein-Sieg-Kreises Frithjof Kühn kommentierte die Entscheidung am 22.11.2001 so: „Für solche politisch und sicherheitstechnisch äußerst schwierigen Konferenzen ist das Gästehaus des Bundes auf dem Petersberg in Königswinter bei Bonn der in der gesamten Bundesrepublik geeigneteste Standort". Die geographische Lage des

Gästehauses, aber auch die qualitativ hochwertigen sicherheitstechnischen Vorkehrungen, die ausgewiesene Erfahrung der Bonner Polizei mit solchen Ereignissen, die Abgeschiedenheit, um in Ruhe schwierige Verhandlungen führen zu können, wohl aber auch die gute politische Tradition des Petersbergs hatten offensichtlich den Ausschlag für die Entscheidung des Bundes gegeben.

Landrat Frithjof Kühn am 4. Dezember 2001 am Rheinufer in Königswinter vor dem Medienzentrum, das auf einem „Presseschiff" untergebracht war. Kühn begrüßt den Sprecher der UN-Verhandlungsführung Ahmad Fausi.

Geschichte hat der Petersberg schon seit der Sudetenkrise 1938 geschrieben, als Hitler mit Chamberlain Verhandlungen zur Abtretung des Sudentenlandes an das deutsche Reich führte. Nach dem II. Weltkrieg residierten hier die Alliierten Hohen Kommissare und führten Verhandlungen mit Konrad Adenauer, der die weitgehende außenpolitische und wirtschaftliche Gleichberechtigung der damals jungen Bundesrepublik Deutschland erreichte. Unvergessen ist auch die sogenannte „Teppichszene" auf dem Petersberg, als Bundeskanzler Konrad Adenauer sich wenig um die vorgeschriebene protokollarische Distanz zu den Vertretern der Besatzungsmächte scherte und damit ein neues deutsches Selbstbewusstsein demonstrierte. Schah Reza Pahlewi, Königin Elisabeth II, Leonid Breschnew, Michail Gorbatschow, Nelson Mandela, Jassir Arafat und Bill Clinton sind nur einige von den vielen herausragenden Persönlichkeiten, die das Gästebuch des Petersbergs schmücken.

Für die gesamte Region und die Entwicklung des UN-Standortes Bonn – insbesondere im Blick auf das Internationale Kongresszentrum Bundeshaus Bonn (IKBB) – ist das Gästehaus des Bundes auf dem Petersberg ein bedeutender Konferenzstandort, der den Veräußerungsüberlegungen des Bundes nicht zum Opfer fallen darf. Im Zuge des Bonn/Berlin-Beschlusses des deutschen Bundestages von 1991 und der sich verschlechternden Finanzsituation des Bundes kam es zu Beginn der 90er Jahre erstmals zu solchen Veräußerungsüberlegungen für den Petersberg. Seit dem setzten sich der damalige Oberkreisdirektor des Rhein-Sieg-Kreises und heutige Landrat, Frithjof Kühn, sowie der damalige Landrat und heutige Ehrenlandrat, Dr. Franz Möller, immer wieder erfolgreich für die weitere Nutzung des Gästehauses Petersberg durch den Bund ein. Gemeinsam mit der Stadt Königswinter bestreitet der Rhein-Sieg-Kreis einen gewissen Teil der Unterhaltungskosten der Gesamtanlage Petersberg, die in Deutschlands ältestes Naturschutzgebiet, das Siebengebirge, eingebettet ist.

Um 11.05 Uhr ist am 5.12.2001 dann das offizielle Ende einer erfolgreichen Afghanistan-Konferenz. Es wird das so genannte „Petersberger Abkommen" von den vier Verhandlungsdelegationen para-

phiert, das auf zwei Jahre angelegte Übergangsregelungen zur politischen, administrativen und ökonomisch-strukturellen Entwicklung Afghanistans enthält. Verhandelt wurde unter der Führung des UN-Sonderbeauftragten Lakhdar Brahimi; Regierungschef einer handlungsfähigen Übergangsregierung wird Hamid Karsai, die afghanische Nationalversammlung Loya Jirga ist vorbereitet. Einmal mehr ist auf dem Petersberg Geschichte geschrieben worden.

Landrat Frithjof Kühn bedankte sich an diesem Tag bei allen Beteiligten, die zur gelungenen Konferenz beigetragen und somit für die gesamte Region in der ganzen Welt geworben haben: den Einsatzkräften der Königswinterer Feuerwehr, der Bonner Polizei, der Stadt Königswinter, die ein hervorragender Gastgeber war, der ortsansässigen Gastronomie und Hotellerie, die auch die vielen Medienvertreter aus der ganzen Welt hervorragend beherbergt haben.

Bundeskanzler Gerhard Schröder und der Bundesminister des Auswärtigen, Joschka Fischer, nehmen an der Vertragsunterzeichnung und der anschließenden Abschlusskonferenz in der Rotunde des Gästehauses des Bundes auf dem Petersberg teil.

Bundeskanzler Schröder (4.v.l.), Bundesminister Fischer (2.v.r.), Mr. Lakhdar Brahimi (3.v.r.), UN-Sonderbeauftragter für Afghanistan, und Mr. Francesc Vendrell (3.v.l.), Stellvertretender UN-Sonderbeauftragter für Afghanistan.

182

Der am Bürger orientierte Vorsatz, Kindern, Jugendlichen und Eltern möglichst zeit- und situationsnah vor Ort helfen und sie beraten zu können, veranlasst das Kreisjugendamt zur Dezentralisierung seines Hilfs- und Dienstleistungsangebotes. Im Zuge dieser Realisierung wird das erste von insgesamt sieben Jugendhilfezentren (JHZ) in Meckenheim eröffnet. Es ist für die Kommunen Meckenheim und Wachtberg zuständig. Im Laufe des Jahres 2002 sollen noch in folgenden Orten Jugendhilfezentren eingerichtet werden: Rheinbach, Bornheim, Siegburg, Neunkirchen-Seelscheid, Eitorf und Königswinter.

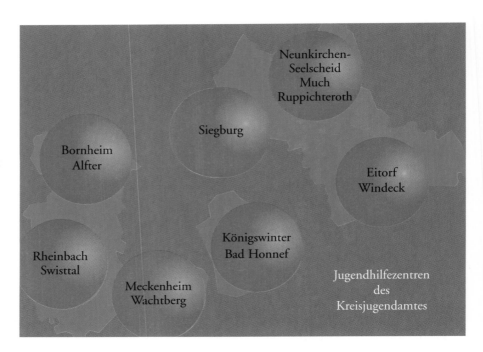

Neunkirchen-Seelscheid
Much
Ruppichteroth

Siegburg

Bornheim
Alfter

Eitorf
Windeck

Rheinbach
Swisttal

Königswinter
Bad Honnef

Meckenheim
Wachtberg

Jugendhilfezentren des Kreisjugendamtes

Rund 53 Millionen Handys gibt es in Deutschland, Tendenz steigend. Über 200 Interessierte kommen zum „Elektrosmog-Hearing" ins Siegburger Kreishaus. Sieben Experten verschiedener Richtungen beleuchten das Thema und sprechen über die neuesten Erkenntnisse zu Elektrosmog und Mobilfunk.

Dezember 2001, Namen und Personen

Nach fast 10 Jahren an der Spitze der Kreissparkasse Siegburg geht auch der Vorstandsvorsitzende Eberhard Schneider in den Ruhestand. Er wird im Rahmen eines Empfangs auf dem Petersberg verabschiedet.

Im Alter von 54 Jahren verstirbt plötzlich der erste Beigeordnete der Stadt Bornheim, Christoph Rohde. Er hatte sein Amt seit 1993 inne. Sein Tod löst bei Vielen Bestürzung aus.

Weiße Weihnacht im Rhein-Sieg-Kreis! Vor allem das östliche Kreisgebiet bekommt den Wintereinbruch zu spüren. Die Polizei sperrt die A 3 ab dem Autobahnkreuz Bonn/Siegburg, weil sich an der Landesgrenze zu Rheinland-Pfalz ein rund 50 Kilometer langer Stau gebildet hat, in dem die Autofahrer teilweise stundenlang in ihren Fahrzeugen festsitzen. In Windeck stürzen zahlreiche Bäume ob der Schneelast um und blockieren Straßen und Bahnschienen. Trotz Chaos hat der Schnee aber auch seine schöne Seite. Er verwandelt die Natur in eine wundervolle Winterlandschaft.

Kreisdirektor a.D. Günter Brahm wird 70 Jahre alt. Der Jurist, der 18 Jahre lang an verantwortlicher, leitender Stelle für den Rhein-Sieg-Kreis tätig war, feiert sein Jubiläum mit Weggefährten und Politikern im großen Sitzungssaal des Kreishauses.

Kreisvermessungsdirektor Heinrich Streich wird in den Ruhestand verabschiedet. 30 Jahre lang übte er leitende Tätigkeiten für den Rhein-Sieg-Kreis aus.

Auch Dr. Heinrich Linn, Kreisarchivar des Rhein-Sieg-Kreises, tritt seinen Ruhestand an. 20 Jahre war er für den Kreis tätig, leitete 10 Jahre das Kreisarchiv, als seine Nachfolgerin beginnt Frau Dr. Claudia Maria Neesen am 1. Januar 2002 ihren Dienst.
Mit dem Umzug der wissenschaftlichen Bibliothek des Kreisarchivs in neue Räume im Kreishaus, der ebenfalls zum Jahresende stattfindet, werden die Arbeitsbedingungen für die Archivnutzer verbessert.

Von links nach rechts: Eheleute Kühn, Eheleute Brahm und Kreisdirektorin Lohr.

Verabschiedungen - links: Kreisvermessungsdirektor Heinrich Streich; unten: Kreisarchivdirektor Dr. Heinrich Linn

Dezember 2001,
Was sonst vor Ort geschah

Eine große Resonanz findet die Aktionswoche zur Suchtvorbeugung „Verloren in virtuellen Welten", die vom Kreisjugendamt zusammen mit der AG Jugendschutz und Prävention veranstaltet wird. Rund 1000 Teilnehmer besuchen die 18 kreisweiten Veranstaltungen zum Thema „Gefahren durch Medien".

Am Übergang von der A 560 zur B 8 in Hennef wird das Autobahnende umgestaltet. Als neuer Ast einer Kreuzung entsteht die L 333 N. Diese Straße, die für etwa 5,5 Millionen Mark bis Jahresende 2003 / Anfang 2004 verwirklicht wird, verbindet die A 560/B 8 mit der Sieg-talstraße. Sie wird nicht nur zur Ent-lastung an der Anschlussstelle Hennef-Ost beitragen, sondern auch die Haupt-erschließung für das mit Bonn/Berlin-Ausgleichsmitteln geförderte Gewerbegebiet Hossenberg sein.
Auch in Niederkassel wird gebaggert. Nach mehr als 25 Jahren der Ankündigung beginnt der Bau der Umgehungsstraße L 269 N. NRW-Wirtschaftsminister Ernst Schwanhold führt den Spatenstich per Bagger aus.

Aus den Händen von Bayerns Innenminister Günther Beckstein erhält eine Delegation der Meckenheimer Stadtverwaltung um Bürgermeisterin Yvonne Kempen in Fürstenfeldbruck den „Konrad-Adenauer-Preis für Kommunalpolitik" in Silber. Der Wettbewerb ermittelt modellhafte Einzelleistungen. Die Stadt wird so für Bürgerbeteiligungsprojekte wie das Bürgergutachten Merler Keil, die Zukunftswerkstatt Bahnhof und Bürgerprojektgruppen ausgezeichnet.

NEW LIFE - NEW TOWN
EINE NEUE VERWALTUNGSSTRUKTUR FÜR KAMBODSCHANISCHE STÄDTE

VON HANS CLASEN

oben: Angkor Wat ist das größte religiöse Gebäude der Welt.
unten: Teile des Königspalastes in Phnom Penh.

Welche Beziehungen unterhält der Rhein-Sieg-Kreis zu Kambodscha? Wieso beschäftigt sich der *Arbeitskreis Europa* des Kreisausschusses mit dem südostasiatischen Land, in dem bis vor wenigen Jahren noch Bürgerkrieg herrschte? Was sind Battambang und Siem Reap? Auf diese Fragen soll der folgende kurze Beitrag einige Antworten geben.

Am 21. Dezember 2001 startete das von der Europäischen Kommission geförderte Projekt *Verwaltungsstrukturen und -abläufe, Stadtentwicklungsplanung und Bürgerbeteiligung für kambodschanische Provinzstädte*. Mit Hilfe des auf zwei Jahre befristeten Projektes wollen der Rhein-Sieg-Kreis und die italienische Stadt Spoleto (Umbrien) dabei helfen, die junge Demokratie Kambodschas zu stärken und den Aufbau der Verwaltungen voranzutreiben.

Mit Unterstützung der Konrad-Adenauer-Stiftung besuchte Anfang des Jahres 2000 eine Gruppe kambodschanischer Politiker und Regierungsbediensteter die Bundesrepublik. Eine Reise zum Sitz der Adenauer-Stiftung in Sankt Augustin verband man mit einem Besuch der Kreisverwaltung in Siegburg.

Im Rahmen dieses Besuches bot Landrat Frithjof Kühn seine Unterstützung an, falls diese beim Aufbau von Kommunalverwaltungen in Kambodscha gewünscht werde. Die angebotene Hilfe wurde dann bereits im Februar des Jahres 2001 in Anspruch genommen, als es darum ging, Musterhauptsatzungen und Mustergeschäftsordnungen für die kambodschanischen Städte und Gemeinden zu schaffen. Kurzentschlossen entsandte der Kreis den Leiter des Kreistagsbüros für eine Woche nach Phnom Penh, wo im Innenministerium über die Entwürfe der Muster-Regularien diskutiert wurde.

In den folgenden Monaten bereitete Dr. Peter Köppinger, der Landesbeauftragte der Konrad-Adenauer-Stiftung in Kambodscha, in enger Zusammenarbeit mit dem kambodschanischen Innenministerium ein Projekt vor, mit dessen Hilfe der Aufbau von Kommunalverwaltungen unterstützt werden soll. Als europäische Partner wurden der Rhein-Sieg-Kreis und die Stadt Spoleto gewonnen; die Europäische Kommission sagte im Rahmen ihres *Asia Urbs* -Förderprogramms finanzielle Unterstützung zu. Die beiden europäischen Kommunen liefern ihren Beitrag durch die Abstellung von Projektkoordinatoren (Experteneinsatz, administrative Abwicklung) und die Entsendung von Verwaltungsexperten.

oben: Ein typisches Khmer-Haus.
links: Das Projektbüro in Battambang kurz vor der offiziellen Eröffnung.
rechts: ImTa Prohm siegt die Natur über die Architektur.

Das Projekt ist darauf ausgerichtet, insbesondere in den Bereichen Stadtentwicklungsplanung, Einwohnermeldewesen, Bauaufsicht, Tourismus und Bürgerbeteiligung Aufbauhilfe zu leisten. Es liegt auf der Hand, dass das nicht in allen 1.621 Kommunen Kambodschas gleichzeitig geschehen kann. Aus diesem Grund wurden die beiden nach der Hauptstadt Phnom Penh größten Städte, nämlich Battambang und Siem Reap, als Projekt-Partnerstädte ausgewählt. Dort sind bereits Projektbüros entstanden, in denen die Umsetzung der Ziele vorbereitet wird und wo die europäischen Experten Unterstützung bei ihrer Arbeit finden.

In unmittelbarer Nähe zu Siem Reap liegen die weltberühmten Tempelanlagen von Angkor Wat, die von der Unesco in die Liste des Weltkulturerbes aufgenommen worden sind. Um Angkor, die ehemalige Hauptstadt des Khmer-Reiches, entstanden in der Zeit zwischen 800 und 1200 zahlreiche imposante Tempelanlagen. Sie sind das Ziel des jährlich wachsenden Touristenstromes, der für Siem Reap und das gesamte Königreich Kambodscha Chancen und Risiken in sich birgt.

Es gibt unglaublich viel zu tun und die zu überwindenden Schwierigkeiten treten in großer Zahl und in stets aufs Neue

unerwarteter Art auf. Allerdings sind der Enthusiasmus, die Liebe zum Detail und die asiatische Freundlichkeit, mit denen die Kambodschaner die große Herausforderung angehen, beeindruckend und bemerkenswert.

Diese Einstellung und die allgemein spürbare Hoffnung auf einen Neuanfang lassen eine realistische Chance auf eine neue demokratische Friedensordnung nach fast 30 Jahren Bürgerkrieg erkennen. Die ersten freien und demokratischen Kommunalwahlen in der Geschichte des Landes am 3. Februar 2002 waren ein wichtiger Schritt auf dem Weg dort hin.

186

Mit dem neuen Jahr kommt der Euro. Auch bei der Kreisverwaltung ist man – wie im gesamten Rhein-Sieg-Kreis – bestens für die Währungsumstellung gerüstet. Im Kreishaus wird, wie in vielen Behörden und Geschäften in der Region, über den Jahreswechsel gearbeitet, um alles auf den Euro umzustellen. Der Kreisbevölkerung bereitet der Wechsel zum Euro keine Schwierigkeiten. Durch einen wahren Ansturm auf das neue Zahlungsmittel entstehen in den ersten Tagen des Januar lange Schlangen in den Banken und Sparkassen.

Die aktuelle Obdachlosenstatistik des Landes Nordrhein-Westfalen liegt vor. Sie belegt, dass im Jahr 2001 661 Menschen im Rhein-Sieg-Kreis ohne festen Wohnsitz waren. Gegenüber dem Vorjahr (695 Personen) ist diese Zahl erneut rückläufig. Den größten Rückgang im Kreisgebiet verzeichnet Sankt Augustin.

Das Kreisgesundheitsamt startet zusammen mit Krankenkassen, Ärzten und Apothekern die breit angelegte Impfaktion „Der Krankheit einen Schritt voraus" mit dem Schwerpunkt auf Masern, Röteln und Mumps. Die Aktion soll dazu beitragen, die Impfrate, die bei den aktuell eingeschulten Kindern deutlich unter dem Landesdurchschnitt liegt, zu erhöhen und Impflücken zu schließen.

Die Heimaufsicht des Rhein-Sieg-Kreises zieht eine positive Bilanz nach der Insolvenz der Refugium GmbH im vergangenen Jahr. Für die rund 360 pflegebedürftigen Menschen, die in Refugium-Heimen untergebracht waren, konnten entweder anderweitig Pflegeplätze oder neue Träger für die betroffenen Einrichtungen gefunden werden.

Immer mehr Jugendliche machen eine Lehre. Ende 2001 verzeichnet die Kreishandwerkerschaft Bonn/Rhein-Sieg 1.600 neue Ausbildungsverhältnisse, somit 5,4 Prozent mehr gegenüber den Vorjahreszahlen im Kreisgebiet.

Den symbolischen ersten Spatenstich zum Bau des Mittelstücks des neuen ICE-Bahnhofs unter dem Köln-Bonner Flughafen führen Landesverkehrsminister Ernst Schwanhold, Staatssekretärin Angelika Mertens, der Chef der Deutschen Bahn AG, Hartmut Mehdorn, und der Aufsichtsratsvorsitzende der Flughafen Köln/Bonn GmbH, Norbert Rüther, aus.

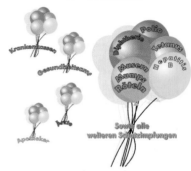

Der erste ICE-Zug fährt auf der Neubaustrecke zwischen Köln und Frankfurt. Das mit modernster Messtechnik ausgestattete Fahrzeug soll die Strecke vermessen und testen. Der Test-ICE rollt auch in den Siegburger Bahnhof.

Der Bau des ICE-Bahnhofs in Siegburg geht endlich weiter. Nach einer Baupause seit Februar 2001 wird nun ein Kran aufgebaut, die Baustelle eingerichtet und Material angeliefert. Der Baustopp wurde mit langwierigen Verhandlungen über die Finanzierung des Gebäudes, an der die Bahn AG, die Stadt Siegburg bzw. die Siegburger Stadtentwicklungsgesellschaft sowie das beauftragte Bauunternehmen beteiligt sind, begründet; zu einer weiteren Verzögerung führten Fragen über die Geeignetheit der verwendeten Betonsorte. Nachdem diese Schwierigkeiten ausgeräumt sind, kann es nun mit dem Bau weitergehen.

Hella Ackermann nimmt ihre Arbeit als neue Kanzlerin der Internationalen Fachhochschule Bad Honnef-Bonn auf. Sie löst damit den früheren Stadtdirektor Rolf Junker ab, der die FH in der Gründungsphase als Kanzler begleitet hat.

Vize-Kreisbrandmeister Balthasar Schumacher wird von Ehrenlandrat Dr. Franz Möller und Landrat Frithjof Kühn nach 42 Jahren im Dienst der Feuerwehr in den Ruhestand verabschiedet. Nachfolger Schumachers ist Dietmar Klein.

Ministerpräsident Wolfgang Clement eröffnet im Rahmen einer großen Feier mit 300 Gästen offiziell die Internationale Fachhochschule für Hotel-, Touristik- und Luftverkehrsmanagement in Bad Honnef. Die FH ist die achte private von 50 Fachhochschulen in NRW.

Zum 1. Januar tritt Josef Hastrich als Nachfolger von Eberhard Schneider sein Amt als Vorstandsvorsitzender der Kreissparkasse in Siegburg an.

Das Naturschutzgebiet Siebengebirge

Die Stadt Königswinter und der Wasserbeschaffungsverband Thomasberg (WBV) haben sich auf einen Vertrag zur Löschwasserversorgung in der Bergregion geeinigt. Er ist ein Kompromiss, nachdem vor drei Jahren zwischen den Beteiligten ein Streit über die Zuständigkeit für diesen Bereich entbrannt war. Nun hat sich der WBV zur Versorgung der Bergregion mit Löschwasser verpflichtet, wobei die Stadt die Kosten hierfür übernimmt.

Die Rückkehr von Lachsen und anderen Wanderfischen in das Ökosystem von Sieg und Rhein ist ein großer Erfolg des Wanderfischprogramms des Landes Nordrhein-Westfalen, dessen Zwischenbilanz Umweltministerin Bärbel Höhn in Siegburg vorstellt. Im Rahmen des Programms wurden seit 1998 beispielsweise Uferstreifen wieder in den natürlichen Zustand versetzt und im Einzugsbereich der Sieg sieben Wehre, die für die Fische Hindernisse bei ihrer Wanderung zu den Laichplätzen darstellten, zurückgebaut. Im Rekordjahr 2000 wurden an der Kontrollstation Buisdorf 335 aufsteigende Lachse gezählt.

Im Rahmen eines Appells stellt der Inspekteur der Streitkräftebasis der Bundeswehr, Vizeadmiral Bernd Heise, das neugeschaffene „Kommando Strategische Aufklärung" in der Tomburgkaserne in der Garnisonsstadt Rheinbach in Dienst. Während des Empfangs unterstrich Bundesverteidigungsminister Rudolf Scharping den hohen nationalen und internationalen Rang des nunmehr in Rheinbach stationierten Kommandos, das zukünftig 6.300 Soldaten und 770 zivile Mitarbeiter in der Tomburgkaserne beschäftigen wird.

Die Herseler Ursulinenschule begeht ihr 150-jähriges Jubiläum. Mit Josef Kardinal Meisner begrüßen die Herseler Schwestern hohen Besuch zum feierlichen Pontifikalamt. Die Feierlichkeiten werden im Juli mit einem großen Fest fortgesetzt.

Mit einer würdevollen Feierstunde wird die Gedenkstele für die deportierten Juden am Mucher Walkweiher eingeweiht. Das vom Künstler Egbert Broerkens gestaltete Denkmal erinnert an das an dieser Stelle errichtete „Reicharbeitsdienstlager", in dem in den Jahren 1941/1942 115 Menschen vor ihrem Abtransport in die Vernichtungslager interniert waren (Abb. unten).

Bund, Land und die Stadt Bonn verständigen sich auf ein Konzept über das Internationale Kongresszentrum Bundeshaus Bonn (IKBB), welches rund um die Parlamentsbauten Plenarsaal, Bundeshaus und Wasserwerk (Bild oben) entstehen soll. Die Stadt Bonn übernimmt die Trägerschaft, der Bund bleibt jedoch Eigentümer seiner Gebäude. Zur Finanzierung des Projekts werden auch erhebliche Mittel des Bonn-Berlin-Ausgleichs eingesetzt.

Der Haupt- und Personalausschuss der Stadt Königswinter spricht sich einstimmig gegen eine Rückübertragung der Rettungswache Königswinter auf den Rhein-Sieg-Kreis aus. Die Trägerschaft bleibt weiterhin bei der Stadt.

Die Landesregierung in Düsseldorf entscheidet, dass die Natur- und Kulturschau „Regionale" im Jahr 2010 von der Region Köln-Bonn ausgerichtet wird. Der Verein „Regio Rheinland – Köln, Bonn und Nachbarn" übernimmt die Federführung. Das Motto der Regionale 2010 lautet „Brückenschläge" und bietet – so Landrat Frithjof Kühn – eine Chance, gebietsübergreifend regionale Identität zu erzeugen.

Der nordrhein-westfälische Landtag wird bei der nächsten Wahl im Jahr 2005 von 201 auf 181 Sitze verkleinert. Hierauf haben sich die Regierungsfraktionen SPD und Bündnis 90 / Die Grünen und die CDU als größte Oppositionspartei des Parlaments nach jahrelanger Meinungsverschiedenheit geeinigt.

Pensionat der Ursulinen, Hersel bei Bonn

Musik liegt in der Luft...

„JUGEND MUSIZIERT" UND DIE MUSIKSCHULEN IM RHEIN-SIEG-KREIS

„Es bildet ein Talent sich in der Stille"
heißt es bei Goethe im „Tasso".
Das Talent mag sich in der Tat unbemerkt
entwickeln; glücklicherweise lassen jedoch
viele Schülerinnen und Schüler der Musikschulen
im Rhein-Sieg-Kreis ein zahlreiches Publikum an
ihrem Können teilhaben. So fand wieder der Wettbewerb
„Jugend musiziert" statt und wieder begeisterten
die jungen Künstlerinnen und Künstler die Jury
sowie die interessierten Zuhörer der Preisträgerkonzerte.
Ein besonderes Ereignis war zudem das internationale Musikschulfest,
welches in Siegburg stattfand.

Ursula Keusen-Nickel und Christian Ubber berichten
über die musikalischen Seiten des Rhein-Sieg-Kreises.

39. Wettbewerb „Jugend musiziert" 2001/2002 im Rhein-Sieg-Kreis mit Rekordbeteiligung

von Ursula Keusen-Nickel

Der 39. Regionalwettbewerb „Jugend musiziert" wurde für den Rhein-Sieg-Kreis am 26. und 27. Januar 2002 ausgetragen. Die Wertungsspiele fanden in den Musikschulen Siegburg und Sankt Augustin statt.

In Siegburg stand für zwei lange Tage ausschließlich das Klavier im Mittelpunkt. Die Altersgruppen Ia (bis 8 Jahre) und Ib (9 und 10 Jahre) waren mit 11 Teilnehmer/-innen vertreten und gewannen meist erste Preise mit hoher Punktzahl. Die Juroren erfreuten sich insgesamt am hohen Niveau dieser Solowertungen.

In Sankt Augustin waren Harfenisten/-innen und Sängerinnen erfolgreich. Die Wettbewerbsatmosphäre wurde durch Gastwertungen aus der Region Bonn-Euskirchen etwas angespannter; letztlich wurden jedoch sehr gute Resultate erzielt.

Bei den Gruppenwertungen dominierten die Bläserensembles mit einer Gesamtteilnehmerzahl von 57, wobei die Blockflöten- und Querflötenensembles besonders gute Wertungen erhielten.

Am besten bewertet wurden jedoch – trotz geringerer Beteiligung – die Streicherensembles. Insgesamt hatten die Juroren an diesem Tag eine schwere Aufgabe zu lösen, da die Leistungen dicht beieinander lagen und eine gerechte Beurteilung schwierig zu finden war.

Im Ergebnis konnten sich von 156 Teilnehmer/-innen 51 für den Landeswettbewerb qualifizieren und auch alle übrigen bekamen einen Preis zugesprochen.

chen. In drei Preisträgerkonzerten stellten die Kinder und Jugendlichen ihr Können der Öffentlichkeit vor: zunächst im Siegburger Kreishaus, wo Landrat Frithjof Kühn die Urkunden und Preise überreichte, dann im überfüllten Saal des Schlosses Birlinghoven in Sankt Augustin und schließlich im Glasmuseum Rheinbach. Auch bei diesem letzten Preisträgerkonzert war der Saal überfüllt; die jungen Musikerinnen und Musiker lockten ein zahlreiches Publikum an.

Als Vorsitzende des Regionalausschusses bedanke ich mich bei allen an der Durchführung dieses großen Wettbewerbs Beteiligten, insbesondere bei der Kreisverwaltung und der Kreissparkasse in Siegburg, die seit Jahren die finanzielle Grundlage gewährleisten.

Beim Bundeswettbewerb, der im Juni in Nürnberg, Fürth und Erlangen stattfand, errangen zudem Kilian Fröhlich, Elena-Katharina Kapitzka, Stefan Altmann, Anna-Lena Perenthaler, Tobias Flügel, Daniel Mohrmann und Stephan Schottstädt erste Plätze und Charlotte Quadt, Elena-Katharina Kapitzka und Berit Saskia Brüntjen einen zweiten Platz. Beim Landeswettbewerb belegten Kilian Fröhlich einen ersten, Cosima Linke und Hanna Nari-Kahle je einen zweiten Platz.

DIE ERGEBNISSE DES WETTBEWERBS AUF REGIONALEBENE

ERSTE PREISE MIT WEITERLEITUNG ZUM LANDESWETTBEWERB ERHIELTEN:

Riegel, Dina, Sankt Augustin, Kondilis, Stella, Troisdorf, Quadt, Charlotte, Sankt Augustin, Chur, Jennifer, Lohmar, Fröhlich, Kilian, Swisttal, Casleanu, Christian, Niederkassel, Schmidt, Inga, Niederkassel, Kahle, Hanna Nari, Meckenheim, Linke, Cosima, Meckenheim, Wiecek, Kordian, Siegburg, Veith, Anna, Sankt Augustin, Mohrmann, Daniel, Sankt Augustin, Becker, Marie, Buchholz, Becker, Kathrin, Buchholz, Beitzel, Martin, Königswinter, Maresch, Annemarie, Köln, Loewenich, Alina, Troisdorf, Klein, Simone-Lea, Troisdorf, Krause, Irina, Troisdorf, Hoffmann, Ricarda, Sankt Augustin, von Bühler, Lisa, Königswinter, Buchsbaum, Christina, Alfter, Nitsche, Regina, Bonn, Winkelmann, Lisa, Lohmar, Berke, Sophie, Rösrath, Löllgen, Stefanie, Lohmar, Flügel, Tobias, Sankt Augustin, Arbeiter, Vivian, Altenkirchen, Nass, Maria, Brühl, Schumacher, Sarah, Much, Hauschild, Mascha, Nümbrecht, Langenbruch, Jana, Wachtberg, Schulz, Eva, Bad Honnef, Kips, Svenja, Hennef, Botz, Judith, Hennef, Doutch, Daniela, Königswinter, Fröhlich, Kilian, Swisttal, Kapitza, Elena-Katharina, Hennef, Brüntjen, Berit Saskia, Hennef, Engel, Sebastian, Siegburg, Gelbarth, Rolf, Siegburg, Kastl, Manuel, Siegburg, Hufnagel, Harald, Siegburg, Vornhusen, Markus, Siegburg

Preisträgerkonzert im Kreishaus

ERSTE PREISE WURDEN VERGEBEN AN:

Golze-Schlieper, Thekla, Lohmar, Tils, Yvonne-Lisa, Lohmar, Page, Alexandra, Rheinbach, Uelner, Patricia, Sankt Augustin, Stefanescu, Tom, Meckenheim, Froehlich, Johanna, Swisttal, Kotowski, Anja Nicole, Meckenheim, Kilian, Kerstin, Sankt Augustin, Mäurer, Michèle, Siegburg, von Sobbe, Linda, Lohmar, Haidl, Friederike, Rheinbach, Sampels, Hanna, Rheinbach, Mühlbach, Hendryk, Hennef, Hoffmann, Alexander, Bornheim, Kim, Mi-Ra, Bad Honnef, Gierlich, Marianne, Rheinbach, Dobrunowa, Anna, Königswinter, Schröter, Sarah, Lohmar, Irrgang, Jonathan, Troisdorf, Faßbender, Dina, Königswinter, Höller, Melanie, Königswinter, Collmer, Aline, Much, Collmer, Joana, Much

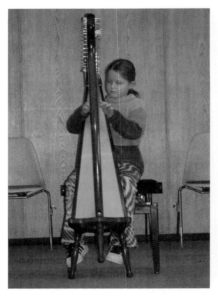 

unten: Preisträgerkonzert in Schloss Birlinghoven

ZWEITE PREISE ERHIELTEN:

Schwarz, Sonia, Sankt Augustin, Dick, Judith, Sankt Augustin, Gruenthal, Verena, Hennef, Tenten, Mariana, Neunkirchen-Seelscheid, Becker, Sophia, Bornheim, Scheuermann, Ina, Lohmar, Wobbe, Tahnee, Lohmar, Mevis, Sarah, Alfter, Valentin, Henning, Meckenheim, Hüster, Leonard, Bad Honnef, Kerstan, Christopher, Alfter, Kratzenberg, Jens, Wachtberg, Kindhäuser, Hannes, Sankt, Augustin, Weiss, Dina Lucia, Hennef, Hoffmann, Nikolas, Bornheim, Schütte, Teresa, Bad Honnef, Haidl, Moritz, Rheinbach, Conrad, Dustin, Troisdorf, Scheuermann, Marc, Lohmar, Zelter, Philipp, Brühl, Gotter, Rebekka, Königswinter, Kost, Annemarie, Königswinter, Klein, Katrin, Königswinter, Arfmann-Knübel, Sven, Bonn, Dreiseidler, Simon, Alfter, Herber, Karl, Bornheim, Nettekoven, Saskia, Bonn, Gieseke, Henrike, Hennef, Reitz, Jasmin, Hennef, Knodt, Sarah, Siegburg, Koppenol, Hanna, Siegburg, Duch, Tabea, Alfter, Zieger, Christiane, Bornheim, Klein, Rebecca, Bornheim, Göddertz, Birke, Alfter, Imhoff, Anne, Siegburg, Tenten, Christina, Siegburg, Hillebrecht, Miriam, Siegburg, Hamann, Kristin, Siegburg, Briest, Anna Theresa, Lohmar, Deermann, Lida, Hennef, Metzger, Veronica, Lohmar, Greene, Abigail, Hennef

DRITTE PREISE WURDEN VERLIEHEN AN:

Koch, Karuna, Bad Honnef, Harder, Jennifer, Lohmar, Mainzer, Anna-Katarina, Meckenheim, Süllwold, Inka, Neunkirchen-Seelscheid, Kremser, Elena, Troisdorf, Eilers, Anne, Lohmar, Wolff, Jessica, Sankt Augustin, Hillebrecht, Miriam, Siegburg, Reinsch, Katharina, Siegburg, Maihofer, Eva, Sankt Augustin, Khan, Jamila, Sankt Augustin, Kerboub, Soreya, Hennef, Rduch, Vera, Bonn, Giesler, Markus, Brühl

INTERNATIONALE MUSIKSCHULBEGEGNUNG IN SIEGBURG

VON CHRISTIAN UBBER

Am letzten Maiwochenende 2002 fand in Siegburg ein internationales Musikschulfest statt: Die Engelbert-Humperdinck-Musikschule der Kreisstadt Siegburg hat aus Anlass ihres 60-jährigen Bestehens nicht nur sämtliche Musikschulen des Rhein-Sieg-Kreises eingeladen, sondern auch die Musikschulen der Partnerstädte Boleslawiec/Bunzlau (Polen) und Maubeuge (Frankreich). Ganz im Zeichen der überregionalen und internationalen Einbettung der Siegburger Musikschule stand als Höhepunkt der dreitägigen Jubiläumsfeiern vom 24. bis 26. Mai der Musikschultag am Sonntag. Zwischen 10.00 Uhr und 18.00 Uhr präsentierten sich die Musikschulen des Kreises, die in einer Arbeitsgemeinschaft - bestehend aus den Musikschulen Königswinter, Bad Honnef, Lohmar, Niederkassel, Sankt Augustin, Rheinbach und Siegburg - zusammengefasst sind, sowie die Musikschulen aus Maubeuge und Boleslawiec ganztägig auf dem Marktplatz. Orchester aller Musikschulen spielten zudem Werke von Britten, Purcell und Ulrich. Die Gesangsklasse Martina Klesse der Musikschule Siegburg ergänzte den Musikschultag mit ihrem neuesten Programm „From Ku'damm to Broadway".

Musikschulleiter Jost Nickel zeigte sich besonders erfreut darüber, dass die Delegation der Staatlichen Musikschule Boleslawiec den gesamten dreitägigen Jubiläumsfeierlichkeiten beiwohnte. Gekommen waren etwa 30 polnische Musikschüler mit ihren Betreuern. Die Einladung dieser Partnermusikschule der Engelbert-Humperdinck-Musikschule Siegburg wurde durch die freundliche Unterstützung des Rhein-Sieg-Kreises ermöglicht. Die Musikschule Boleslawiec erfüllt kreisweite Aufgaben. Bereits seit 10 Jahren existiert zwischen beiden Musikschulen ein reger Austausch, der sich in regelmäßigen wechselseitigen Besuchen ausdrückt und seine immer wiederkehrenden Höhepunkte in der gemeinsamen Durchführung von Konzertveranstaltungen findet.

Zum Auftakt der Jubiläumsveranstaltungen gab es ein Konzert der Jungen Symphonie Siegburg unter Leitung von Ursula Keusen-Nickel, das ausschließlich Werke des berühmten Filmkomponisten Peter Thomas enthielt. Neben Melodien aus „Raumpatrouille Orion", den Edgar-Wallace- und den Jerry-Cotton-Filmen spielte das Orchester die humorvollen Märchenmusiken von Peter Thomas nach Texten von Curth Flatow, die von Dirk Schortemeier vorgetragen wurden. Daneben spielte Peter Thomas mit einer Combo selbst am Klavier. Das Konzert hatte so große Nachfrage, dass das Stadtmuseum, das wahrscheinlich noch nie einen solchen Publikumsansturm erlebte, aus allen Nähten platzte und viele Kartenwünsche unberücksichtigt bleiben mussten.

Zum offiziellen „Musikalischen Festakt" am darauffolgenden Abend gratulierten neben Bürgermeister Rolf Krieger und Landrat Frithjof Kühn auch die Direktorin der Staatlichen Musikschule Boleslawiec, Dorota Pincuk, der Siegburger Musikschule zu ihrem 60-jährigen Bestehen. Die zahlreichen Gastgeschenke aus Polen waren nicht nur ein Zeichen der engen Verbundenheit der Städte Boleslawiec und Siegburg, sondern auch ein Beweis der jahrelangen Freundschaft ihrer Musikschulen. Als musikalische Beiträge erklangen Scarlatti-Bearbeitungen von Jean Francaix, das Nonett von Louis Spohr und die Komposition „per flauto et cetera" von Karl-Heinz Köper, gespielt von den Rhein-Sieg-Kammersolisten sowie – in Köpers Komposition – Jost Nickel und der musikschuleigenen Rockband „Run for cover". Der anschließende Sektempfang geriet zu einer deutsch-polnisch-französischen Begegnung in gelockerter Atmosphäre.

Die Jubiläumstage klangen bei Kerzenschein und einem kulinarischen Buffet mit erlesenen Getränken im Rahmen eines Buffetkonzerts unter dem Motto „Eine musikalische Weltreise" aus. Die polnischen Besucher waren als Ehrengäste geladen.

Der Gegenbesuch der Siegburger Musikschule in Boleslawiec ließ nicht lange auf sich warten: Bereits am darauffolgenden Wochenende vom 31. Mai bis 2. Juni reisten Jost Nickel, Ursula Keusen-Nickel, Hans Peter Herkenhöhner, Klementina Pleterski und Werner Kampe zu einem großen Gemeinschaftskonzert mit der Musikschule Boleslawiec nach Polen. Auf dem Programm standen neben Einzelbeiträgen beider Musikschulen auch ein gemeinsam aufgeführtes Stück. Wie immer wurde die Siegburger Gesandtschaft auf das herzlichste empfangen und betreut.

Eine Rekordzahl an Ehejubiläen kann der Rhein-Sieg-Kreis für das Jahr 2001 verzeichnen. 1.105 Paare konnten im vergangenen Jahr mit 50 und mehr Ehejahren aufwarten. Im Detail: 981 Goldhochzeiten, 97 Diamanthochzeiten (60 Ehejahre), 24 Eiserne Hochzeiten (65. Jubiläum) und sogar 3 Gnadenhochzeiten, bei denen die Eheleute 70 Jahre miteinander verheiratet sind, gab es 2001 im Kreisgebiet zu feiern. 54 Menschen im Rhein-Sieg-Kreis wurden im vergangenen Jahr 100 Jahre oder älter.

Zum Stichtag 31.12.2001 waren im Bereich der Ausländerbehörde des Rhein-Sieg-Kreises, das heißt ohne die eigenständige Ausländerbehörde der Stadt Troisdorf, 40.289 Ausländer gemeldet – 21.072 männliche und 19.217 weibliche. Zusammen mit der Stadt Troisdorf (9.425 Ausländer) leben insgesamt 49.714 ausländische Mitbürgerinnen und Mitbürger im Rhein-Sieg-Kreis.

Das zweite der insgesamt sieben Jugendhilfezentren des Kreisjugendamtes wird in Eitorf im Haus der Volksbank Bonn/Rhein-Sieg am Markt eröffnet. Die Mitarbeiterinnen und Mitarbeiter sind für den Bereich Windeck und Eitorf zuständig. Somit verfügt nun auch der östliche Kreis vor Ort über ein Hilfs- und Serviceangebot für Kinder, Jugendliche und Eltern.

Der Erlös der Restpfennigkasse 2001 der Kreisverwaltung, bei der die Mitarbeiterinnen und Mitarbeiter die Pfennige (nach dem Komma) ihres monatlichen Gehaltes einem guten Zweck spenden, geht in diesem Jahr an den „Weißen Ring", der Kriminalitätsopfern hilft. Dietger Knott, Vorsitzender des Personalrates der Kreisverwaltung, übergab die Summe von 1.934,96 Euro an Margret Stückrath vom „Weißen Ring". Natürlich wird diese Aktion als „Restcentkasse" fortgeführt.

Das Landesamt für Datenverarbeitung und Statistik (LDS) veröffentlicht die jüngsten Zahlen über die Viehbestände im Rhein-Sieg-Kreis. Demnach gab es im Jahr 2001 39.116 Rinder (davon 13.749 Milchkühe), 6.820 Schweine, 3.417 Pferde, 5.698 Schafe, 70.132 Hühner, 641 Gänse, 182 Enten und 273 Truthühner im Kreisgebiet.

Die Müllverwertungsquote im Kreis ist weiterhin sehr hoch. Die in den gelben Säcken gesammelten Verpackungsabfälle verzeichneten 2001 gegenüber dem Vorjahr eine Zunahme von 4,4 Prozent, insgesamt waren es 17.300 Tonnen. Die Altglas-Quote ist leicht rückläufig. In 2001 entfielen nur noch 31,6 Kilogramm auf jeden Kreisbewohner (minus 2,4 Kilogramm gegenüber 2000) und das Altpapieraufkommen ist von 78 auf 75 Kilogramm pro Bürger zurückgegangen. Die Gesamtabfallmenge ist fallend, wie die Rhein-Sieg Abfallwirtschaftsgesellschaft (RSAG) berichtet: pro Kopf wurden 426 Kilogramm Müll in 2001 produziert. Das sind 8 Kilogramm weniger als im Jahr zuvor.

Die aktuelle Statistik der Kreispolizeibehörde Siegburg ergibt, dass in ihrem Gebiet im Jahr 2001 21 Menschen bei Unfällen getötet wurden, darunter drei Kinder. Das sind sechs Personen weniger als in 2000. 8.100 Unfälle haben die Beamten der Kreispolizeibehörde, die für den rechtsrheinischen Kreis außer Bad Honnef und Königswinter zuständig sind, vergangenes Jahr gezählt, somit 1,8 Prozent weniger als im Vorjahr. 341 Menschen mussten nach einem Unfall stationär und 1.440 ambulant behandelt werden.

Eröffnung des Jugendhilfezentrums in Eitorf.

Der Kreistagsabgeordnete Leo Overath ist seit mehr als 25 Jahren Vorsitzender des Polizeibeirates der Kreispolizeibehörde Siegburg. Landrat Kühn und Kreisdirektorin Lohr ehren Overath für seine Verdienste.

Farbe bekennen - Zeichen setzen

„Farbe bekennen – Zeichen setzen" ist der Titel einer Ausstellung im Foyer des Siegburger Kreishauses, bei der 65 angehende Lehrkräfte im Alter von 25 bis 40 Jahren Malereien, Plastiken und Collagen zeigen. Das Motiv „Wehrlose schützen – Schwache unterstützen" wird vielschichtig und mit unterschiedlichsten Materialien bearbeitet und dargestellt.

Im Schloss Bellevue in Berlin, dem Amtssitz des Bundespräsidenten, wird der Vertrag über die Ansiedlung internationaler Einrichtungen in Bonn und das Internationale Kongresszentrum Bundeshaus Bonn (IKBB) von Bundesfinanzminister Hans Eichel, Bau- und Umzugsminister Kurt Bodewig, NRW-Ministerpräsident Wolfgang Clement, der Bonner Oberbürgermeisterin Bärbel Dieckmann und dem Stadtdirektor Arno Hübner unterzeichnet. Zeuge dieses für Bonn bedeutsamen Aktes sind Bundespräsident Johannes Rau und UN-Generalsekretär Kofi Annan.

Nur 140 Tage nach der Grundsteinlegung im September 2001 wird Richtfest für den Erweiterungsbau des Kreis-Berufskollegs an der Rochusstraße in Bonn-Duisdorf gefeiert. Der 2,25 Millionen Euro teure Neubau wird Platz für etwa 10 Fach- und Klassenräume sowie Aula und Bibliothek bieten.

Weil die Kaserne in der Alten Heerstraße in Sankt Augustin zu klein wurde, zieht das Logistik-Amt der Bundeswehr teilweise in die Brückbergkaserne nach Siegburg (Bild unten) um. Bis zum Spätsommer werden dort 240 Arbeitsplätze im Bereich der Sicherstellung aller Datenverarbeitungsverfahren zur Unterstützung der umfangreichen Logistik der Bundeswehr eingerichtet.

Die Arbeiten zum Bau der Unterführung am Bahnübergang in Alfter-Impekoven, die spätestens Ende 2004 fertig gestellt sein soll, haben begonnen. Die Kosten für das rund 13 Millionen Euro teure Projekt teilen sich der Bund, die Deutsche Bahn AG und die Bundesstra-ßenbauverwaltung.

Mit einem neuen Logo und einem neuen Präsidenten geht die Industrie- und Handelskammer (IHK) Bonn/Rhein-Sieg in die nächsten fünf Jahre. So lange dauert die Legislaturperiode der IHK-Vollversammlung, die Ernst Franceschini zum neuen Kammerpräsidenten und damit zum Nachfolger von Dr. Klaus Stammen wählte.

Der Kölner Regierungspräsident Dr. Wilhelm Warsch unterzeichnet die Urkunde zur Stadterhebung Troisdorfs am 23. März 1952.
Unten: Modernes Stadttor in Troisdorf

März 2002

Die Kriminalitätsstatistik 2001 wird von der Kreispolizeibehörde Siegburg vorgestellt. Demnach ist die Zahl der Delikte im rechtsrheinischen Rhein-Sieg-Kreis (ohne Königswinter und Bad Honnef) im vergangenen Jahr um 4,6 Prozent auf 21.740 gestiegen. Die Kriminalitätshäufigkeitszahl indes, bei deren Ermittlung die Straftaten auf 100.000 Einwohner hochgerechnet werden, liegt mit 6.058 deutlich unter dem Landesdurchschnitt von 7.642.

Vor über 15 Jahren wurde die Jugendbehindertenhilfe Siegburg Rhein-Sieg e.V. (JBH) ins Leben gerufen, die sich für die Integration behinderter Kinder und Jugendlicher in unsere Gesellschaft einsetzt. Unter dem Motto „Bilder, Texte, Informationen" zeigt die Privatinitiative eine Ausstellung im Foyer des Kreishauses, die dokumentiert, wie sich die JBH zu einer großen karitativen Einrichtung entwickelt hat.

Das Durchschnittsalter der Bürgerinnen und Bürger des Rhein-Sieg-Kreises ist in den letzten 20 Jahren von 37 auf 41 Jahre angestiegen. Der höchste Anteil an älteren Menschen (27,4 Prozent von rund 25.000 Einwohnerinnen und Einwohnern) lebt in Bad Honnef. Mit einem Durchschnittsalter von 39 Jahren ist Hennef die „jüngste" Stadt im Kreisgebiet.

Am 23. März 1952 – also vor 50 Jahren – wurde Troisdorf zur Stadt erhoben. Dieser Ehre ging damals ein aufwändiges Prüfverfahren voran. An das Ereignis erinnern eine Ausstellung im Rathaus-Foyer und ein Burgfest im Juli.

Das Landesamt für Statistik in Düsseldorf gibt bekannt, dass im Jahr 2001 die Zahl der Firmenpleiten in der gesamten Region stark gestiegen ist, auch im Rhein-Sieg-Kreis, wo 2001 54,4 Prozent mehr Firmen als im Vorjahr insolvent wurden.

Der Rhein-Sieg-Kreis wendet sich gegen den Metrorapid. Für eine entsprechende Resolution stimmen CDU und Bündnis 90 / Die Grünen im Kreisausschuss. Sie befürchten, dass dem Nahverkehr durch das kostenintensive Projekt viel Geld verloren gehe und halten die Hochgeschwindigkeitstechnik auf der Strecke Dortmund-Köln wegen der vielen Stops für ineffektiv.

Ende März, mit Ablauf seines Vertrages, scheidet Dr. Hermann Tengler als Geschäftsführer der Strukturfördergesellschaft Bonn/Rhein-Sieg/Ahrweiler (SFG) aus. Diese nach dem Bonn-Berlin-Beschluss als gemeinsame Einrichtung der Region gegründete Gesellschaft war in den Monaten zuvor in Turbulenzen geraten, als unter anderem Vorwürfe gegen die Geschäftsführung erhoben wurden, die sich auch auf das Auslandsmarketing mit Asien bezogen. Nach Auffassung einer mit der Untersuchung der Vorgänge beauftragten Wirtschaftsprüfungsgesellschaft ergaben sich aus deren Bericht keine strafrechtlich relevanten Tatbestände. Im Aufsichtsrat, der dies zur Kenntnis nahm, bekunden die Partner ihren Willen zur weiteren Zusammenarbeit in der regionalen Wirtschaftsförderung in einer noch im Detail festzulegenden Form.

Hermann Bursch wird vom Rat der Stadt Bornheim einstimmig als Nachfolger des verstorbenen Christoph Rohde zum Ersten Beigeordneten gewählt.

Der Leiter des Straßenverkehrsamtes des Rhein-Sieg-Kreises, Heinz Löhe, wird in den Ruhestand verabschiedet (Bild rechts). 50 Jahre war der leitende Kreisverwaltungsdirektor im öffentlichen Dienst tätig. Sein Nachfolger wird Dieter Siegberg, bisher Leiter der Personal- und der Organisationsabteilung.

März 2002,
Kunst und Kultur

„Frauen im Aufbruch" lautet das Motto der sechsten Frauen-Kultur-Tage im Rhein-Sieg-Kreis, die im Haus Menden in Sankt Augustin eröffnet werden. Die Veranstaltung ist Auftakt für 19 weitere im gesamten Kreisgebiet.

Der Heimat- und Verschönerungsverein Stadt Blankenberg e.V. weiht die 200 Jahre alte, restaurierte Baumkelter ein (Bild unten). Fünf Meter lang, drei Meter hoch und über eine Tonne schwer ist diese weinbauhistorische Rarität, die nun in Stadt Blankenberg ihren Platz gefunden hat. Der Rhein-Sieg-Kreis hat den Erwerb und die Restaurierung der Presse, die sich in Privatbesitz befand, mit 12.500 Euro gefördert.

links: Die bisherige Gleichstellungsbeauftragte des Rhein-Sieg-Kreises, Ulla Schrödl, bei der Eröffnung der Frauen-Kultur-Tage.

März 2002,
Umwelt und Natur

Der Verschönerungsverein für das Siebengebirge (VVS) erhält die Naturschutzplakette des Landesjagdverbandes Nordrhein-Westfalen. Mit der Auszeichnung wird ein Hegekonzept gewürdigt, das unter anderem die Schaffung und Ausweitung von Ruhezonen im Jagdrevier des VVS beinhaltet.

Bundespräsident Johannes Rau eröffnet in der Vorburg von Schloss Drachenburg in Königswinter das Archiv, Forum und Museum zur Geschichte des Naturschutzes in Deutschland - ein bundesweit einmaliges Projekt, über das bereits im Jahrbuch des Rhein-Sieg-Kreises 2001 berichtet wurde. Die Dauerausstellung des Museums soll Naturschutz erlebbar machen. Am Tag der offenen Tür wird in der Vorburg von Schloss Drachenburg die Wanderausstellung des Verschönerungsvereins für das Siebengebirge (VVS) „Die Geschichte des Naturschutzgebietes Siebengebirge" von Regierungspräsident Jürgen Roters eröffnet.

Landrat Frithjof Kühn, Königswinters Bürgermeister Peter Wirtz, Verkehrsdezernent Wolfgang Schmitz und Stadtwerke Bonn - Geschäftsführer Hermann Zemlin weihen die neuen Hochbahnsteige der Linie 66 an den Haltestellen „Oberdollendorf" und „Oberdollendorf Nord" ein. Der Umbau ermöglicht nun auch Behinderten und Müttern mit Kinderwagen ein problemloses Einsteigen in die Bahn.

Auch die Erneuerung der Bahnsteige am Bahnhof in Alfter-Witterschlick hat begonnen. Zwei Außenbahnsteige werden von bisher 24 auf 76 Zentimeter erhöht. In diesem Zusammenhang wird die Stadtbahngesellschaft Rhein-Sieg mit der Gemeinde Alfter einen Park-and-ride-Platz am Bahnhof bauen.

83 Institutionen und Unternehmen aus Bonn und dem Rhein-Sieg-Kreis zeigen auf der Computermesse „Cebit" in Hannover ihre Neuerungen auf dem Gebiet der Informationstechnologie und Telekommunikation. Das ist eine Rekordbeteiligung aus der Region. Insgesamt nehmen 7.962 Unternehmen aus 60 Staaten an der Messe teil.

Bundespräsident Johannes Rau besucht zusammen mit seiner Frau Christina die Grenzschutzgruppe 9 in Hangelar. Er ist somit der erste Bundespräsident überhaupt, der der GSG 9 einen Besuch abstattet. Rau informiert sich über die Arbeit der Sondereinheit.

Valérie Viehoff, Silbermedaillen-Gewinnerin von Sydney und Mitglied des Siegburger Rudervereins, erhält als erste Ruderin in Nordrhein-Westfalen die Sportplakette des Landes. Im Jahrbuch des Rhein-Sieg-Kreises 2002 wurde bereits über die Sportlerin, die im Jahr 2000 den Sportförderpreis der Sparkassenstiftung für den Rhein-Sieg-Kreis erhalten hat, berichtet.

Ein historischer Tag für die Justizvollzugsanstalt (JVA) Rheinbach: unter anderem der nordrhein-westfälische Justizminister Jochen Dieckmann führt den ersten Spatenstich für die größte Sanierungs- und Umbaumaßnahme seit Gründung der Anstalt 1914 durch. Die Arbeiten sollen 2005 abgeschlossen sein und mehr Platz und Sicherheit in der überbelegten JVA bieten.

Die Jahresbilanz 2001 der Kreissparkasse Siegburg weist knapp 4 Millionen Euro an Einlagen und Wertpapieren der Privatkunden aus. Dabei ging der Trend eindeutig weg von Aktien und hin zu Spareinlagen. Die Kreissparkasse hat als größter Immobilienvermittler in der Region im Jahr 2001 389 Objekte im Gesamtwert von 56 Millionen Euro vermittelt und steigerte das Geschäftsvolumen um 20 Prozent.

Nach zweijähriger Bauzeit wird das Freizeitbad „monte mare" in Rheinbach eröffnet. Die Stadt Rheinbach als Eigentümerin hat 15,5 Millionen Euro in den Umbau des alten Wellenbades investiert.

Zwischen Bladersbach im Bröltal und Gut Ommeroth am südlichen Rücken der Nutscheid erstreckt sich der Stellungsbereich der Patriot-Staffel der Bundeswehr. Die Soldaten verlassen nun „eine der schönsten Stellungen Deutschlands", in einem Jahr auch die dort befindliche Kaserne. Die Zukunft des Geländes ist jedoch noch ungewiss.

Die Vermarktung von Obst und Gemüse am Centralmarkt Rheinland soll künftig noch effizienter werden. Wichtig hierfür wird das neue Händler- und Logistikzentrum in Bornheim-Roisdorf sein, dessen Richtfest gefeiert wird. Zum 1. Juli – nach nur sechs Monaten Bauzeit – ist das Gebäude bezugsfertig (Bild unten).

Die Gebrüder-Menningen-Stiftung wird gegründet. Ihr Zweck ist die finanzielle und ideelle Unterstützung des Sozialpsychiatrischen Zentrums (SPZ) in Meckenheim mit Außenstelle in Bornheim. Das SPZ steht psychisch Kranken und deren Angehörigen im Kreisgebiet mit Rat, Information und Hilfe zur Seite.

Die Justizvollzugsanstalt in Rheinbach.

Das Freizeitbad „monte mare" in Rheinbach.

JOHANNES WOLF

KÜNSTLER
AUS
„BAUCH UND SEELE"

von
Reinhard Zado

Als Kind wollte er immer Zwerg
werden, dabei dachte er an Sandhöhlen
und Schubkärchen. Aber er war nicht
mit einem Schubkärchen auf die Welt
gekommen und konnte so
kein Zwerg werden.
Indianer zu sein, kam ihm auch in den
Sinn, jedoch schaute er in den Spiegel
und sah keine Feder.
Indianer ohne Feder, das ging nicht!
Er verließ seine Ziele und wandte sich
dem Sein zu - Maler, Bildhauer, ein
Künstler.
Farbe, Ton, Holz und Stein waren seine
Elemente, mit denen er schon früh bei
seiner Tante, Marie Eulenbach in
Belgien, seine Welt schuf.
Dann kam das Studium an der
„School", den Kölner Werkschulen,
bei Ludwig Gies.
Er war jedoch auch ohne „School"
Künstler, indem er seine Kunst lebte
und reflektierte.
Es kamen die Jahre auf Ibiza,
die ihn aus der damaligen
Zeit heraus prägten.
Extreme Lebensbedingungen,
Begegnungen mit gleichgesinnten
Einzelgängern zeigten ihm einen Weg
zur Freiheit und Fantasie, Gedanken
zum Wesentlichen.
Jedoch wurde diese Welt touristisch
überrollt. Johannes Wolf hat die Insel
nie mehr betreten.

Nach einigen Jahren in Siegburg
und Wennerscheid ließ er sich
Ende der siebziger Jahre
in Südfrankreich, im Languedoc, nieder,
in einem kleinen Dörfchen
in der Nähe Narbonnes.
Für das Deutsch-Französische
Jugendwerk gab er dort Bildhauerkurse.
Die brachten nun eine gewisse
Ordnung in sein Leben.
Er liebte die mediterrane Lebensart,
die Farbe des Weines,
den Duft von Lavendel,
die sonnige Wärme der Landschaft
Okzitaniens mit ihrer
warmen Farbigkeit.
All dieses findet man in seiner
Bilder- und Skulpturenwelt:
Ockertöne, verbrannter Sommer,
Weinfeldergrün, Sonnenrot
und flimmerndes Licht,
Farben mit denen er
sein Lebensgefühl ausdrückt.

Johannes Wolf entwickelte hierzu seine
eigene Formen- und Sprachenwelt,
die er über alle Jahre immer wieder
konsequent aufzeigt.
Hier finden wir auch
wieder seine „Zwerge und Indianer",
Themen aus der Mythologie
und natürlich auch aus seinem Leben,
und dies oft
mit einem kleinen Biss und Humor
an der Oberfläche.
Er ist sich treu in seiner Arbeit,
und lässt sich von keiner Zeitströmung
beeinflussen.
Er arbeitet hart,
das Handwerk ist ihm heilig.
Stur und stolz geht er seinen Weg und
hinterlässt ein riesiges Œuvre
an Bildern, Skulpturen,
Keramiken und Radierungen.

Johannes Wolf, geboren 1939 in Bonn,
starb am 1. April 2002 in Siegburg.

Rotierendes Dorf,
Öl auf Holz,
1975,
Ø 64 cm

Das Amtsblatt, Öl auf Leinwand, 1985, 40x68 cm

Der Bischof, Basalt, 1989, Höhe 201 cm

Pietà Cheyenne, Öl auf Leinwand, 1994, 58x102 cm

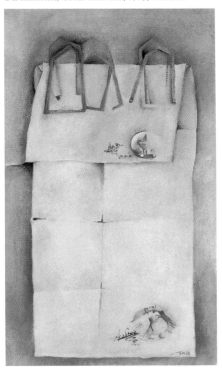

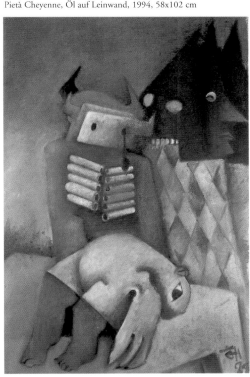

Landrat Kühn begrüßt die Schülergruppe aus dem Partnerkreis Boleslawiec (Bunzlau) in Polen und des Gymnasiums Alleestraße in Siegburg.

April 2002

An der Siegburger Mühlenstraße hat der Abriss der alten Häuser begonnen, die dem neuen Viertel um das Kreishaus weichen müssen. In den 20,5 Millionen Euro teuren Neubau sollen zukünftig die Gemeinschaftsstelle für Kommunale Datenverarbeitung, das Kreisgesundheitsamt, der Schulpsychologische Dienst, Geschäfts- und Privatleute einziehen.

Doch auch am Kreishaus selber wird umgebaut: sechs jeweils 1,2 Tonnen schwere Aggregate für die Klimaanlage der Behörde müssen nach Abbau der alten Geräte auf dem rund 60 Meter hohen Dach montiert werden. Dank intensiver Vorbereitung ist die filigrane Feinarbeit nach 75 Minuten erledigt.

Die ersten vier Preisträger aus 21 Bewerbern um den Agendapreis, den der Rhein-Sieg-Kreis auslobte, erhalten ihre Preise. Den ersten Platz teilen sich das Hennefer Seniorenbüro für seine Arbeit und die Realschule Königswinter-Oberpleis für ihr Projekt „Müllfreie Schule". Den zweiten Platz erhalten die Bachpaten des Hardtbachs in Alfter für engagierten Umweltschutz sowie der Heimat- und Verschönerungsverein Swisttal-Buschhoven für den Erhalt und die Pflege eines Burgweihers.

TafF - Teilzeitausbildung für junge Frauen - heißt das Pilotprojekt, das das Arbeitsamt Bonn / Rhein-Sieg zusammen mit dem Rhein-Sieg-Kreis ins Leben ruft. 22 Frauen im Alter von 20 bis 27 nehmen teil. Ziel ist, sie durch eine betriebliche Erstausbildung, die durch die Teilzeitform vier Jahre dauert, langfristig in den Arbeitsmarkt zu integrieren.

Den Busfahrern im Rhein-Sieg-Kreis stehen nun acht speziell ausgebildete „School Scouts" der Regionalverkehr Köln GmbH (RVK) bei der täglichen Arbeit zur Seite. Damit will das Verkehrsunternehmen die Initiative des Kreises unterstützen, gegen Gewalt an Schulen vorzugehen. Das Projekt wird vom Land Nordrhein-Westfalen gefördert.

Mit der Unterzeichnung einer Zielvereinbarung durch Staatssekretär Hartmut Krebs und FH-Rektor Professor Dr. Wulf Fischer wird der Gründungsprozess der am 1. Januar 1995 eröffneten Fachhochschule Bonn-Rhein-Sieg praktisch beendet. Damit ist eine Grundlage für die Finanzierung der Fachhochschule durch Landesmittel nach 2004, wenn die bisherige Förderung im Rahmen des Bonn / Berlin-Ausgleichs ausläuft, gelegt. Die Vereinbarung verschafft der FH Planungssicherheit und schreibt unter anderem die Personalausstattung in den nächsten Jahren fest.

Die Finanzlage der Städte und Gemeinden im Rhein-Sieg-Kreis ist schlecht. Die Einbußen im ersten Quartal 2002 lassen sich insbesondere auf den erhöhten Kinderfreibetrag, die Bündelung der Eigenheimförderung auf den Monat März und die Senkung des Spitzensteuersatzes zurück führen. Die Einkommensteuereinnahmen sind im Vergleich zum ersten Quartal des Vorjahres um 10 Prozent zurück gegangen; somit fehlen den kreisangehörigen Kommunen rund 4,6 Millionen Euro.

Mit einem kleinen Empfang begrüßt Landrat Kühn im Siegburger Kreishaus erstmals eine Schülergruppe aus dem Partnerkreis Boleslawiec (Bunzlau) in Polen, die anlässlich des anstehenden zehnten Jahrestages der Schulpartnerschaft zwischen dem Gymnasium Alleestraße in Siegburg und dem 1. Allgemeinbildenden Lyzeum in Boleslawiec die Kreisstadt besucht.

Die Fachhochschule Bonn-Rhein-Sieg, Standort Sankt Augustin

Die Fertigstellung des Bauabschnitts Los A der ICE-Neubaustrecke (42 Kilometer zwischen Dierdorf und Königswinter) ist Anlass für den „ICE-Gala-Abend", zu dem die Arbeitsgemeinschaft Mittelstand, die diesen Abschnitt gebaut hat, rund 300 Vertreter aus Wirtschaft, Politik und Kommunen in das Gästehaus auf dem Petersberg lädt. Auch NRW-Ministerpräsident Wolfgang Clement, Landrat Frithjof Kühn und Königswinters Bürgermeister Peter Wirtz sind unter den geladenen Gästen.

„Bilder vom Aufbruch" heißt die Ausstellung des Leverkusener Vereins „Frauen helfen Frauen", die das Frauenhaus-Team des Rhein-Sieg-Kreises um regionale Informationen ergänzt im Foyer des Siegburger Kreishauses zeigt (Bild oben). Bild- und Texttafeln in einem kleinen, nachgebauten Raum informieren die Besucherinnen und Besucher über den Alltag im Frauenhaus.

Professor Dr. Ferdinand Kaufmann (Bild oben) wird zum 30. April von Landrat Frithjof Kühn in den Ruhestand verabschiedet. Seit 1976 war der leitende Kreisverwaltungsdirektor Leiter des Kreisjugendamtes. Seine Nachfolgerin wird die Juristin Ulla Schödl, die bisherige Gleichstellungsbeauftragte.

Fünf Jahre nach den ersten Planungen und knapp ein Jahr nach dem ersten Spatenstich eröffnet Bürgermeister Wilfried Henseler den Gewerbepark Bornheim-Süd. Rund 1.500 Arbeitsplätze sollen in den nächsten Jahren auf dem 257.000 Quadratmeter großen Areal in Roisdorf entstehen.

April 2002, Namen und Personen

Die Neubürgerbeauftragte für Aussiedler und zugezogene Ausländer des Rhein-Sieg-Kreises, Maria Weiler (Bild unten), feiert ihren 75. Geburtstag. Bereits seit 1989 übt sie ihr Ehrenamt aus. Anlässlich des Ehrentages der früheren stellvertretenden Landrätin findet im Siegburger Kreishaus ein Empfang statt.

Zum 1. April tritt Judith Schiementz als Nachfolgerin von Ulla Schrödl ihre Stelle als neue Gleichstellungsbeauftragte des Rhein-Sieg-Kreises an. Seit vier Jahren arbeitet die 31-jährige Juristin bereits im Rechtsamt der Kreisverwaltung.

April 2002, was sonst vor Ort geschah

2001 war ein erfolgreiches Jahr für den Verkehrsverbund Rhein-Sieg (VRS): Die Fahrgastzahlen stiegen von 400,4 Millionen in 2000 um 3,5 Prozent auf 413 Millionen in 2001. Bundesweit lag der Fahrgastzuwachs in den Verbundräumen lediglich bei ca. 2,6 Prozent.

Das Schülerticket setzt sich zudem bei immer mehr Schulen im Kreisgebiet durch. Die Zahl der Teilnehmer ist innerhalb eines Jahres von 50.000 auf 100.000 gestiegen.

1,436 Milliarden Euro hat der Bund der Region Bonn als Ausgleich für den Verlust des Parlaments- und Regierungssitzes zur Verfügung gestellt. Der Koordinierungsausschuss hat nun die Förderung von sechs weiteren Ausgleichsmaßnahmen beschlossen. Diese Maßnahmen sind: „Internationales Kongresszentrum Bundeshaus Bonn" (IKBB), Bonn International School (BIS), Bonn Institute for Information Technology, „Life & Brain" (Technologieplattform für Hirnforschung und Neurowissenschaften auf dem Bonner Venusberg), weiterer Ausbau der Fachhochschule Bonn-Rhein-Sieg, der Neubau des Arp-Museums Rolandseck sowie die weitere Förderung des Multimedia Support Centers (MSC) in Bonn.

Pläne, das Waldkrankenhaus in Windeck-Rosbach (Bild rechts) in eine forensische Klinik umzuwandeln, sorgen für Aufregung. Das Land Nordrhein-Westfalen will in dem Gebäude der Stadt Köln vorübergehend bis zu 90 psychisch kranke Häftlinge unterbringen, die keinen Freigang genießen. Besorgte Bürgerinnen und Bürger gründen Initiativen gegen die Einrichtung der Forensik. Der Rat der Gemeinde Windeck lehnt die geplante forensische Klinik mit deutlicher Mehrheit ab. Der Gesundheitsausschuss der Stadt Köln entscheidet hiervon unabhängig, die dort ansässige Lungenfachklinik wegen der schlechten Belegungszahlen zum 1. Mai 2002 zu schließen; die meisten der rund 70 Beschäftigten wechseln dann in die Lungenklinik nach Köln-Merheim. Die Zukunft des Waldkrankenhauses bleibt zunächst ungewiss, allerdings ist die Einrichtung einer forensischen Klinik im Waldkrankenhaus im Juli nach einer entsprechenden Entscheidung der Landesregierung vom Tisch.

Mai 2002

Landrat Kühn stellt offiziell den Erweiterungsbau der Außenstelle des Straßenverkehrsamtes in Meckenheim in Dienst. Zukünftig werden die rund 160 Bürgerinnen und Bürger, die täglich das Amt besuchen, auf 618 Quadratmetern durch eine erfolgte Optimierung der Arbeitsabläufe noch bürgerfreundlicher bedient.

In der Königswinterer Altstadt wird das dritte Jugendhilfezentrum des Rhein-Sieg-Kreises eingeweiht (Bild unten). Hilfesuchende aus dem Bereich Bad Honnef und Königswinter haben nun einen kürzeren Weg.

Einen „Europäischen Marktplatz der Ideen" veranstaltet der Rhein-Sieg-Kreis anlässlich der jährlich um den 9. Mai stattfindenden Europawoche (Bild unten). Im Kreishaus präsentieren Partnerschaftsvereine aus dem Kreisgebiet ihre Arbeit und ihre Partnerstädte. Die 19 kreisangehörigen Kommunen pflegen mehr als 50 Partnerschaften, überwiegend mit dem europäischen Ausland. Im Mittelpunkt der Veranstaltung stehen das gegenseitige Kennenlernen sowie der Ideen- und Erfahrungsaustausch.

Bad Honnef feiert das 10-jährige Bestehen seiner Partnerschaft mit der oberitalienischen Stadt Cadenabbia. Mit einem Festakt und einem Bürgerabend wird das Jubiläum in Bad Honnef begangen.

Die Zahl der Sozialhilfeempfänger im Kreisgebiet ist weiter gesunken, wie das Kreissozialamt aktuell bekannt gibt. 15.287 Personen in 6.215 Haushalten haben Ende 2001 Sozialhilfe erhalten; im Jahr zuvor waren es 15.849 Menschen. 2001 betrug der Anteil der Sozialhilfebezieher an der Gesamtbevölkerung des Kreises (580.000 Einwohner) 2,64 %.

Mai 2002, Namen und Personen

Mit einer Stimme Mehrheit wird Ashok Sridharan vom Rat der Stadt Königswinter zum neuen Kämmerer und Ersten Beigeordneten gewählt. Er löst zum 1. November 2002 den bisherigen Amtsinhaber Herbert Losem ab.

Die SPD-Rhein-Sieg bestätigt anlässlich ihres Kreisparteitages ihren Vorsitzenden Uwe Göllner im Amt.

Nach über 42 Jahren bei der Kreissparkasse in Siegburg wird Walter Viebahn, Geschäftsführer der beiden Sparkassenstiftungen, in den Ruhestand verabschiedet. Heinz-Jürgen Land übernimmt ab dem 1. Juli des Jahres seine Nachfolge.

Von links nach rechts: Heinz-Jürgen Land, Walter Viebahn, Josef Hastrich.

Mai 2002, Umwelt und Natur

Ochsenfrosch-Alarm in Meckenheim: In einem städtischen Teich haben sich die bis zu 20 Zentimeter langen und gut ein Pfund schweren Amphibien breit gemacht. Um den Ochsenfröschen, die wahrscheinlich von Urlaubern aus dem Ausland mitgebracht und dann ausgesetzt wurden, Herr zu werden, bevor sie durch ihre Überzahl kleinere Tiere im und um das Gewässer bedrohen, wird der Teich trocken gelegt.

Mit personeller Verstärkung bildet das Amt für Natur- und Landschaftsschutz des Rhein-Sieg-Kreises ein neues Spezialteam. Die für das europäische Netz „Natura 2000" ausgesuchten FFH-Gebiete (Flora-Fauna-Habitat) müssen bis 2004 geschützt sein, weshalb auch die bestehenden Landschaftspläne entsprechend geändert werden müssen. Das Spezialteam nimmt sich dieser Aufgabe an.

Mai 2002, Kunst und Kultur

Das neue Swisttaler Gemeindearchiv hat seinen Platz in den umgebauten Räumen des alten Ludendorfer Pfarrhauses gefunden. Bürgermeister Eckhard Maack und Gemeindearchivarin Claudia Wolff-Mudrack weihen das neue Archiv, das allen Interessierten offen steht, gebührend ein.

Die Bundesheimatgruppe Bunzlau in Siegburg begeht am Pfingstwochenende ihr 26. Heimattreffen im Stadtmuseum. Aus diesem Anlass wird zudem im Foyer des Kreishauses die Ausstellung der Bundesheimatgruppe „750 Jahre Bunzlau — eine mitteleuropäische Stadt im Wandel der Zeit" feierlich eröffnet. Erstmals ist der Landrat des polnischen Kreises Boleslawiec (Bunzlau), Piotr Roman, mit einer kleinen Delegation zum Heimattreffen geladen.

Der Landrat des polnischen Kreises Boleslawiec (Bunzlau), Piotr Roman, mit einer kleinen Delegation und den Gastgebern des Rhein-Sieg-Kreises.

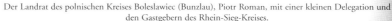

202

Der Fund dreier an Europäischer Schweinepest (ESP) erkrankter Wildschweinfrischlinge im Kreis Euskirchen nahe der Grenze zum Rhein-Sieg-Kreis hat die Kreisveterinärbehörde in Alarmbereitschaft versetzt. Und tatsächlich gibt es im Juni 2002 die ersten positiven Befunde in Rheinbach. Schweinehalter im gefährdeten Bezirk werden vom Veterinäramt informiert und müssen besondere Hygienebestimmungen sowie ein langfristiges EU-Ausfuhrverbot einhalten, um einer weiteren Ausbreitung der für Schweine hochansteckenden, für Menschen aber ungefährlichen Seuche vorzubeugen. Impfaktionen werden durchgeführt.

„Uschi" soll für Ordnung sorgen: die Abkürzung steht für Umgebung / Schulzentrum / Innenstädte und bezeichnet eine Ordnungspartnerschaft, die die Stadt Meckenheim und die Polizei miteinander schließen. In dem Vertrag werden gemeinsame Maßnahmen zur Verbesserung der Situation im Umfeld des Schulzentrums und des Neuen Marktes vereinbart.

Im Dezember 2000 wurde per Vertag die Finanzierung gesichert, nun wird die Planung endlich umgesetzt. Der Ausbau der S-Bahnlinie S 12 von Köln über Hennef bis nach Au an der Sieg beginnt. Das rund 90 Millionen Euro teure Projekt macht die wichtige Schienenverbindung zwischen dem Siegtal und der Domstadt reif für den 20-Minuten-Takt zwischen Hennef und Köln.

Die Sparkassenstiftung der Kreissparkasse in Siegburg fördert auch im Jahr 2002 mit insgesamt 11.000 Euro wieder junge und vielversprechende Sporttalente aus dem Kreisgebiet. Im Jahrbuch des Rhein-Sieg-Kreises 2002 ist bereits ausführlich über die Sportförderung der Sparkassenstiftung berichtet worden.

Übung der Rettungskräfte im ICE-Siegauentunnel zwischen Siegburg und Sankt Augustin

Im Troisdorfer Bürgerhaus präsentiert sich die chinesische Millionenstadt Nantong. Vor fünf Jahren unterzeichneten Kommunal- und Wirtschaftsvertreter aus Troisdorf und Nantong einen Kooperationsvertrag. Geplant sind einige gemeinsame Vorhaben mit der Hafen- und Industriestadt aus Fernost. Zunächst werden in Troisdorf Beispiele der chinesischen Kunst und Kultur sowie der Textilindustrie gezeigt.

Im und rund um den ICE-Siegauentunnel zwischen Siegburg und Sankt Augustin üben Rettungskräfte ein so genanntes „Großschadensereignis". Mehr als 1.000 Beteiligte nehmen an der Übung, die ein Zugunglück mit brennenden Waggons und vielen Verletzen simuliert, teil. Landrat Frithjof Kühn und die Verantwortlichen sind mit dem Ablauf der Aktion sehr zufrieden (Bild oben).

Die stellvertretende Troisdorfer Bürgermeisterin Helga Flämig mit der Delegation aus Nantong

Schultheater auf großer Fahrt

SCHULTHEATER-WETTBEWERB DER JUNGEN THEATERGEMEINDE BONN

von Elisabeth Einecke-Klövekorn

Die munteren weiblichen Matrosen des Bonner Clara-Fey-Gymnasiums nahmen die Zuschauer gleich zu Anfang mit auf große Fahrt, zeigten wie's auf dem Oberdeck zugeht und im Schiffsbauch. Dass sie dafür einen der ersten Preise im 9. Schultheater-Wettbewerb der Jungen Theatergemeinde für das Schuljahr 2000/2001 einheimsten, wunderte angesichts der perfekten Choreographie und der Bewegungslust der jungen Tänzerinnen aus verschiedenen Altersgruppen wohl niemanden unter den vielen Zuschauern bei der großen Preisverleihung im Jungen Theater Bonn.

Landrat Frithjof Kühn saß in der ersten Reihe und hatte sichtlich Vergnügen an den ungewöhnlichen Leistungen der Kinder und Jugendlichen, die wie gewohnt wieder einige Ausschnitte aus ihren preisgekrönten Aufführungen präsentierten. Für den Rhein-Sieg-Kreis, der den Schultheater-Wettbewerb von Anfang an unterstützt hat, begrüßte er die Teilnehmer und dankte ihnen und ihren Spielleitern für das außerordentliche Engagement, mit dem sie immer wieder solch kreative Erlebnisse möglich machen. Der Bonner Schulamtsleiter Werner Koch-Gombert hob in seiner Ansprache besonders hervor, dass Schul-

theater ja meistens ein freiwilliges Engagement ist, das mit viel Mühe, Zeitaufwand und Begeisterung für ein gemeinsames Projekt Fantasien und Begabungen frei setzt.

Moritz Seibert, der junge neue künstlerische Leiter des Jungen Theaters, hatte hinter den Kulissen wieder viel zu tun, um mit seiner Crew all die aufgeregten Darsteller, die schon den ganzen Nachmittag auf ihren großen Auftritt warteten, ein wenig vorzubereiten.

Julia Bogner, Licht- und Tontechnikerin, machte es offenbar auch Spaß, von den Kleinen zu erfahren, wann sie welche Stimmung und welches Geräusch von der mitgebrachten CD zaubern sollte.

Die Reise durch die Schultheater-Landschaft hatte spannende Stationen: das magische *Blauland* der Grundschulkinder aus St. Augustin, die musikalischen Abenteuer mit der *Hexe Tarantella* aus Aegidienberg, die leise Freundschaft im *Gelben Vogel* (von zwei jungen

oben, unten: Szenen aus „Die Verfolgung und Ermordung Jean-Paul Marats..."

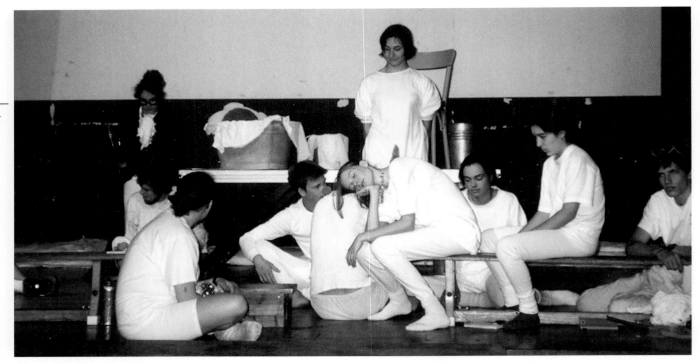

Schauspielern aus Nonnenwerth mit solch anrührender Genauigkeit gespielt, dass man nur noch staunen konnte), die persönliche Annäherung an eine Biografie in Gedichten (eindrücklich in Szene gesetzt von der Otto-Kühne-Schule Bonn), Peter Weiss' Klassiker *Marat-Sade* aus Neunkirchen, die witzige, ganz eigenständige politische Auseinandersetzung mit der 68er-Generation *Back to the Roots* aus Meckenheim, Horváths *Kasimir und Karoline* (glänzend inszeniert in Troisdorf), und schließlich als letzter Höhepunkt noch die absurden Sprachspiele von Ionescos *Kahler Sängerin* aus Niederkassel. Eine 90-minütige Reise durch die Theaterformen - und gleichzeitig auch durch die Bonner Umgebung.

Die Jury hatte viel zu reisen gehabt, um alle 38 angemeldeten Produktionen zu sichten. 23 Bewerbungen stammten aus der Stadt Bonn, 13 aus dem Rhein-Sieg-Kreis, eine war „grenzüberschreitend" (Bonn/Hersel), eine gehörte eigentlich gar nicht zum Radius (Nonnenwerth liegt ja schon in Rheinland-Pfalz), wurde aber ausnahmsweise zugelassen - die Qualität hat die Entscheidung bestätigt.

Die großen Klassiker waren diesmal eher unterrepräsentiert. Es gab ein paar Ausflüge in eine aktualisierte Antike, aber das 20. Jahrhundert mit all seinen Fragen an die Gegenwart dominierte. So breit gestreut zwischen Fantasiegeschichten,

oben, unten: Szenen aus „Die Verfolgung und Ermordung Jean-Paul Marats..."

eigenen Erfindungen, neuen und alten Stoffen, musikalischen und tänzerischen Gestaltungsformen, ernsthaftem Engagement und lustvoller Unterhaltung war der Wettbewerb noch nie. Ein durchgängig sehr hohes künstlerisches Niveau machte der Jury die Entscheidung ziemlich schwer. Von den insgesamt 19 Preisen gingen zwölf an Schulen aus Bonn, sechs an Schulen aus dem Rhein-Sieg-Kreis und einer - ausnahmsweise - ins benachbarte Bundesland. Und viele Sponsoren der Preisgelder (fast alle hatten Vertreter geschickt, alle Bonner Ratsparteien ließen sich den Blick in die jugendliche Kreativitätsschmiede nicht nehmen) bekamen einen kleinen Eindruck von dem, was sie da so beharrlich fördern.

Einen größeren Eindruck vermittelten kurz vor den Sommerferien 2001 schon die Schultheatertage in der Bonner Brotfabrik, bei denen fünf herausragende Aufführungen in voller Länge - vor durchweg ausverkauften Rängen - gezeigt wurden.

Am 10. Schultheater-Wettbewerb haben 40 Theatergruppen teilgenommen; am 30. September 2002 fand die Jubiläums-Preisverleihung statt.

Nach zehn erfolgreichen Jahren wird es aber auch Zeit, ein Konzept zu überdenken, damit es nicht zur bloßen Tradition erstarrt. Die Bonner Partner im Kinder- und Jugendtheaterbereich - Brotfabrik, Junges Theater und Junge Theatergemeinde - haben sich zusammengesetzt und waren am Ende der Meinung: „Wenn wir mit wenig Geld viel machen können, sollten wir noch mehr tun. Für das Schuljahr 2002/2003 planen wir großes Schultheater-Festival." Inzwischen haben wir das angeschoben. Vom 18. bis 27. Juli 2003 sollen im Jungen Theater und in der Brotfabrik etwa zehn herausragende Schultheater-Aufführungen gezeigt werden. Dazu wird es Workshops, moderierte Publikumsgespräche, viele Arbeitsanregungen, hoffentlich ein tolles Programmheft und sicher eine Riesenfete geben. Die Junge Theatergemeinde wird also diesmal keinen Wettbewerb ausschreiben, sondern die Teilnahme am Festival. Die Jury wird weiter arbeiten wie bisher und alle angemeldeten Stücke anschauen.

Szene aus dem Stück „Hexe Tarantella"

Die Anerkennung besteht nicht mehr in der Feststellung von „gut" oder „nicht so gut", sondern in der Einladung zur Aufführung beim Festival mit der Möglichkeit von Proben vor Ort und professioneller Unterstützung. Die Sponsoren sind natürlich weiterhin gefragt, sollten aber nicht mehr konventionelle Preisgelder, sondern als Paten bestimmter Produktionen die Aufwandsentschädigung für deren Auftritt übernehmen.

Eine neue Reise ist gestartet, wir sind sehr gespannt, wohin sie uns führt.

Die Preisträger im 9. Schultheater-Wettbewerb für das Schuljahr 2000/2001:

Grundschulen
1. Preis: Theater-AG der Theodor-Weinz-Schule Aegidienberg: „Hexe Tarantella"
2. Preis: Klasse 2b der Evangelischen Grundschule Sankt Augustin: „Kennt ihr Blauland?"
3. Preis: Theatergruppe Elefanten der Till-Eulenspiegel-Schule Bonn: „Das hässliche Entlein"

Sekundarstufe I
1. Preis: Theater-AG des Privaten Gymnasiums der Franziskanerinnen Nonnenwerth: „Der gelbe Vogel"
2. Preis: Theater-AG des Hardtberg-Gymnasiums Bonn: „Hexenjagd"
3. Preis: Theater-AG der Bertolt-Brecht-Gesamtschule Bonn: „Schloss Hammerstein"
3. Preis: Klasse 8 der Freien Waldorfschule Bonn: „Turandot"

Sekundarstufe II
1. Preis: Theater-Workshop des Ernst-Moritz-Arndt-Gymnasiums Bonn: „Leonce und Lena"
1. Preis: Theatergruppe Mohrenköpfe des Kopernikus-Gymnasiums Niederkassel: „Die kahle Sängerin"
1. Preis: Tanz-AG des Clara-Fey-Gymnasiums Bonn: „Tanz-AG CFG sticht in See"
2. Preis: Konrad-Adenauer-Gymnasium Meckenheim: „Back to the Roots"
2. Preis: Theater am Altenforst des Gymnasiums zum Altenforst Troisdorf: „Kasimir und Karoline"
3. Preis: Literaturkurs Jahrgangsstufe 13 des Antonius-Kollegs Neunkirchen:
„Die Verfolgung und Ermordung Jean-Paul Marats..."
3. Preis: Literaturkurs Jahrgangsstufe 13 der Gesamtschule Bonn-Beuel: „Zur Zeit der Distelblüte"
3. Preis: Klasse 12a der Freien Waldorfschule Bonn: „Hexenjagd"

Sonderpreis: Theater-AG der Mittel- und Oberstufe der Otto-Kühne-Schule Bonn: „Schatten werfen über den Mond"
Sonderpreis: Theatergruppe des Nicolaus-Cusanus-Gymnasiums Bonn: „Das Leben ist ein Traum"
Sonderpreis: English-Drama-Group des Hardtberg-Gymnasiums Bonn: „The Importance of being earnest"
Sonderpreis: Jahrgangsstufen 10-12 des Clara-Schumann-Gymnasiums Bonn: „Die Menschenfeindin"

Juni 2002

Wie in jedem Jahr lädt Landrat Frithjof Kühn die besten Sportlerinnen und Sportler aus dem Kreisgebiet zu einem Empfang ein, bei dem sie für ihre überdurchschnittlichen Erfolge geehrt werden. In die Räume der Kreissparkasse in Siegburg, die den Sport im Kreisgebiet fördert, folgen 130 Aktive der Einladung des Landrates.

Auch der Kreis-Sport-Bund zeichnet aus: die am Sportabzeichenwettbewerb beteiligten Schulen sowie die Stadt- und Gemeindeverbände werden im Königswinterer Haus Bachem geehrt.

Anlässlich des seit dem 1. Januar 2002 geltenden Gewaltschutzgesetzes findet im Kreishaus ein Fachforum zum Schutz von Frauen bei häuslicher Gewalt statt. Organisiert wird die Tagung von der Gleichstellungsbeauftragten des Rhein-Sieg-Kreises in Zusammenarbeit mit Frauenzentren und der Kreispolizeibehörde. Ziel ist es, den Schutz von Frauen und Kindern bei häuslicher Gewalt zu verbessern.

Die erste „Zukunftswerkstatt Sozialpolitik" findet im Siegburger Kreishaus statt. Die rund 70 Teilnehmerinnen und Teilnehmer aus dem politischen Bereich wie auch aus den Wohlfahrtsverbänden und freien Trägern kommen zusammen, um im sozialpolitischen Raum Zukunftsperspektiven und Visionen zur Verbesserung der Situation zu erarbeiten.

Außergerichtliche Einigung in Sachen Kinderklinik Sankt Augustin: Der Vertrag zwischen dem Rhein-Sieg-Kreis und den Asklepios Kliniken GmbH ist unterzeichnet. Asklepios heißt nun der neue Träger, der Kreis bekommt rund 1,8 Millionen Euro sowie ab Oktober 2006 über 60 Jahre jährlich 115.000 Euro Entschädigung plus 1 Prozent Aufschlag pro Jahr. Die Johanniter wollen sich komplett aus der Klinik zurückziehen.

Nicht nur die kreisangehörigen Kommunen befinden sich in einem finanziellen Engpass, auch der Rhein-Sieg-Kreis muss den Gürtel enger schnallen. Nach der Bekanntgabe der Eckdaten des Gemeindefinanzierungsgesetzes 2003 erwartet Kreiskämmerer Karl-Hans Ganseuer eine erhebliche Deckungslücke.

Am letzten Juni-Wochenende findet auf Gut Friedrichstein bei Sankt Augustin-Mülldorf die Kreistier- und Landwirtschaftsschau statt. Nachdem im vorigen Jahr die Gefahr einer Maul- und Klauenseuche zum Ausfall der Veranstaltung geführt hatte, kann nun Landrat Frithjof Kühn als Schirmherr die zweitägige Schau eröffnen. Auf 15.000 Quadratmetern werden Zuchttiere prämiiert sowie Reit- und andere Tiervorführungen geboten. Zudem im Angebot sind Produktausstellungen, Verkaufsmesse der Direktvermarkter und eine Informationsbörse.

Das jüngste Werk des Troisdorfer Künstlers Josef Hawle zeigt die bunte Vielfalt des Rhein-Sieg-Kreises zwischen Windeck und Swisttal. Auf dem naiven Gemälde (Bild oben) ist der ganze Kreis mit seinen Sehenswürdigkeiten zu sehen. Das Poster kann bei der Kreisverwaltung erworben werden.

Der Bonner Polizeipräsident Dierk Henning Schnitzler wechselt nach fast 10 Jahren in diesem Amt in den Ruhestand. Sein Nachfolger wird Wolfgang Albers aus Köln. Das Polizeipräsidium Bonn ist auch für den linksrheinischen Rhein-Sieg-Kreis sowie Königswinter und Bad Honnef zuständig.

Das satte Grün der Wälder in der Region täuscht: 28 Prozent aller Nadelbäume weisen zumindest schwache, 22 Prozent leider sogar erhebliche Schäden auf. Die Laubbäume sind bereits zu 70 Prozent krank. Wie das Staatliche Forstamt Bonn Kottenforst-Ville berichtet, nimmt die Zahl der gesunden Bäume in den heimischen Wäldern ab und die Übersäuerung des Bodens zu.

Über dem fertig gestellten Siegauentunnel der ICE-Strecke bei Sankt Augustin-Niederpleis wachsen und gedeihen Flora und Fauna bereits wieder prächtig. Die Ausgleichsmaßnahmen zum Bau der Trasse sind nahezu abgeschlossen, Bäume und Sträucher müssen nur noch wachsen. Zudem wurden Flutmulden, für die rund 200.000 Kubikmeter Erde bewegt worden sind, an der Sieg geschaffen. Sie entwickeln sich zu Biotopen und werten die Siegaue ökologisch auf.

Vertreter der Kreisverwaltung und des Umweltausschusses besichtigen die Landschaft zwischen Bornheim und Weilerswist, in der nach dem Willen von Bergbauunternehmen, Bergbehörden und der Bezirkregierung Köln zukünftig nach Quarzkies und -sand gegraben werden soll. Der Rhein-Sieg-Kreis wehrt sich gemeinsam mit der Stadt Bornheim gegen dieses Vorhaben. Es wird befürchtet, dass mit der Ausweisung dieses und eines weiteren Reservegebiets in der Nähe der Einstieg in die Freigabe der Ville-Hochfläche für den Bergbau geschaffen wird.

Die Deutsche Telekom ist nach wie vor der größte Arbeitgeber in der Region. Die Industrie- und Handelskammer (IHK) ermittelte bei ihren Mitgliedsfirmen eine Hitliste der Top-30-Arbeitgeber, die nun veröffentlicht wird. Bonn und die Region sind Dienstleistungsstandorte, was durch die ersten Plätze der unten stehenden Tabelle verdeutlicht wird.

Bundespräsident Johannes Rau und Belgiens König Albert II. verabschieden in der Kaserne in Troisdorf-Spich die noch in Deutschland stationierten belgischen Streitkräfte. Begleitet von feierlichem militärischem Zeremoniell würdigt Rau die rund 50-jährige Präsenz belgischer Truppen in Deutschland. Nach bereit erfolgtem Teilabzug sind noch knapp 6.800 Angehörige der belgischen Streitkräfte, darunter 2.000 Soldaten, im Rheinland. Bis 2005 soll der vollständige Abzug erfolgt sein.

Unter dem Druck der Konkurrenz muss die Schoeller Eitorf AG 100 Mitarbeiterinnen und Mitarbeiter entlassen. Die Aufgaben der Spinnerei, Zwirnerei und Facherei werden zukünftig ausschließlich in der Slowakei in einem dortigen Betrieb des Unternehmens wahrgenommen; damit schrumpft der traditionsreiche Betrieb wahrscheinlich im Herbst 2002 von 250 auf 150 Beschäftigte.

Der Stadtjugendring Bad Honnef feiert sein 25-jähriges Bestehen. Der Dachverband der Jugendarbeit wurde 1977 aus der Taufe gehoben. Das Jubiläum wird mit einem Kinder- und Jugendfestival begangen.

Um die Instandhaltung des Schlosses und seiner Anlagen nachhaltig und langfristig zu sichern, wird die selbstständige „Drachenburg-Stiftung" ins Leben gerufen. Die Nordrhein-Westfalen Stiftung Naturschutz, Heimat- und Kulturpflege stellt zum Start das Stiftungskapital in Höhe von 511.292 Euro (eine Million Mark) zur Verfügung.

15 Jahre alt wird die Troisdorfer AIDS-Hilfe in diesem Jahr, was mit einem Straßenfest auf dem Fischerplatz gefeiert wird. Neben der Betreuung von mit dem Virus Infizierten ist Aufklärung eine wichtige Aufgabe der AIDS-Hilfe, da sich deutschlandweit jährlich 2.000 Menschen mit dem HI-Virus anstecken.

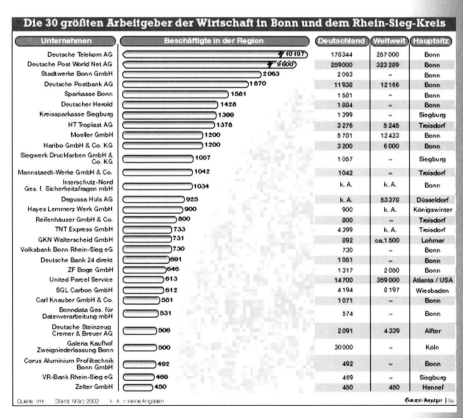

Die 30 größten Arbeitgeber der Wirtschaft in Bonn und dem Rhein-Sieg-Kreis				
Unternehmen	Beschäftigte in der Region	Deutschland	Weltweit	Hauptsitz
Deutsche Telekom AG	10197	178344	257000	Bonn
Deutsche Post World Net AG	9600	289000	323289	Bonn
Stadtwerke Bonn GmbH	2063	2063	–	Bonn
Deutsche Postbank AG	1870	11936	12166	Bonn
Sparkasse Bonn	1581	1581	–	Bonn
Deutscher Herold	1428	1884	–	Bonn
Kreissparkasse Siegburg	1399	1399	–	Siegburg
HT Troplast AG	1378	3276	5245	Troisdorf
Moeller GmbH	1200	5781	12423	Bonn
Haribo GmbH & Co. KG	1200	3200	6000	Bonn
Siegwerk Druckfarben GmbH & Co. KG	1057	1057	–	Siegburg
Mannstaedt-Werke GmbH & Co.	1042	1042	–	Troisdorf
Interschutz-Nord Ges. f. Sicherheitsfragen mbH	1034	k. A.	k. A.	Bonn
Degussa Hüls AG	925	k. A.	53378	Düsseldorf
Hayes Lemmerz Werk GmbH	900	900	k. A.	Königswinter
Reifenhäuser GmbH & Co.	800	800	–	Troisdorf
TNT Express GmbH	733	4399	k. A.	Troisdorf
GKN Walterscheid GmbH	731	892	ca.1500	Lohmar
Volksbank Bonn Rhein-Sieg eG	730	730	–	Bonn
Deutsche Bank 24 direkt	691	1051	–	Bonn
ZF Boge GmbH	646	1317	2060	Bonn
United Parcel Service	613	14700	359000	Atlanta / USA
SGL Carbon GmbH	612	4194	8197	Wiesbaden
Carl Knauber GmbH & Co.	551	1071	–	Bonn
Bonndata Ges. für Datenverarbeitung mbH	531	574	–	Bonn
Deutsche Steinzeug Cremer & Breuer AG	506	2091	4339	Alfter
Galeria Kaufhof Zweigniederlassung Bonn	500	30000	–	Köln
Corus Aluminium Profiltechnik Bonn GmbH	492	492	–	Bonn
VR-Bank Rhein-Sieg eG	469	469	–	Siegburg
Zelter GmbH	450	450	450	Hennef

Quelle: IHK   Stand: März 2002   k. A. = keine Angaben   General-Anzeiger / Gü

Rettung für Haus Schlesien! Die drohende Insolvenz der Kulturbegegnungsstätte in Königswinter-Heisterbacherrott kann durch Spenden von Mitgliedern und Freunden abgewendet werden. Der Fortbestand des Hauses war im April des Jahres in Gefahr geraten, da der Schuldenberg bedingt durch hohe Instandhaltungskosten auf insgesamt 1,3 Millionen Euro angewachsen war.

Torbogen von Haus Schlesien

Der Verschönerungsverein für das Siebengebirge (VVS) bezieht sein neues Quartier in den ehemaligen Räumen der Friedrich-Naumann-Stiftung auf der Königswinterer Margarethenhöhe. Zudem wird der Geschäftsführer des VVS, Willi Andreas Sechtem, zum Ende des Monats aus seinem Amt verabschiedet. Sein Nachfolger wird ab dem 1. November 2002 der derzeitige erste Beigeordnete der Stadt Königswinter, Herbert Losem.

Der Intendant der Deutschen Welle, Erik Bettermann, übernimmt offiziell den Schlüssel zum Bonner Schürmann-Bau (Bild rechts). Mehr als 200 geladene Gäste wohnen diesem Festakt, der das Ende der 20-jährigen Schicksalsgeschichte des Gebäudes markiert, bei. Erinnert sei beispielsweise an das Rheinhochwasser 1993, das den Rohbau stark beschädigte. Die Deutsche Welle wird in den neuen Räumlichkeiten voraussichtlich Mitte 2003 auf Sendung gehen.

Nach 121 Jahren erscheint die Honnefer Volkszeitung (HVZ) am 29. Juni zum letzten Mal. Die Zeitung hat einen doppelten Rückgang im Druckereibereich und im Anzeigengeschäft nicht verkraftet. Für die Stadt Bad Honnef bedeutet das Aus des seit dem 1. Januar 1881 erscheinenden Blattes den Verlust einer Institution. Glücklicherweise haben die 35 Beschäftigten der „Honnefer Times" - wie die HVZ liebevoll von Bürgerinnen und Bürgern genannt wurde - zwischenzeitlich andere Arbeitsplätze gefunden.

„Baltes" Schumacher bei Verabschiedung zum Ehren-Kreisbrandmeister ernannt

Laufendes Blaulicht und „Martinshorn" von über 30 Feuerwehrfahrzeugen empfingen den stellvertretenden Kreisbrandmeister Balthasar Schumacher (60) vor dem Kreisfeuerwehrhaus in Siegburg zu seiner offiziellen Verabschiedung.

„Balthasar Schumacher besticht durch vorbildlichen Einsatz, Verantwortungsbewusstsein und Persönlichkeit", lobte ihn Landrat Frithjof Kühn in seiner Festrede und ernannte Schumacher zum Ehren-Kreisbrandmeister. Der Landrat führte die große Schar der Gratulanten an, die sich in Siegburg eingefunden hatten, um Schumachers Verdienste für die Feuerwehr zu würdigen.

43 Jahre war die „herausragende Führungskraft" aktiv in der Feuerwehr. Seit 1973 bildete er den Feuerwehrnachwuchs auf Kreisebene aus, 1976 wurde Schumacher Gemeindebrandmeister von Swisttal und am 1. Januar 1980 stellvertretender Kreisbrandmeister.

Vielfach wurde der „Baltes", wie er liebevoll genannt wurde, für seine Verdienste schon ausgezeichnet: das Feuerwehr-Ehrenzeichen in Gold des Innenministeriums Nordrhein-Westfalen, das Feuerwehr-Ehrenkreuz in Gold des Deutschen Feuerwehrverbandes, die Ehrennadel des Kreisfeuerwehrverbandes und nicht zuletzt das Bundesverdienstkreuz.

„Mir tut kein einziger Tag bei der Feuerwehr leid", resümierte Schumacher seine langjährige ehrenamtliche Tätigkeit. Auch in Zukunft will er die eine oder andere Veranstaltung besuchen, um mit den Kameraden zusammen zu sein. „Dafür bin ich dankbar".

BRANDHEISS
DAS FEUERWEHRJAHR IM RHEIN-SIEG-KREIS
VON PETER KERN

oben: Kreisbrandmeister Walter Jonas mit seinem langjährigen Stellvertreter
unten: Landrat Kühn verabschiedet Balthasar Schumacher

Neue Führungskräfte in den Feuerwehren

Zahlreiche Führungswechsel gab es im abgelaufenen Berichtszeitraum in den Feuerwehren im Rhein-Sieg-Kreis.

Zu neuen Wehrführern wurden Thomas Glatz (Siegburg), Michael Bungarz (Königswinter), Stefan Schumacher (Swisttal), Johannes Kefferpütz (Bad Honnef) und Markus Zettelmeyer (Wachtberg) ernannt. Max Schöpp ist neuer Leiter der Werkfeuerwehr der Firma Degussa (Niederkassel). Kreisbrandmeister Walter Jonas (Königswinter) wurde auf der Delegiertenversammlung in Kevelaer einstimmig für weitere drei Jahre als Vorsitzender des Landesfeuerwehrverbandes NRW gewählt.

Der Troisdorfer Stadtbrandinspektor Dietmar Klein trat die Nachfolge von Balthasar Schumacher (Swisttal) als stellvertretender Kreisbrandmeister an.

Großalarm nach Explosion

Troisdorf: Gleich vier Mal in zwei Jahren musste die Feuerwehr Troisdorf zur gleichen Einsatzstelle ausrücken. Ziel war die Firma Aluminal im Gewerbegebiet Spich, wo jeweils Betriebsstörungen oder Reinigungsarbeiten an einer neuartigen Maschine heftige Explosionen und Brände auslösten.

Ursache der Explosionen und der anschließenden Großbrände war eine Galvanik-Versuchsanlage, die in einem neuartigen Beschichtungsverfahren Metalloberflächen mit Aluminium veredelt. Dabei kann auf giftige Schwermetalle wie Zink und Cadmium verzichtet werden. Nachteil der Aluminiumalkyle, die dabei verwendet werden, ist allerdings, dass sie beim Kontakt mit Sauerstoff und Wasser in Brand geraten können.

Am letzten Einsatz, der in der Troisdorfer Feuerwehrgeschichte einer der personal- und fahrzeugmäßig größten überhaupt war, waren allein über 150 Feuerwehrkräfte und 40 Fahrzeuge beteiligt. Darüber hinaus waren noch zahlreiche Rettungskräfte und Polizisten vor Ort. Da das Löschmittel Wasser zur Brandbekämpfung ungeeignet war, mussten große Pulvervorräte im Kreisgebiet angefordert werden. So kamen zusätzlich noch Feuerwehreinheiten aus Siegburg, Königswinter, Sankt Augustin, Niederkassel, der Berufsfeuerwehr Bonn, der Werkfeuerwehren Siegwerk (Siegburg), HT Troplast (Troisdorf) und Degussa (Niederkassel), sowie die Flughafenfeuerwehr mit einem „Simba", der gleich sechs Tonnen Pulver an Bord hatte, zum Einsatz. 14 Mitarbeiter der Firma wurden zum Teil schwer verletzt, einer davon lebensgefährlich.

oben: Brand in der Königswinterer Altstadt

Neun Menschen von der Feuerwehr gerettet

Königswinter: Der Brand eines über 100 Jahre alten Mehrfamilienhauses in der Altstadt von Königswinter führte Anfang des Jahres 2002 zu einem Großeinsatz von Feuerwehr und Rettungsdienst. Bei Eintreffen der ersten Einsatzkräfte standen das Treppenhaus und der Dachstuhl des viergeschossigen Hauses bereits im Vollbrand. Die Bewohner standen schreiend in den Fensterfronten und auf den Balkonen. In einer dramatischen Rettungsaktion konnten neun Menschen über Leitern aus dem Haus gerettet werden. Parallel zur Menschenrettung erfolgte die Einleitung eines massiven Löscheinsatzes, teilweise über vier Drehleitern. In der „heißen Phase" waren 150 Feuerwehrkräfte mit 32 Fahrzeugen und der Rettungsdienst mit elf Fahrzeugen vor Ort. Das Feuer konnte nach anderthalb Stunden unter Kontrolle gebracht werden.

oben, unten: Feuerwehreinsatz bei der Firma Aluminal, Troisdorf

unten: Nach dem Einsatz in Königswinter

WISCONSIN GIBT'S AUCH IM RHEIN-SIEG-KREIS

FÜNF JAHRE SOZIALE BESCHÄFTIGUNGSFÖRDERUNG

VON RITA BELLINGHAUSEN

Wo liegt eigentlich Wisconsin? Und was hat Wisconsin mit dem Rhein-Sieg-Kreis zu tun? Diese Fragen sind leicht zu beantworten, wenn man sich die Entwicklung der sozialen Beschftigungsförderung im Rhein-Sieg-Kreis ansieht. Der amerikanische Bundesstaat macht seit einiger Zeit wegen seines Sozialhilfeprogramms *Wisconsin Works* von sich reden. Doch vergleichbare Entwicklungen sind auch in Deutschland zu beobachten.

In der Mitte der 90er Jahre sahen sich die Sozialämter aufgrund zunehmender Fallzahlen und steigender Sozialhilfeausgaben mit immer neuen Problemen konfrontiert, auf die das klassische, leistungsgewährende Sozialamt keine Antworten geben konnte. Es galt, neue Lösungsstrategien und Handlungsansätze zu entwickeln. War in der Vergangenheit die Arbeitsverwaltung in arbeitsmarktpolitischen Fragen allein verantwortlich, so sahen die Sozialverwaltungen nun mehr und mehr ihre eigene Verantwortung auch in diesem Bereich. Durch Änderun-

gen im Sozialgesetzbuch (Dritter Teil) und im Bundessozialhilfegesetz trug der Gesetzgeber dieser Entwicklung Rechnung und rückte das Thema „Soziale Beschäftigungsförderung" in den Mittelpunkt der täglichen Arbeit der Sozialämter. Die Aufgaben der Sozialhilfeträger erfuhren einen starken Wandel. Bestehende Armut und staatliche Abhängigkeit sollten nicht mehr länger nur verwaltet und damit auch verfestigt, sondern vielmehr durch innovatives Handeln aufgebrochen werden.

Auch vor dem Rhein-Sieg-Kreis machte der neue Wind der veränderten Sozialhilfepraxis nicht halt. Der Kreis und seine Städte und Gemeinden bemühten sich verstärkt selbst um die Vermittlung arbeitsloser Sozialhilfeempfängerinnen und -empfänger in den ersten Arbeitsmarkt. Vielfältige Qualifizierungs- und Beschäftigungsprogramme wurden entwickelt, um Sozialhilfebeziehende für das Arbeitsleben fit zu machen. Daneben wurde ein breites Angebot zur persönli-

chen Beratung und Unterstützung gestellt, das in den meisten Fällen der Vermittlung vorgeschaltet werden muss. Häufig haben Sozialhilfe beziehende Menschen schwierige Lebenssituationen zu bewältigen, bei deren Lösung sie eine individuelle Unterstützung benötigen. In diesem Zusammenhang spielen nicht nur fehlende Schul- und Berufsabschlüsse oder Krankheit und Drogenprobleme eine Rolle, sondern auch vermeintlich einfache Hürden, wie z. B. die fehlende Kinderbetreuung oder - gerade in einem so großen Flächenkreis wie dem Rhein-Sieg-Kreis - das nicht vorhandene Auto. Gemeinsam mit seinen 19 kreisangehörigen Städten und Gemeinden entwickelte der Rhein-Sieg-Kreis seit 1997 das Stufenmodell *Treppe zur Arbeit*, das mit verschiedenen, aufeinander aufbauenden Stufen darauf abzielt, arbeitslose Sozialhilfeempfängerinnen und -empfänger in den ersten Arbeitsmarkt zu integrieren und diese somit zu befähigen, ein Leben ohne den Bezug staatlicher Leistungen zu führen.

Hinter der *Treppe zur Arbeit* verbergen sich acht verschiedene Bausteine, die mit vielfältigen Beratungsangeboten, Qualifizierungs- und Beschäftigungsmaßnahmen sowie unterschiedlichen Finanzierungsmöglichkeiten für Arbeitgeber und Arbeitnehmer ausgestattet sind. Die einzelnen Stufen können individuell entsprechend der jeweiligen Bedarfe und Möglichkeiten der Sozialhilfeempfängerinnen und -empfänger genutzt werden, so dass nicht alle Personen auch tatsächlich jede Stufe durchlaufen müssen.

Die *Treppe zur Arbeit*

Stufe 1: Beratung und Hilfeplanung
Stufe 2: Trainingsmaßnahmen
Stufe 3: Gemeinnützige und zusätzliche Arbeit
Stufe 4: Qualifizierungsmaßnahmen
Stufe 5: Beschäftigungsprogramme
Stufe 6: Lohnkostenzuschüsse und Arbeitnehmerzuschüsse
Stufe 7: Existenzgründung
Stufe 8: Vermittlung

Der Rhein-Sieg-Kreis hat beim Kreissozialamt die *Fachstelle für soziale Beschäftigungsförderung - JOBKOMM -* eingerichtet, die alle Aktivitäten des Kreises im Bereich der *Hilfe zur Arbeit* sowie die Maßnahmen der kreisangehörigen Städte und Gemeinden koordiniert und für die Konzeptionierung und Durchführung der kreiseigenen Maßnahmen sowie für die Initiierung von Beschäftigungs- und Qualifizierungsmaßnahmen aus EU-, Landes- und Sonderprogrammen zuständig ist. Ziel der Arbeit von *JOBKOMM* ist ein flächendeckendes Angebot im gesamten Rhein-Sieg-Kreis und eine bedarfsgerechte Verteilung der Maßnahmen.

Spezielle Bereiche der *Treppe zur Arbeit* werden von den 19 Städten und Gemeinden eigenverantwortlich durchgeführt. Die Aktivitäten gehen von der Beratung und Hilfeplanung (Stufe 1) über die Heranziehung zu gemeinnütziger und zusätzlicher Arbeit (Stufe 3) und die Gewährung von Lohnkosten- und Arbeitnehmerzuschüssen (Stufe 6) bis hin zur Vermittlung arbeitsloser Sozialhilfeempfängerinnen und -empfänger in den ersten Arbeitsmarkt (Stufe 8). Hierfür wurden in fast allen Städten und Gemeinden eigene Sachgebiete *Hilfe zur*

Arbeit eingerichtet, die zum großen Teil mit Sozialarbeiterinnen/Sozialarbeitern besetzt sind. Der verstärkte Einsatz sozialarbeiterischen Fachwissens beruht auf Erfahrungen aus Diagnose- und Feststellungsmaßnahmen, die zeigen, dass bei über 80 % der Teilnehmerinnen und Teilnehmer erhebliche Vermittlungs-

hemmnisse vorliegen, die von Schuldenproblematiken über Suchterkrankungen bis hin zu starken psychischen Problemen reichen. Häufig treten mehrfache Vermittlungshemmnisse von existenzbedrohendem Charakter auf, die nur in intensiven Einzelgesprächen mit Fachpersonal aufgearbeitet werden können.

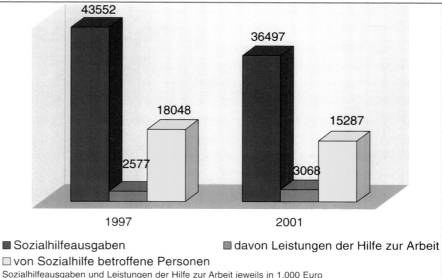

■ Sozialhilfeausgaben ■ davon Leistungen der Hilfe zur Arbeit
□ von Sozialhilfe betroffene Personen
Sozialhilfeausgaben und Leistungen der Hilfe zur Arbeit jeweils in 1.000 Euro

Ein erster Meilenstein der sozialen Beschäftigungsförderung im Rhein-Sieg-Kreis war ein in den Jahren 1998 und 1999 mit der niederländischen Firma *MAATWERK* erstmals kreisweit durchgeführtes Vermittlungsprojekt.

In den Folgejahren wurden vielfältige Projekte entwickelt, die sich sowohl am Potenzial des Klientels als auch verstärkt an den Bedarfen des regionalen Arbeitsmarktes orientieren. Die Region Bonn/Rhein-Sieg kann sich zwar glücklich schätzen, zu den wirtschaftlich prosperierenden Standorten in Deutschland mit geringer Arbeitslosenquote zu gehören, dennoch ist auffällig, dass der Personenkreis der gering Qualifizierten davon kaum profitiert. Daher werden durch die Sozialverwaltung gezielt Arbeitsbereiche gesucht und in der Folge Qualifizierungsmaßnahmen entwickelt, die für niedrig qualifizierte Personen Chancen der Beschäftigung bieten. Hierbei handelt es sich u.a. um den Bereich des Sicherheitsdienstes, der Lager- und Logistikbranche sowie den Dienstleistungssektor.

Die Gründe für Arbeitslosigkeit und den oft daraus folgenden Sozialhilfebezug sind vielfältig und hängen - neben fehlenden Berufsabschlüssen - auch von solch „profanen" Dingen wie mangelnder Mobilität oder nicht vorhandener Kinderbetreuung ab. Vor diesem Hintergrund gewährt der Rhein-Sieg-Kreis auch Zuschüsse zur Erlangung eines Führerscheins oder zum Kauf eines günstigen Autos, wenn dadurch die Aufnahme eines Beschäftigungsverhältnisses ermöglicht wird. Diese so genannten Mobilitätshilfen sind gerade in dem großen und in weiten Teilen ländlich strukturierten Rhein-Sieg-Kreis mit teilweise ungünstiger Anbindung an den Öffentlichen Personennahverkehr außerordentlich hilfreich, um einen Zugang zum Arbeitsmarkt zu ermöglichen. Der Einsatz von Sozialhilfemitteln für diese Zwecke ist sehr sinnvoll, weil es teilweise nur so gelingt, arbeitslosen Sozialhilfeempfängerinnen und -empfängern auf Dauer ein Leben ohne den Bezug von Sozialhilfeleistungen zu ermöglichen.

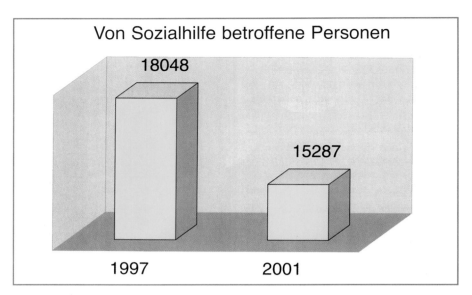

oben: Projekt „Teilzeitausbildung für Frauen (TafF)"   unten: Projekt „Busbegleiter"

Ein wichtiges Anliegen des Rhein-Sieg-Kreises und seiner Städte und Gemeinden ist es darüber hinaus, bei den regionalen Unternehmen verstärkt für die Einrichtung gering qualifizierter Arbeitsplätze zu werben. Es muss deutlich werden, dass auch Menschen mit niedrigem Qualifizierungsniveau ein Gewinn für Unternehmen sein können. So besteht z. B. die Möglichkeit, einfache Arbeiten, die meist von hoch qualifizierten Facharbeiterinnen und Facharbeitern „nebenher" gemacht werden, abzuspalten und damit neue Arbeitsplätze zu schaffen. Durch diese Vorgehensweise kann auch dem immer wieder beklagten Facharbeitermangel entgegen gewirkt werden.

Alleine wäre der Rhein-Sieg-Kreis mit seinen Kommunen nicht in der Lage, die anspruchsvolle Aufgabe - die Umsetzung der *Treppe zur Arbeit* - in Angriff zu nehmen. Hierzu ist vielmehr ein gut funktionierendes Netz verschiedener Kooperationspartner mit unterschiedlichen Kompetenzen nötig. Eine der wichtigsten Rollen spielt dabei das Arbeitsamt Bonn/Rhein-Sieg, mit dem seit Januar 1999 ein Kooperationsvertrag besteht.

Gemeinsam mit dem Arbeitsamt wurde im Jahr 2000 das kreisweite Qualifizierungs- und Arbeitsintegrationsprojekt *JOB-Center 2000* aus der Taufe gehoben, das aufgrund seines Erfolges für nunmehr weitere zwei Jahre fortgesetzt wird. Auf ihre enge Zusammenarbeit, die anfangs eher ungewöhnlich war, können beide Institutionen stolz sein.

Darüber hinaus besteht eine gute Struktur von Qualifizierungs-, Beschäftigungs- und Weiterbildungsträgern in der Region, die konsequent genutzt wird.

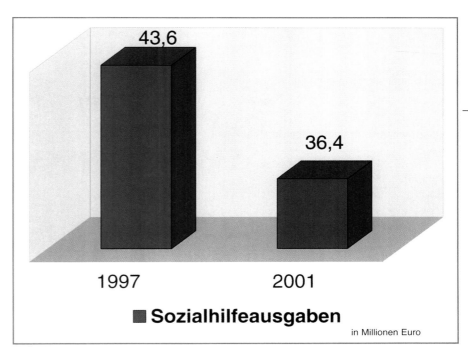

1997   2001

■ **Sozialhilfeausgaben**

in Millionen Euro

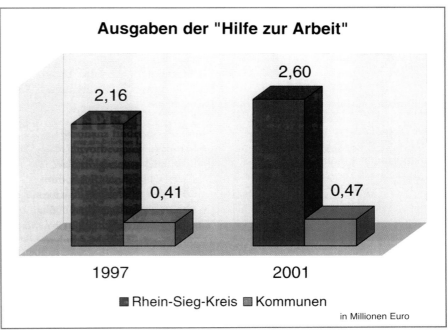

Ausgaben der "Hilfe zur Arbeit"

1997   2001

■ Rhein-Sieg-Kreis   ■ Kommunen

in Millionen Euro

Die Erfolgsgeschichte der sozialen Beschäftigungsförderung im Rhein-Sieg-Kreis lässt sich auch - vielleicht sogar am besten - anhand von Zahlen belegen. Die Grafiken geben darüber Aufschluss.

Die Sozialhilfeausgaben des Kreises konnten in den letzten Jahren, auch wegen der verstärkten Aktivitäten im Bereich der *Hilfe zur Arbeit* um 20 % gesenkt werden. Die Sozialhilfequote wurde von 3,23 Prozent im Jahr 1997 auf 2,64 Prozent im Jahr 2001 reduziert. Dieses Ergebnis kann sich sehen lassen,

vor allem im Vergleich zum Bundes- und Landestrend, der diese positive Entwicklung nicht widerspiegelt.

Die Entwicklung der sozialen Beschäftigungsförderung im Rhein-Sieg-Kreis zeigt, dass es sich für alle Sozialhilfeträger lohnt, ihre sozialpolitische Verantwortung wahr zu nehmen. Die von Sozialhilfe abhängigen Menschen müssen mit ihren unterschiedlichen Lebensgeschichten ernst genommen werden. Dann wird jeder die Erfahrung machen, dass es sich bei dieser Personengruppe eben nicht

ausschließlich um Menschen handelt, die sich in der Hängematte Sozialhilfe ausruhen möchten, sondern vielmehr um Personen, die gezielte Hilfestellungen benötigen, um sich aus der Abhängigkeit des staatlichen Leistungsbezugs befreien und ein eigenständiges Leben führen zu können.

Und was zeigt die *Treppe zur Arbeit* noch? - Wisconsin gibt es tatsächlich im Rhein-Sieg-Kreis!

»Erfolgreicher Strukturwandel führt zu weiterem Bevölkerungswachstum«

Statistiken belegen positive Entwicklung

von Peter Krause und Walter Wiehlpütz

Statistik ist für viele ein „Buch mit sieben Siegeln" oder - schlimmer noch - „brotlose Kunst", ohne besonderen Wert, die doch nur Arbeitszeit kostet. Dabei ist der Umgang mit statistischen Daten nicht nur interessant, sondern außerordentlich aufschlussreich und in vielerlei Hinsicht hilfreich und wichtig. Wie ließen sich beispielsweise die Entwicklung des Rhein-Sieg-Kreises hinsichtlich der Besiedlung, der Wirtschaft, der Kaufkraft und des Arbeitsmarktes beurteilen - und hieraus die richtigen Schlüsse ziehen -, wenn es keine statistischen Aussagen gäbe? Wie könnte man den Faktor „Arbeit" über seine individuellen Prä-

gungen hinaus mit Blick auf seine gesellschaftlichen Auswirkungen bewerten, wenn er sich nicht messen ließe? Statistische Daten spiegeln Situationen und Entwicklungen wider; sie liefern die Basis für vorausschauende Entscheidungen. Am Beispiel der Bevölkerungs- und Wirtschaftsentwicklung im Rhein-Sieg-Kreis wird dies deutlich.

Über 580.000 Einwohner im Rhein-Sieg-Kreis

Die Bevölkerungsentwicklung des Kreises ist seit der kommunalen Neugliederung im Jahr 1969 außerordentlich

positiv verlaufen. Betrug die Bevölkerungszahl am 31.12.1970 noch 384.677 Einwohner, so stieg diese Zahl bis zum 31.12.2001 auf 583.051. Dies entspricht einem Anstieg um fast 200.000 Personen oder 51 Prozent. Seit 1991, dem Jahr des Bonn/Berlin-Beschlusses, nahm die Einwohnerzahl im Kreis allein um etwa 71.000 Personen (14 Prozent) zu. Der Einwohnerzahl nach liegt der Rhein-Sieg-Kreis nach dem Landkreis Hannover und dem Kreis Recklinghausen an dritter Stelle der Landkreise in der Bundesrepublik Deutschland.

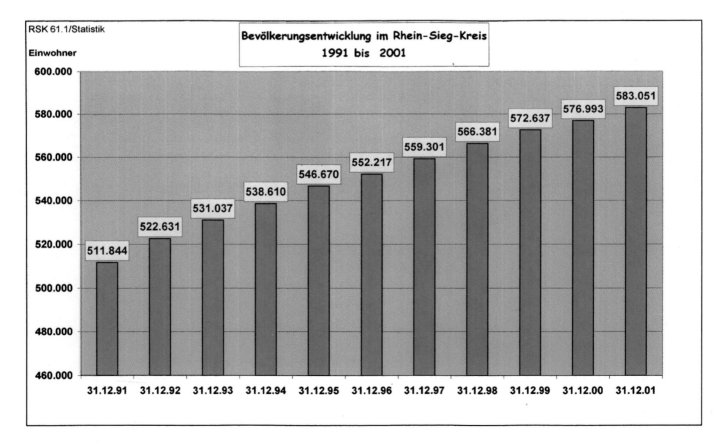

RSK 61.1/Statistik

Bevölkerungsentwicklung im Rhein-Sieg-Kreis 1991 bis 2001

Einwohner

Quelle: Landesamt für Datenverarbeitung und Statistik NRW

Gründe für diese positive Entwicklung liegen in der verkehrsgünstigen Lage, die durch den ICE-Anschluss noch verbessert wird, die Nähe zu den Städten Köln und Bonn mit zahlreichen attraktiven Arbeitsplätzen und großstädtischen Angeboten, einer breitgefächerten Wirtschaftsstruktur und nicht zuletzt der hohen Lebensqualität - so stehen zum Beispiel 65 Prozent des Kreisgebietes unter Natur- und Landschaftsschutz. Diese Faktoren machen die Region zu einem bevorzugten Wohngebiet. Der sich in den letzten Jahren trotz des Umzuges zahlreicher Bundesinstitutionen nach Berlin ungebrochen fortsetzende Bevölkerungsanstieg belegt die weiterhin hohe Anziehungskraft des Kreises, der den notwendigen Strukturwandel erfolgreich bewältigt hat.

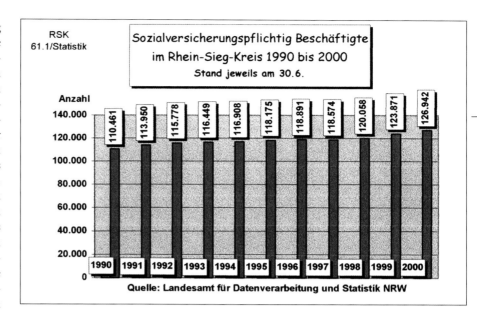

Die wirtschaftliche Entwicklung weist nach oben

Die Zahl der sozialversicherungspflichtig Beschäftigten im Kreis (unberücksichtigt bleiben Beamte, Selbständige und mithelfende Familienangehörige sowie alle Arbeitnehmer, die nur eine so genannte Nebenbeschäftigung oder Nebentätigkeit ausüben) ist von 1990 bis 2000 um 16.481 (14,9 Prozent) gestiegen. Dies ist ein erfreuliches Ergebnis - die angesichts des Bonn/Berlin-Beschlusses geäußerten Befürchtungen sind damit nicht eingetreten. Unter den 126.942 sozialversicherungspflichtig Beschäftigten am 30.6.2000 waren 55.401 weibliche Beschäftigte (43,6 Prozent).

Im Gegensatz zu den großen kreisfreien Städten haben die meisten Kreise keinen ausgeglichenen „Pendlersaldo". Es pendeln mehr Beschäftigte aus den Kreisen zu den Arbeitsplätzen in den kreisfreien Städten als umgekehrt. Dies gilt in besonderer Weise auch für den Rhein-Sieg-Kreis. Dessen hoher Auspendlerüberhang wird nahezu vollständig durch die Arbeitsplätze in Bonn und Köln verursacht. Nur die Kreisstadt Siegburg weist innerhalb des Kreises einen Einpendlerüberhang auf.

Die Anzahl der Arbeitslosen im Rhein-Sieg-Kreis stieg von 11.369 am 30.6.1992 (Quote: 6,4 Prozent) auf 18.503 am 30.6.2002 (Quote: 6,5 Prozent). Berücksichtigt man, dass die Zahl der Arbeitslosen im Jahr 1997 sogar

bis auf 18.535 (Quote: 8,3 Prozent) angestiegen war, kann die danach zu beobachtende (wirtschaftliche) Entwicklung - gerade auch im Hinblick auf den Umzug der Regierung nach Berlin - insgesamt als positiv bewertet werden.

Die jüngste Entwicklung zeigt deutlich, dass der Kreis von den allgemeinen wirtschaftlichen Veränderungen nicht unberührt bleibt. War die Arbeitslosenzahl am Jahresende in den letzten drei Jahren davor noch rückläufig, kam es im Dezember 2001 zu einer Trendwende. Am 31.12.2001 lebten 18.513 Arbeitslose im Rhein-Sieg-Kreis, 1.824 oder 11 Prozent mehr als ein Jahr zuvor. Die Arbeits-losenquote bezogen auf alle zivilen Erwerbspersonen stieg im Rhein-Sieg-Kreis von 6,2 auf 6,6 Prozent, in der Stadt Bonn von 6,1 auf 6,8 Prozent. Im Regierungsbezirk Köln lag diese Quote bei 8,4 und in Nordrhein-Westfalen bei 9,1 Prozent.

Stand und Entwicklung der Arbeitslosenquoten im Rhein-Sieg-Kreis vom 30.6.1992 bis 30.06.2002											
	jeweils am 30.6.										
Stadt/Gemeinde	1992	1993	1994	1995	1996	1997	1998	1999	2000	2001	2002
	1	2	3	4	5	6	7	8	9	10	11
Alfter	4,8	5,4	5,8	5,8	6,3	7,5	7,6	7,1	6,5	6,6	7,3
Bad Honnef, Stadt	6,5	7,7	8,2	8,2	8,7	9,6	8,9	8,9	9,0	8,5	8,7
Bornheim, Stadt	4,9	5,3	6,1	6,0	6,8	7,3	7,3	7,0	6,0	6,5	7,5
Eitorf	10,4	12,1	13,2	12,5	13,3	15,6	14,6	14,5	13,6	12,7	11,7
Hennef (Sieg), Stadt	6,5	7,4	8,4	8,2	8,6	9,4	9,0	9,4	8,5	8,5	8,8
Königswinter, Stadt	5,8	7,0	8,2	7,5	8,9	9,8	8,5	8,5	8,6	7,6	8,6
Lohmar, Stadt	5,9	7,1	8,5	8,4	8,7	9,1	9,0	8,8	8,2	7,7	9,0
Meckenheim, Stadt	5,6	5,6	6,8	6,8	7,4	8,2	8,1	8,2	7,7	7,9	8,6
Much	6,2	6,8	7,4	7,8	9,3	9,3	9,6	8,7	8,7	9,1	9,1
Neunkirchen-Seelscheid	5,9	6,7	7,5	8,2	9,2	9,8	9,2	9,4	8,0	8,5	9,4
Niederkassel, Stadt	5,2	5,5	6,8	7,8	8,1	8,4	8,1	7,8	7,5	7,4	7,6
Rheinbach, Stadt	5,4	5,9	6,3	5,8	6,4	8,0	7,8	7,5	6,7	7,5	7,4
Ruppichteroth	6,8	7,9	8,8	8,9	8,8	10,1	8,9	8,3	9,1	7,9	9,1
Sankt Augustin, Stadt	6,7	8,1	9,0	9,0	9,4	9,8	9,4	9,1	9,1	8,8	9,5
Siegburg, Stadt	8,0	9,0	10,3	10,8	10,3	11,8	11,8	11,8	11,4	11,8	12,0
Swisttal	6,3	6,3	6,7	6,1	6,8	7,1	7,3	7,7	6,4	7,0	7,2
Troisdorf, Stadt	6,9	7,3	8,7	9,6	9,5	10,7	10,6	10,7	10,0	9,9	10,8
Wachtberg	4,9	5,6	6,6	6,1	5,8	6,2	5,6	5,5	5,7	6,4	7,1
Windeck	8,8	11,3	12,1	11,7	13,1	14,0	13,9	13,2	12,7	12,3	12,0
Rhein-Sieg-Kreis	**6,4**	**6,3**	**7,2**	**7,2**	**7,6**	**8,3**	**7,9**	**7,6**	**6,9**	**6,0**	**6,5**

Quelle: Arbeitsamt Bonn, Arbeitsmarktberichte
Hinweis: Die Arbeitslosenquote bezieht sich auf alle Erwerbspersonen

Zwischen 1992 und 2002 verlief die Entwicklung in den einzelnen Kommunen im Rhein-Sieg-Kreis recht unterschiedlich. Die günstigste Entwicklung hatte die Gemeinde Wachtberg. Während die jeweilige Arbeitslosenquote auch in den anderen linksrheinischen Städten und Gemeinden - mit Ausnahme der Stadt Meckenheim - die 8-Prozent-Marke nie überschritt, verzeichneten einige Städte und Gemeinden im Rechtsrheinischen sogar zweistellige Quoten (in der Reihenfolge der höchsten Werte): die Gemeinden Eitorf und Windeck sowie die Städte Siegburg und Troisdorf. Trotz großer Anstrengungen konnten hier die Ausgangswerte dieser Betrachtung des Jahres 1992 nicht annähernd wieder erreicht werden.

Ein Blick auf die An-, Ab- und Ummeldungen der gewerblichen Betriebe im Jahr 2000 verdeutlicht die wirtschaftliche Bewegung im Kreis. Die in Klammern gesetzten Zahlen ermöglichen einen Vergleich mit 1996.

Im Jahr 2000 wurden im Rhein-Sieg-Kreis 5.816 (1996: 5.629) Gewerbe angemeldet. Darunter fallen 4.876 (1996: 4.872) Neueinrichtungen eines Betriebes (ohne Verlagerungen). Auf der anderen Seite stehen 4.468 (1996: 4.544) Gewerbeabmeldungen. 3.470 (1996: 3.631) Betriebe wurden völlig aufgegeben. Gewerbeummeldungen waren 1.117 (1996: 915) zu verzeichnen.

Wichtige Indikatoren für die Entwicklung im Verarbeitenden Gewerbe liefern die Wirtschaftszahlen der Industrie- und Handelskammer Bonn/Rhein-Sieg. Der Gesamtumsatz der 257 Industriebetriebe im Rhein-Sieg-Kreis ist 2001 im Vergleich zum Vorjahr mit 2,7 Prozent leicht zurückgegangen, und zwar von 8,990 Milliarden Mark auf 8,750 Milliarden Mark. Im Jahr 2000 war noch ein Anstieg um 5,4 Prozent zu verzeichnen, obwohl die Zahl der Betriebe von 252 (1999) auf 248 gefallen war.

Der Rückgang der Beschäftigten schwächte sich im gleichen Zeitraum ab. Im Dezember 1999 verzeichnete das Verarbeitende Gewerbe noch 28.190 Beschäftigte, im Dezember 2000 mit 27.350 etwa 3 Prozent weniger. Bis Dezember 2001 war die Zahl um weitere 1,4 Prozent auf 26.959 gesunken.

Hier schlägt sich eine im Rhein-Sieg-Kreis seit langer Zeit zu beobachtende Verlagerung des Schwerpunktes vom Produzierenden Gewerbe hin zu den Dienstleistungsbereichen nieder. Diese Veränderung wird bei einem Blick auf die so genannte Bruttowertschöpfung zu Herstellungspreisen der Wirtschaftsbereiche im Rhein-Sieg-Kreis besonders deutlich: Während im Jahr 1991 das Verhältnis zwischen dem Produzierenden Gewerbe und dem Dienstleistungssektor noch etwa 1:2 betrug, lag es 1998 bereits bei ungefähr 1:3.

Ein Blick voraus

Das Landesamt für Datenverarbeitung und Statistik NRW (LDS NRW) prognostiziert für den Rhein-Sieg-Kreis ab 1998 einen weiteren Bevölkerungsanstieg auf über 615.000 Personen bis zum Jahr 2015. Im Gegensatz hierzu gehen die Statistiker für das Land Nordrhein-Westfalen und die meisten kreisfreien Städte und Kreise von einem Bevölkerungsrückgang aus.

Neben dieser Basisvariante wurde noch eine Variante berechnet, die von einer erhöhten Zuwanderung der nichtdeutschen Bevölkerung (die Zahl der Zuzüge übersteigt die der Fortzüge) ausgeht: Unter dieser Voraussetzung wird bis 2015 ein Bevölkerungsanstieg auf sogar 622.642 Einwohner angenommen.

Die tatsächlichen Bevölkerungsstände (jeweils am 1.1.) in den Jahren 1999, 2000, 2001 und 2002 überstiegen mit 1.884, 2.219, 1.086 und 2002 Personen selbst die höchsten Prognosedaten des LDS NRW. Die nächsten Jahre werden zeigen, ob die tatsächliche Bevölkerungszunahme wie in der Vergangenheit immer wieder die Prognose übersteigt oder die Zunahme allmählich abflacht und sich damit dem prognostizierten Stand nähert.

Für die Zukunft ist es wichtig, dass weiterhin interessante und sichere Arbeitsplätze entstehen oder erhalten bleiben. Bedeutende Schritte in diese Richtung sind die vielfältigen Projekte zur Stärkung des Wissenschafts- und Kulturstandortes, zur Wirtschaftsstrukturförderung und Verbesserung der Verkehrsinfrastruktur. Von großer Relevanz ist künftig die enge Kooperation der Bildungs- und Studieneinrichtungen mit der Wirtschaft, um die notwendigen hochqualifizierten Fachkräfte aus- und weiterzubilden und die Innovationsfähigkeit sicherzustellen.

Auch der demographische Wandel wirkt sich auf die Erwerbstätigkeit aus. Das Durchschnittsalter der Kreisbevölkerung lag Ende 2000 mit 41 Jahren (dies entspricht dem Landesdurchschnitt) um vier Jahre höher als Anfang der achtziger Jahre.

Vorausberechnung der Bevölkerung des Rhein-Sieg-Kreises bis 2015 nach Altersgruppen (Ergebnisse der Variante „Höhere Zuwanderung")				
Alter von... bis unter ... Jahren	Jahresanfang			
	1998	2005	2010	2015
0 - unter 10 Jahre	65.860	63.929	59.760	59.083
10 - unter 20 Jahre	62.779	72.861	75.508	72.871
20 - unter 30 Jahre	67.488	64.909	72.118	78.216
30 - unter 40 Jahre	95.134	86.895	71.938	73.296
40 - unter 50 Jahre	80.355	98.495	107.421	94.700
50 - unter 60 Jahre	75.120	72.445	84.009	97.702
60 - unter 70 Jahre	58.004	72.206	65.034	64.842
70 Jahre und älter	54.561	62.531	74.429	81.932
Bevölkerung insg.	559.301	594.271	610.217	622.642

Quelle: Landesamt für Datenverarbeitung und Statistik NRW

Nach der Prognose des LDS NRW wird es ab 2010 zu einer deutlichen Alterung auch der Belegschaften kommen, d.h. der Anteil der über 50jährigen wird erheblich steigen. Gleichzeitig nimmt im Segment der jüngeren Altersgruppen der „Rekrutierungsspielraum" der Unternehmen ab. Deshalb ist künftig eine Förderung der Mitarbeiterbindung und einer lebensbegleitenden Kompetenzentwicklung geboten, d.h. es ist verstärkt in die Fortbildung von älteren Mitarbeitern zu investieren. Denn derzeit werden deren Ressourcen, spezifischen Kenntnisse und beruflichen Erfahrungen häufig nur unsystematisch genutzt. Die genannten Faktoren sind mitentscheidend im internationalen Standortwettbewerb. Für die Fortsetzung des regionalen Strukturwandels ist auch der Bau des Internationalen Kongresszentrums in Bonn und die weitere Ansiedlung von internationalen Einrichtungen unter anderem der UN von großer Bedeutung.

219

Hinweis: Zusätzliches Zahlenmaterial kann im Internet (http://www.rhein-sieg-kreis.de) abgerufen werden!

Anmerkung zum Artikel von Hans Peter Hohn „Das Bröltal um 1900" ab Seite 16

Die in diesem Artikel verwendeten Ansichtspostkarten sind sämtlich der Sammlung Herbert Hohn entnommen.

Sie sind von Herbert Hohn (1937-2001) über Jahrzehnte hinweg mit großer Leidenschaft und aus einer tiefen Verbundenheit mit seiner Heimat gesammelt und immer wieder vervollständigt worden. Die Sammlung umfasst insgesamt rd. 700 Ansichtspostkarten mit Motiven aus der heutigen Gemeinde Ruppichteroth (Rhein-Sieg-Kreis), im Bröltal gelegen, sowie mit Motiven aus dem übrigen Bröltal und der näheren Umgebung. Ein besonderer Dank gilt Frau Rosi Hohn, die die Sammlung zum Zwecke der Veröffentlichung zur Verfügung gestellt hat.

Quellen- und Literaturangaben zu dem Bericht von Bernd Habel „Alter Bergbau" ab Seite 26

Es wurden Urkunden, Akten und amtliches Schriftgut aus folgenden Archiven verwendet: Hauptstaatsarchiv Nordrhein-Westfalen (Düsseldorf), Archiv des Rhein-Sieg-Kreises (Siegburg), Gemeindearchiv Eitorf, Stadtarchiv Bergisch-Gladbach, Grundbuchamt beim Amtsgericht Siegburg, Landesoberbergamt Nordrhein-Westfalen (Dortmund), Oberbergamt für das Saarland und das Land Rheinland-Pfalz (Saarbrücken), Landeshauptarchiv Rheinland-Pfalz (Koblenz), Deutsches Bergbau-Archiv (Bochum), Katasterverwaltungsamt des Rhein-Sieg-Kreises (Siegburg).

Weiterführende Hinweise sind in dem Buch von Bernd Habel *Der Bergbau im unteren Sieggebiet bei Blankenberg, Mer-* *ten und Eitorf vom 18. bis zum 20. Jahrhundert* (Rheinlandia-Verlag, Siegburg 1999) enthalten. Nachfolgend werden daher nur einige relevante Literaturstellen genannt:

Buff, Emil: Beschreibung des Bergreviers Deutz, Bonn 1882

Dechen, Heinrich von: Die nutzbaren Mineralien und Gebirgsarten im Deutschen Reiche, nebst einer physiographischen und geognostischen Übersicht des Gebietes, Berlin 1873

Diwo, Josef: Die Entwicklung Eitorfs im 19. und 20. Jahrhundert, in: Chronik der Eitorfer Schulen - Eine Festschrift des Gymnasiums Eitorf zur Einweihung des neuen Schulhauses, Eitorf 1968

Engels, J. D.: Bergbau der Alten in den Ländern des Rheins, der Nahe und Sieg, Siegen 1808

Esser, Willy: Der Bergische Bergbau im 18. Jahrhundert mit besonderer Berücksichtigung der Regierungszeit Carl Theodors, in: Zeitschrift des Bergischen Geschichtsvereins - Bd. 55, Elberfeld 1926

Heusler, G.: Beschreibung des Bergreviers Brühl-Unkel und des Niederrheinischen Braunkohlebeckens, Bonn 1897

Jung, Julius: Beschreibung der Gruben der Gewerkschaft Pascha (msch. schr.), Eitorf 1909

Kinne, Friedrich Leopold: Beschreibung des Bergreviers Ründeroth, Bonn 1884

Slotta, Rainer: Technische Denkmäler in der Bundesrepublik Deutschland, Bd. 4/I und 5/I, Bochum 1983 und 1986

Quellen- und Literaturangaben zu dem Artikel von Kurt Roessler „Menzenberg" ab Seite 48

Josef Ruland: Echo tönt von sieben Bergen. Boppard: Boldt, 1970.

Rheinische Lyrik um 1900. Kurt Roessler (Hrsg.), Bornheim: Roessler, 2000.

Kurt Roessler: Der Literarische Weinberg. In: Ferdinand Freiligrath und der Rolandsbogen. Remagen-Oberwinter: Kessel, 2001, 135-147.

Kurt Roessler: Rheinromantik und lyrische Landschaft. In: Rheinzeitung, 24. Juni 2002.

Kurt Roessler u.a.: Literarischer Simrock-Freiligrath-Weg. Bornheim: Roessler, 2000.

Adolf Nekum: Der Weinbau in Honnef. Erinnerungen an eine 1.100jährige Geschichte. Bad Honnef: Heimat- und Geschichtsverein, 1993.

Karl Simrock 1802-1876. Einblicke in Leben und Werk. Karl-Simrock-Forschung Bonn (Hrsg.), Bonn: Rheinische Friedrich-Wilhelms-Universität, 2002.

Wilhelm Buchner: Ferdinand Freiligrath. Ein Dichterleben in Briefen. 1. Bd. Lahr: Schauenburg, 1882.

Wolfgang Müller: Sommertage am Siebengebirge. Kreuznach: Voigtländer, 1867, 155-157.

Kurt Roessler: Freiligrath über die Schulter geschaut. Neues aus Briefen und Manuskripten 1839-1844. In: Grabbe-Jahrbuch 1995, Detmold 1995, 64-114.

Levin Schücking: Lebenserinnerungen. 1. Bd., Breslau: Schottlaender, 1886, 126-127.

Kurt Roessler: Ferdinand Freiligrath als Volksliedersammler in Menzenberg. In: Grabbe-Jahrbuch 1997, Detmold 1997, 127-137.

Deutsches Volksliedarchiv Freiburg, Reg. Nr. EB [Erk/Böhm] 728/29.

Karl Simrock: Die deutschen Volkslieder. Frankfurt am Main: Brönner, 1851; Frankfurt am Main: Winter, 1872.

Kurt Roessler: Zwei Pole der Rheinischen Spätromantik: Ferdinand Freiligrath und Karl Simrock. In: Ref. 6, 9-18 und Ref. 9.

Heinz Magka: Liebe in Unkel. Eine Freiligrath-Novelle. Bad Godesberg: Voggenreuter, 1952; Bad Honnef: Horlemann, 2002.

Übersicht traditioneller Zier-, Heil-, Gewürz- und Genusspflanzen in alten Bauerngärten (Auswahl)
(zu dem Bericht von Olaf Denz „Bauerngärten" ab Seite 36)

1. KRAUTIGE ZIERPFLANZEN

Achillea ptarmica fl. pl.	Gefülltblüh. Sumpf-Schafgarbe
Aconitum napellus	Blauer Eisenhut
Althaea rosea	Stockrose
Amaranthus caudatus	Garten-Fuchsschwanz
Anthemis tinctoria	Färberkamille
Antirrhinum majus	Großes Löwenmaul
Aquilegia vulgaris	Akelei
Arabis alpina	Alpen-Gänsekresse
Aruncus dioicus	Geißbart
Aster novi-belgii	Glattblatt-Aster
Aster tradescantii	Herbst-Aster
Bellis perennis f. hortensis	Gänseblümchen
Bergenia crassifolia	Bergenie
Calendula officinalis	Garten-Ringelblume
Callistephus chinensis	Garten-Aster
Campanula glomerata	Knäuel-Glockenblume
Campanula medium	Marien-Glockenblume
Campanula persicifolia	Pfirsichblättrige Glockenblume
Centaurea cyanus	Kornblume
Centaurea montana	Berg-Flockenblume
Cerastium tomentosum	Filziges Hornkraut
Cheiranthus cheiri	Goldlack
Chrysanthemum parthenium	Mutterkraut
Convallaria majalis	Maiglöckchen
Coreopsis tinctoria	Mädchenauge
Cosmos bipinnatus	Cosmee, Schmuckblume
Crocus flavus	Gelber Krokus
Dahlia pinnata	Garten-Dahlie
Delphinium elatum	Hoher Rittersporn
Dianthus barbatus	Bart-Nelke
Dianthus caryophyllus	Garten-Nelke
Dianthus plumarius	Feder-Nelke
Dicentra spectabilis	Tränendes Herz
Digitalis purpurea	Roter Fingerhut
Doronicum caucasicum	Kaukasische Gemswurz
Echinops sphaerocephalus	Kugeldistel
Fritillaria imperialis	Kaiserkrone
Galanthus nivalis	Gew. Schneeglöckchen
Gladiolus communis	Gewöhnliche Siegwurz
Helianthus annuus	Einjährige Sonnenblume
Helichrysum bracteatum	Garten-Strohblume
Helleborus niger	Christrose
Hemerocallis flava	Gelbe Taglilie
Hemerocallis fulva	Gelbrote Traglilie
Hepatica nobilis	Leberblümchen
Hesperis matronalis	Gewöhnliche Nachtviole
Hyacinthoides non-scripta	Hasenglöckchen
Iberis sempervirens	Immergrüne Schleifenblume
Iris germanica	Garten-Schwertlilie
Lathyrus latifolius	Breitblättrige Platterbse
Lathyrus odoratus	Wohlriechende Wicke
Lavatera trimestris	Gartenmalve, Strauchpappel
Lilium bulbiferum	Feuerlilie
Lunaria annua	Garten-Silberblatt
Lychnis chalcedonia	Brennende Liebe
Lysimachia punctata	Drüsiger Gilbweiderich
Malva alcea	Rosen-Malve
Matthiola incana	Levkoje
Muscari botryoides	Kleine Traubenhyazinthe
Myosotis sylvatica	Vergißmeinnicht
Narcissus poeticus	Weiße Narzisse
Narcissus pseudonarcissus	Gelbe Narzisse
Nigella damascena	Jungfer im Grünen
Ornithogalum umbellatum	Dolden-Milchstern
Paeonia officinalis	Pfingstrose
Papaver somniferum	Schlaf-Mohn
Phlox paniculata	Einjähriger Phlox
Physalis alkekengi	Judenkirsche
Polygonum cuspidatum	Spitzblättriger Knöterich
Primula elatior	Große Schlüsselblume
Primula x hortensis	Garten-Aurikel
Rudbeckia laciniata	Schlitzblättriger Sonnenhut
Scilla sibirica	Sibirische Sternhyacinthe
Sedum reflexum	Tripmadam
Sedum telephium	Große Fetthenne
Sempervivum tectorum	Echte Hauswurz
Solidago canadensis	Kanadische Goldrute
Stachys byzantina	Wolliger Ziest
Tagetes patula	Studentenblume
Tropaeolum majus	Kapuzinerkresse
Tulipa gesneriana	Garten-Tulpe
Verbascum densiflorum	Großblütige Königskerze
Vinca major	Großes Immergrün
Viola odorata	Wohlriechendes Veilchen
Viola x wittrockiana	Gartenstiefmütterchen
Zinnia elegans	Zinnie

2. ZIERGEHÖLZE

Buxus sempervirens	Buchsbaum
Daphne mezereum	Seidelbast
Hibiscus syriacus	Roseneibisch
Ilex aquifolium	Stechpalme
Laburnum anagyroides	Gewöhnlicher Goldregen
Lantana spec.	Wandelröschen
Lonicera caprifolia	Jelängerjelieber
Parthenocissus quinquefolia	Wilder Wein
Philadelphus coronarius	Falscher Jasmin
Potentilla fruticosa	Gewöhnlicher Fingerstrauch
Rhododendron spec.	Rhododendron
Spiraea salicifolia	Weiden-Spierstrauch
Taxus baccata	Eibe
Weigela floribunda	Weigelie
Yucca filamentosa	Palmlilie

3. HEIL-, GEWÜRZ- UND GENUSSPFLANZEN

Allium ascalonicum	Schalotte
Allium cepa	Küchenzwiebel
Allium sativum	Knoblauch
Allium schoenoprasum	Schnittlauch
Allium ursinum	Bärlauch
Althaea officinalis	Eibisch
Anethum graveolens	Dill
Anthriscus cerefolium	Garten-Kerbel
Apium graveolens	Echte Sellerie
var. rapaceum	
Armoracia rusticana	Meerrettich
Artemisia absinthium	Wermut
Borago officinalis	Boretsch
Coriandrum sativum	Koriander
Cynara scolymus	Echte Artischocke
Euphorbia lathyris	Kreuzblättrige Wolfsmilch
Foeniculum vulgare	Fenchel
Galium odoratum	Waldmeister
Hyssopus officinalis	Ysop
Lavandula officinalis	Lavendel
Levisticum officinale	Liebstöckel, Maggikraut
Majorana officinalis	Majoran
Matricaria recutita	Echte Kamille
Melissa officinalis	Zitronen-Melisse
Mentha x piperata	Echte Pfeffer-Minze
Ocimum basilicum	Basilikum
Petroselinum crispum	Gartenpetersilie
Ruta graveolens	Wein-Raute
Salvia officinalis	Garten-Salbei
Sanguisorba minor	Bibernelle
Satureja hortensis	Echtes Bohnenkraut
Symphytum officinale	Beinwell
Tanacetum vulgare	Rainfarn
Thymus vulgaris	Echter Thymian
Tussilago farfara	Huflattich

Bildnachweise

(Angaben ohne Gewähr)